口絵 I-1　大刀に手をかける挂甲の武人
（3・4・8号窯一括）

口絵 I-2　文様のある上衣と褌を着けた振分け髪の男
（15号窯）

口絵 I-3　鈴鏡を腰に提げた巫女
（F地点溝状遺構）

口絵 I-4　鍬を担いだ農夫
（3・4・8号窯一括）

※写真はいずれも埼玉県鴻巣市教育委員会提供

I

口絵Ⅱ-5　地域性の強い蓋形埴輪
（D・E地点）

口絵Ⅱ-6　柄を表現した団扇形埴輪
（8号窯灰原）

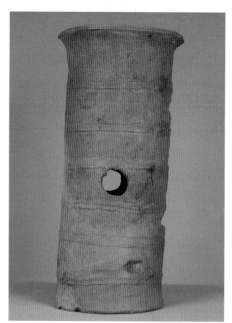

口絵Ⅱ-7　六条凸帯の大型円筒埴輪
（14・15号窯）

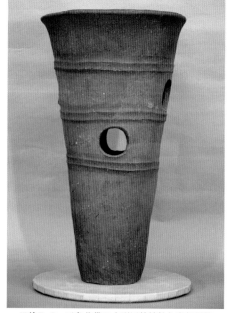

口絵Ⅱ-8　三条凸帯の小型円筒埴輪と底部調整
（29号窯）

※写真はいずれも埼玉県鴻巣市教育委員会提供

考古調査ハンドブック 22

埴　輪

－研究法と解釈法－

若 松 良 一

（前 埼玉県教育委員会学芸員）

ニューサイエンス社

自序

― 読者の皆様へ ―

　本書は埴輪のことを深く知りたい人々，これから本格的に埴輪を研究しようとする人々のために，筆者の論文の中から 10 編を選んで文量を調整したうえで，新たに執筆した序章 2 編を加えたものである。

　筆者の考古学は 9 歳の時，小林茂先生の秩父での発掘調査への参加に始まったが，埴輪研究へ深入りする契機は，大学院へ進んだ頃，通学途上の麦畑で人物埴輪の腕や円筒埴輪片を採集したことに始まる。間もなく道路を掘削して水道管埋設工事が行われた際には，真っ赤に焼けた埴輪窯の断面が現れ，そこから頭を出していた巫女の人物埴輪と円筒埴輪を採集して，鴻巣市の教育委員会に届けた。つまり，筆者がこの遺跡の第一発見者となったのである。のちにこの地に県の施設が建つことになり，事前の発掘調査に参加した遺跡からは，まさしく地下式の埴輪窯跡が多数発見され，おびただしい数の埴輪片が出土した。生出塚埴輪窯跡と命名されたが，その後の累次調査によって，合計 48 基の埴輪窯跡が検出され，現在知られる限りでは日本一の規模となった。

　大学院生の時には旧武蔵国の円筒埴輪の編年を完成させるために，当時は稀であったヨコハケ調整の円筒埴輪を伴う諏訪山 33 号墳の学術調査を企画・実施したこともあった。その概要は第Ⅰ部第②章に収めた。修士論文は関東地方の円筒埴輪の編年研究を提出したが，さらに埴輪のことを学ぶために，同志社大学の大学院聴講生となった。森浩一教授に生出塚埴輪窯跡の報告書を差し出すと，細密な資料研究を行う人は増えたが，埴輪の意味を解き明かそうとする人には会ったことがないと，お言葉を掛けられた。26 歳の時であった。この時から，筆者は人物埴輪を代表とする形象埴輪体系の意味の解明を志すこととなった。第Ⅱ部の第④章から第⑧章はその成果の一部である。

　昭和 60 年（1985 年）春，幸運なことに，埼玉県教育委員会の学芸員に採用され，埼玉県立さきたま資料館に配属され，国指定史跡埼玉古墳群の調査と整備事業に従事することとなった。瓦塚古墳の 3 次にわたる調査と報告書の刊行に携わり，一つの前方後円墳の埴輪体系を研究する機会を得た。また，中の山古墳の調査では日本で最後と目される特殊な埴輪が出土し，その報告書を刊行するとともに，のちに国内と朝鮮半島の類例を含めた再検討を行っ

て，いったん朝鮮半島で用いられた後に製作技術が逆輸入された埴輪であることを突き止め，発表した論文はⅠ部第④章に収めた。さらに，稲荷山古墳の保存修理事業の終了を受けて，調査・保存整備報告書の刊行を命ぜられた。その中で，稲荷山古墳の埴輪を細分することを起点として，埼玉古墳群全体の円筒埴輪編年を行った。その概要は第Ⅰ部第③章に収めた。

　いっぽう，博物館学芸員の仕事として，特別展「はにわ人の世界」の担当者を金井塚良一館長に命じられたことは，自己の形象埴輪研究を全国に広げる機会となり，有難いことであった。この展覧会では当時知られていたわが国を代表するような人物埴輪の優品（重要文化財を含む）を中心に据えるとともに，世に知られない珍しい埴輪の探索に努めた。調査範囲は関東地方のほぼ全県と近畿地方では奈良・京都・大阪・和歌山が対象となった。その事前の資料調査において，資料を熟覧させていただき，多くの新知見を得ることができた。この展示の概要は展示解説図録として昭和63年（1988年）3月に刊行した。当時はカラー図版の印刷費が高価で，巻頭口絵4ページを割くのが限界であったことは今昔の感がある。

　この展覧会を担当して以来，埴輪の展覧会があると聞けば，関西でも九州でも，東北でも駆けつけて，目を皿のようにして熟覧し，担当者とも交流を深めた。こうした知己・学友を得て，他館の展覧会の図録執筆を依頼されたり，講演会に招かれることも増えた。その図録や論文が，考古学関係の出版社や編集に参画した考古学者の目に留まり，執筆の機会を得たのが，平成4年（1992年）刊行の『古墳時代の研究』第9巻埴輪における人物埴輪と動物埴輪の編年の節であり，本書の第Ⅱ部第②・③章に収めた。また，かみつけの里博物館の平成20年度（2008年度）特別展図録に寄稿した「鎮魂の芸能者 ―相撲人―」は第Ⅱ部第⑥章に収めた。

　こうした埴輪研究の総括として，埴輪総体の意味を把握するための研究があり，大塚初重教授の御依頼で『古墳時代の日本列島』（青木書店，2003）に執筆させてもらったものが「埴輪と木製品からみた埋葬儀礼」であり，第Ⅱ部第⑧章に収めた。

　いっぽう，当時最高の一括埴輪資料であった八幡山古墳の埴輪体系について執筆する契機となったのは，辰巳和弘教授企画の同志社大学歴史資料館公開講座「今問う，同志社考古学の成果」（2005）での発表と同資料館紀要に

発表された佐藤純一氏らの研究成果「井辺八幡山古墳の再検討」(2007)であった。1基の大型前方後円墳に設置された多種多量の埴輪からなる埴輪体系を読み解くことは容易なことではなかった。しかし，その過程で，蓮を用いた葬送儀礼を見出したことは望外の成果であり，森浩一教授からも面白いとのお言葉を賜った。原位置の検証などを割愛せざるを得なかったが，第Ⅱ部第⑦章に収めた。

　これが筆者の埴輪研究の歩みであり，論文の執筆背景である。導入にあたる各第①章以外は新規に書き下ろしたものではなく，筆者の埴輪研究40年の作物の中から，埴輪の調査方法から始めて，広域編年の組み方，詳細編年の方法，形象埴輪のうち，人物と動物についての編年，形象埴輪の意味を紐解くうえで，決め手となる人物埴輪の襟合わせの問題，狩猟を表現した埴輪や相撲人埴輪が存在する理由，そして総括として大型前方後円墳における埴輪体系の解明と埴輪の普遍的な意味についての論文を配列したものである。

　なお，「註と引用文献」については原則として第Ⅰ部と第Ⅱ部の文末にそれぞれまとめて列記したが，とくに重要と思われるものについては該当する見開きの右ページ下段に脚注として示した。

　考古学という学問の性質上，微に入り細を穿つ記載もあるが，筆者は読みやすい文章を心掛けているので，じっくり時間をかけてお読みくだされば，わかっていただける筈である。読者の埴輪への理解と今後の研究のために，本書の裨益するところがあれば幸いである。

　令和3年9月

若松　良一

目　次

Ⅰ．円筒埴輪の研究

1 円筒埴輪の研究史

1. 円筒埴輪研究の環境

　円筒埴輪の研究は意外に歴史が浅い。戦前期では円筒埴輪の性格論争がなされ，古墳の土留め説と玉垣説が提出された程度であった。これは風波に洗われた陵墓古墳の観察によるものであった。形象埴輪に対して円筒埴輪はありふれた存在で，博物館での展示にも向かないことから，発掘調査の対象とされず，よしんば発見されても，持ち帰ることさえされないのが普通のことであった。

　しかし，昭和40年（1965年）前後からの高度経済成長期の建設・土木工事に伴ういわゆる行政発掘調査では，遺跡の完全な記録が命題となったため，円筒埴輪が悉皆調査され，全点取り上げのうえ，実測図が報告書に掲載されるようになると，急速に型式学的な観点からの研究が進むこととなった。その初期の研究に轟俊二郎による下総型埴輪の研究 [1] があった。千葉県北部を中心に分布する第一凸帯の位置が極めて低い円筒埴輪群を轟は「下総型円筒埴輪」と命名し，広範な分布の原因は工人の巡回製作であると推定した。また，1基の古墳から出土した円筒埴輪の製作技法の差異から工人の峻別と工人集団の復原を志したのが吉田恵二 [2] であった。

2. 近藤義郎・春成秀爾による円筒埴輪の起源研究

　いっぽう，円筒埴輪の起源が，吉備地方を中心に分布する弥生時代の特殊器台形土器であることを明らかにしたのは岡山大学の近藤義郎と春成秀爾 [3] であった。近藤らは前方後円墳が定型化する以前の吉備地方の墳丘墓の調査を重ね，立坂→向木見→宮山→都月の型式変化を証明し，さらに，宮山型の特殊器台が畿内で受容され，さらに都月型の段階で円筒埴輪へ転換することを明らかにした。このことは，初期大和王権が瀬戸内海沿岸地域の首長たちの連合によるものとする小林行雄の仮説 [4] を補強するとともに，吉備地方が墓制において強力な影響力を発揮したことをはっきりさせることとなった。

　その後，播磨地方では権現山51号などの出現期古墳に宮山型特殊器台土

器の伴うことが明らかとなり[5]，吉備からの葬送用特殊土器の伝播が大和だけでなかったことも判明している。

3. 川西宏幸による円筒埴輪編年の成果

　円筒埴輪研究の基礎は型式学研究を綜合し編成することによって成し遂げられる編年にある。川西宏幸は京都大学を調査の根拠として，まず山城地方における円筒埴輪の編年案を内外面の調整技法，透孔の形状，凸帯の形状などを指標として編成し，副葬品によって4世紀から6世紀に及ぶ具体的な時期を付与していった。これは全V期に細分されており，唐子弥生遺跡の研究成果である畿内全V様式の弥生土器編年を参考にした様式学的な大成果であった。この山城地域の編年は大方，全国に敷衍できるもので，その原因は埴輪製作技法が各地に，時間連続的に伝播したことによっている。この川西編年[6]は主体部の発掘調査が行われていない古墳の時期を推測するうえで極めて有効であり，まったく発掘調査が及んでいない古墳からもたやすく表面採集できる円筒埴輪破片の資料価値を高からしめた。円筒埴輪は古墳のタイムスケールとして普遍性と簡便性を有しているため，全国の古墳編年が共通の物差しによって急速に進捗したことは川西の大きな功績であった(＊1)。

4. 各地における円筒埴輪編年研究の勃興

　この川西編年を利用し，かつ検証しながら甲斐地方と上野地方の円筒埴輪の編年研究を最初に進めたのが橋本博文であった[7a~c]。この取り組みによって，両地域に高い共通性のある円筒埴輪を有する古墳時代前期の首長墓が存在し，東山道ルートで伝播したことが判明したことは大きな成果であった。

　川西編年の課題は，各地における地域性の検証であった。もちろん川西も埴輪の地域性に配慮し，大阪府南部の淡輪の3古墳に認められる陶質土器の技法と尾張から越前に分布する同種技法の存在によって，地域を限定した埴輪工人の技術交流を明らかにしている。また，関東地方では底部調整技法に

(＊1)『前方後円墳集成』東北・関東編，山川出版社，1994では前方後円墳の編年基準として埴輪を採用しており，1期は円筒埴輪はまだ見られず，都月式すなわち特殊器台形埴輪や特殊壺形土器を伴う場合がある時期。2期が円筒埴輪I式，3・4期を円筒埴輪II式，5期を円筒埴輪III式，6・7期を円筒埴輪IV式，8・9期を円筒埴輪V式，10期を円筒埴輪がごく一部に残存する時期と定めている。

よって第Ⅴ期を前後に二分できる可能性を指摘している。

　しかし，関東地方では近畿地方で埴輪が終焉してから半世紀ほども埴輪製作が存続したために，川西編年の第Ⅴ期が1世紀に及ぶこととなり，地元研究者による細分の取り組みが継続的に行われた。編年の手がかりとして，①凸帯の断面形状（高さや稜の形状など），②透孔の形態（Ⅴ期の早い時期には半円形・長方形・口縁部への副次穿孔の小孔がある），③底部調整技法（Ⅴ期の遅い時期には押圧と削りがある），④口縁部径に対する底部径の割合，⑤凸帯の間隔の比率（とくに第一凸帯の位置が次第に高くなる傾向がある）などがある。下野でそれに取り組んだのが森田久男と鈴木勝[8]であった。武蔵では若松が編年の起点となる第Ⅳ期の学術調査を行ったうえで，編年案の提示を行った[9]。これは武蔵の首長墓を政治勢力単位の小地域に分けて，その消長を明らかにする目的があってのことであった。また，千葉県では萩原恭一[10]らが円筒埴輪の編年案を提示し，地域の古墳の研究に寄与した。犬木努も下総型円筒埴輪の器形のダイヤグラムを比較することによって細分と編年を成し遂げた[11]。

　中部地方では，藤井康隆が尾張地方の陶質土器技法の円筒埴輪の変遷から首長墓の編年を行った。近畿地方では，ヨコハケ調整技法の細分によって赤塚次郎が大和の[12]，一瀬和夫が大阪（摂河泉）の大王墓の変遷案[13]を提示し，両者によって大和から河内への大王権移動論争の活発化が促された。また，紀伊では河内一浩が採集資料や既存資料の図化を進めたうえで，紀伊の首長墓の変遷案[14]を提出した。

　こうした，地域ごとの円筒埴輪編年研究の成果は雄山閣の『古墳時代の研究』に全国の成果が網羅されて，研究者に大きな便宜が与えられることとなった[15]。

5. 円筒埴輪の規格と階層性

　直径20m前後の小型の円墳には2条または3条凸帯の円筒埴輪が伴うことが一般的であり，Ⅴ期を通して底部径の矮小化が進行したり，第一凸帯の位置が高くなる傾向があるので，編年の手がかりとなる。これに対して，前方後円墳や大型の円墳では4条凸帯以上の大型の円筒埴輪を伴うのが普通であり，主軸長が100mを越える様な前方後円墳の場合，6〜8条の超大型円筒

埴輪を伴う例が，埼玉古墳群などで明らかになっている。

　こうした古墳の大小，ひいては被葬者の権力の強弱と円筒埴輪の段構成に相関関係のあることを明らかにしたのが，増田逸朗[16]であった。小型古墳の主は多額の対価を支払っても大型埴輪を入手できなかったのであり，円筒埴輪に厳然とした身分制の反映があったであろうという結論になる。小型埴輪は大量生産に対応した製作手間の省略が行いやすかったのに対して，大型円筒埴輪の場合，一定の製作時間を要することから，それが行いにくく，型式変化も少ない。また，発注者の意向によって，丁寧な製作が求められた可能性が高く，旧態を留めやすいので，編年に困難さが伴う場合がある。

　なお，古市・百舌古墳群の大型埴輪を王陵系埴輪と呼称して，これらを地方で模倣した埴輪が存在するとの共通認識をもって，各地の円筒埴輪の研究成果が発表されている[*2]。

6. 製作者の同定方法の模索

　注意深く観察を行うと，粘土が生乾きの段階で付いた工人の指紋，ときには掌紋が円筒埴輪に残っている場合がある。これに注目した杉山晋作は，警視庁の指紋照合係の協力も得て，同一古墳に数人の工人を同定した。また，別古墳に同一の指紋を見いだせた場合もあり，同一時期に特定埴輪製作遺跡から供給されたことの証明が可能となった[17]。

　しかし，指紋は全部の個体に残っているわけではないので，工人の同定にも制約がある。このため，ハケ状工具（実際は木片）のハケ目の間隔を拓本や実測で記録して，工人を特定しようとしたのが城倉正祥であった。この方法は普遍性があるので，遠隔地の同工品が同一工人の製作であることを証明する場合などにも有効である[18]。ただし，①ハケ状工具は同一木材から同じ年輪配列のものが2個とれること，②工具がアトランダムに共有された可能性があること，③年輪は降雨量や日照条件の相違によって不規則な間隔となるので，同じ時期には，類似したものが他にも存在しうることなどに注意する必要がある。

（*2）『古代文化』通巻571・572号（2008）では特輯 王陵系の埴輪波及と展開（上）・（下）を組んで，各地の研究者が寄稿した。序文は高橋克壽が執筆した。

7. 胎土分析の種類と利用方法

　円筒埴輪の胎土を注意深く観察することは，その製作地を推定するうえで必要なことである。方法としては，肉眼観察によって石英・長石（低温度で溶融する）・角閃石などの結晶鉱物と砂粒・軽石（パミス）・くさり礫・酸化鉄粒子などを破片ごとに観察し，記録して，報告する。埼玉県の例を引くと，海綿の骨針化石が確認できれば，比企丘陵などの丘陵地産，結晶片岩が観察されれば，荒川の流域産との推定が可能となる。

　このほかの方法では，三辻利一氏による K - Ca 法・Qt - Pt 法・蛍光 X 線分析法などがあり，特定鉱物によって地質構造を成因とする粘土を特定していく方法があり，大量処理とグラフなどの統計処理に適する利点がある [19]。

8. 埴輪製作遺跡の調査成果

　埴輪製作遺跡の調査の先鞭をつけたのは森本六爾であった。下沼部では工房だけの調査であったが，埴輪の生産が各地の首長の許で専業化されていったことを窺わせる記念碑的成果であった [20]。その後，関東地方では明治大学による茨城県勝田市の馬渡埴輪製作遺跡の本格的な発掘調査成果 [21] がまとめられた。埼玉県では，小沢国平によって江南町権現山埴輪窯址が調査され [22]，児玉高校によって八幡山埴輪窯跡群が調査され，本庄高校考古学部によって児玉郡内に白石・赤坂など複数の埴輪窯址の存在が明らかにされる [23a,b] など，埴輪窯が小地域ごとに営まれていたことが明らかになり出した。比企地方では，さらに吉見町の和名埴輪窯跡 [24]，東松山市桜山埴輪窯跡 [25] が調査され，やや広い地域ごとに中規模な埴輪生産拠点のあったことが明らかとなった。また，鴻巣市では馬室埴輪窯跡群 [26]，深谷市では割山埴輪窯跡が調査され [27]，その供給先も明らかになりつつある。

　昭和56年（1981年）には，若松によって鴻巣市生出塚埴輪窯跡群が発見され，逐次調査の累積によって，48基の埴輪窯址の存在が明らかとなった [28]。そこで製作された埴輪には，群集墳と対応する2条凸帯から3条凸帯の円筒埴輪と4条凸帯から8条凸帯の中型及び超大型埴輪とがあり，後者には行田市埼玉古墳群の大型前方後円墳に供給されたものがある。小型円筒埴輪と形象埴輪は県内では東松山市三千塚古墳群や古凍古墳群，桶川市川田谷ひょうたん塚古墳など，県外では東京都芝1号墳，同多摩川台古墳群，市原市山倉

1号墳などの比較的小型の前方後円墳や円墳に供給されていたことが判明している。このことは生出塚埴輪製作遺跡が武蔵国南部へ，さらに国の範囲を超えて下総方面へ長距離の製品供給を行っていた事実を示しており，工人を支配していたと想定される埼玉古墳群の首長権力によって土師部集団が編成され，葬送儀礼の支援による地域首長らの間接支配と交易が一体的に大規模かつ広範囲に行われていたことを反映している。生出塚埴輪窯跡群の工人集団の墳墓は隣接地に展開しており，F.A.（榛名山降下火山灰）以前の5世紀末葉の埴輪を伴っているので，この時期まで開窯時期は遡ると考えられる。ただし，これに対応する埴輪窯址はいまのところ未発見である。

埼玉県では，その後，江南町（現熊谷市）千代埴輪窯跡群が調査・報告[29]されており，比企地方にも生出塚埴輪窯跡群と並行する時期に埴輪窯が営まれ，その製品の一部が埼玉古墳群にも供給されていたことが判明しつつある。千代埴輪窯の製品は戸田市南原7号墳への供給が確実であり，小さな谷から和田吉野川へ出て，入間川筋（現荒川）に合流して戸田に至る舟運を筆者が復原している[30]。

群馬県では古くから太田市金山埴輪窯跡と藤岡市本郷埴輪窯跡が知られており，東毛と西毛の埴輪供給拠点と考えられてきたが，藤岡市の白石古墳群の一郭に猿田埴輪窯跡群[31]が調査されるに及んで，特定古墳群へ埴輪を供給するための操業のあることも知られるようになった。

近畿地方では，土師氏のうち管原氏発祥の地といわれる奈良市管原で埴輪窯が調査されている。また，古市古墳群では土師の里遺跡のほかに，ボケ山古墳の隣接丘陵地に野々上埴輪窯が発見されている[32]。特定大型古墳の造営時に，至近距離に埴輪窯が築かれた例である。大規模な遺跡では大阪府堺市日置荘遺跡から百舌古墳群への供給[33]，羽曳野市誉田白鳥遺跡から古市古墳群への供給[34]，高槻市史跡新池埴輪製作遺跡から太田茶臼山古墳（現継体陵）や史跡今城塚古墳（真の継体大王陵），土保山古墳や昼神車塚古墳などの三島地域の有力古墳への供給が明らかになっている[35]。5世紀中頃から6世紀中頃までの約100年間操業していた3棟の大形埴輪工房と18基の埴輪窯，工人集落などからなる埴輪製作遺跡の主要部分が保存され学習の場となっている。このほかの地域では仙台市の富沢埴輪窯跡などが知られているが，紙数の都合で割愛する。

9. 埴輪の供給

　各埴輪窯は製作時期，製作技術，供給対象古墳などの違いによって固有の製品特徴を有している。また，胎土や焼成具合，色調などに際立った特徴を備えている場合もある。例えば，埼玉県生出塚窯の6世紀後半代の製品は，赤みが極めて強く，比較上のメルクマールとなりうる。さらに，胎土，技法が共通すれば，生出塚窯の製品を特定することが可能となる。ただし，千葉県市原市山倉1号墳の筒袖を着る男子人物埴輪を含む形象埴輪と円筒埴輪は生出塚の工人によるものとだいぶ前から推測はされていたが，下総型埴輪における工人移動説などを念頭に置くと，工人の派遣の可能性が捨てきれていなかった。最終的には，窯と古墳の埴輪の胎土分析結果が一致したことによって，製品が埼玉県の生出塚窯から千葉県の山倉1号墳まで供給されたことが確定したのであった [36]。

　埴輪は重量物であり，しかも運搬する数量が多く，厄介なことに壊れやすい。このため，陸路よりも舟運が適している。近年，荒川沿いの戸田市南原古墳群の第7号墳から船の絵を胸に描いたと推定できる人物埴輪が出土していたことが明らかになり，筆者も報告に従事した。その後，荒川沿いのさいたま市本杢山2号墳からも同一の絵のある人物埴輪が出土している。筆者は被葬者が荒川（旧入間川）筋の舟運に携わった海部であったと推定し，すでに論文を発表している [37] ので，参照されたい。

　第②章では筆者らの行った埴輪の学術発掘調査の成果を紹介するとともに，報告書に掲げた旧武蔵国の円筒埴輪編年案も掲載する。30年以上経過した現在での変更点・追加点にも触れてみたい。また第③章では筆者が刊行に従事した埼玉古墳群稲荷山古墳の報告書から円筒埴輪の詳細編年について，抜粋して紹介したい。

　さらに第④章では，日本最後の円筒埴輪について紹介する。朝鮮半島で特殊な埴輪を製作した工人の渡来によってもたらされたものであり，埴輪を通して古代の日韓関係を知るうえで読者の参考となることを期待する。

② 円筒埴輪の調査と成果の利用
—埼玉県東松山市諏訪山 33 号墳の報告書から—

1. 諏訪山 33 号墳出土埴輪の分類と位置付け

　筆者の研究フィールドとしている埼玉県においては，昭和 60 年（1985 年）頃に至っても，県内の古墳編年は未確立であった。当時，金井塚良一氏らによる県内前方後円墳の検討と選択された一部の測量調査が成果を上げ始めていた [38] が，築造年代の特定となると，未発掘古墳においては墳形の観察が唯一の手段と言ってよかった。しかし，埼玉県史編さん室では県内の古式古墳の数基を選んで，測量図作成に加えてトレンチの発掘調査を開始したので，東松山市の雷電山古墳の円筒埴輪が県内最古の埴輪と判明し，5 世紀初頭に位置付けられるという大きな成果を上げた [39]。その一方で，大学院生として埴輪研究を専門としていた筆者は，県内各地の主要古墳のデータの集成と円筒埴輪等の表面採集に務めていた。川西宏幸氏の研究によって一片の埴輪片が古墳年代決定の有効な武器となることに刺激を受けてのことであった。当時の埼玉県での古墳研究においては，6 世紀以降の古墳は無数にあり，出現期の古墳も判明しつつあったが，5 世紀が圧倒的に空白であった。

　そこでターゲットにしたのは，東松山市の諏訪山 33 号墳であった（図 I-1）。古式の前方後円墳と推定される諏訪山古墳から 6 世紀の円墳群まで連続的に古墳が営まれた [40] 高坂丘陵で，埴輪を用いた古墳編年の要となるのは，未だ発見されていなかった川西編年Ⅳ期のヨコハケ調整を伴う円筒埴輪であると考えた筆者は，当時大学で古墳時代を専攻していた森達哉，山川守男，金子彰男らと諏訪山古墳群を踏査中，B 種ヨコハケを伴う円筒埴輪片の表面採集できた地点に，かつて直径 25m，高さ 4m ほどの比較的大きな円墳が存在していたが，戦後まもなく削平され，その際，短甲（現存していない）なども出土した経緯から，古墳時代中期の古墳址であることを確信して，地主に懸け合い，昭和 56 年（1981 年）の 9 月 6 日から 11 日間の学術調査を実施することにしたのである。合計 4 本のトレンチを設定して人力で掘り下げを行った結果，かつての墳丘から転落した状態で多数の円筒埴輪と朝顔型円筒埴輪，それに若干の形象埴輪片と土器片を得ることができた。この調査

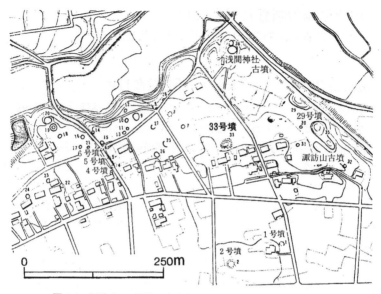

図 I-1　諏訪山 33 号墳の立地（『諏訪山古墳群』より転載，改図）

によって，古墳の直径は 29m と推定できた。以下，本書に適した文量にするため，報告書 [41] より，要約の上，抜粋引用を行う。

　出土した円筒埴輪は凸帯と外面の調整技法等をメルクマールとして A・B・C・D の 4 類に分類された。主体をなす A 類と B 類について略記する。

(1) 円筒埴輪 A 類（図 I-2-1）

　外面の 2 次調整に B 種ヨコハケを用いる。3 条凸帯 4 段構成をなす。法量は完形品で高さ 51.7cm，口径 36.3cm を測る。第 2 段と第 3 段に円形透孔を穿つ。凸帯は断面形が台形で，丁寧なヨコナデ調整を施している。特筆されるのは，ヨコハケの間隔が一定でなく，最長で 17.0cm あるので，手作業による無回転の調整ではなく，おそらく蹴轆轤を使用していると推測されることである。焼成が一部灰色に還元していることと合わせて，須恵器工人の関与が想定される。

　朝顔形円筒埴輪（図I-2-3）も出土しており，肩部に丸みがあり，強く括れて外反しながら 2 段に開く。凸帯は頸部，口縁部中間とも断面形は台形であ

る。ヨコハケ調整は口縁部にはなく，肩部と円筒部に施されている。焼成は
すべて良好にして極めて堅緻。外面の一部が暗橙色であるのは除けば，暗灰
色の須恵質である。

(2) 円筒埴輪 B 類 （図 I-2-2)

　外面の 1 字調整はタテハケで，2 次調整を欠く。3 条凸帯 4 段構成をなす。
法量は完形品で高さ 45.2cm，口径 28.6cm で，A 類より二回りも小さい。第

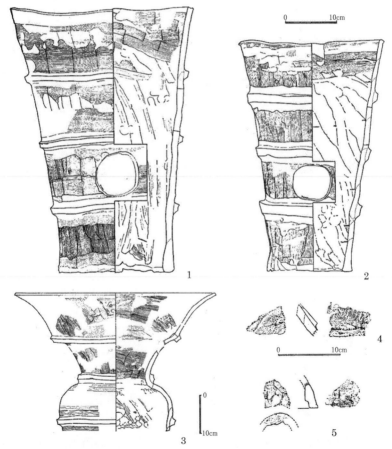

図 I-2 諏訪山 33 号墳出土の埴輪 （1: 円筒 A 類／ 2: 円筒 B 類／ 3: 朝顔形／ 4・5: 形象)

2段と第3段に円形透孔を穿つ。凸帯は異例の幅広さを持っており，ガッシリした印象がある。断面形が台形で，丁寧なヨコナデ調整を施している。独自なのは口縁部内面に3本の斜行する直線の線刻を施す個体がある点である。焼成は極めて堅緻で，色調は淡黄褐色。

(3) 形象埴輪 （図 I-2-4・5）

　5は冑形埴輪の腰巻板部分の可能性がある破片で，下端部は横線で画され，刻み目を入れており，皮革製の覆輪の表現と推測する。

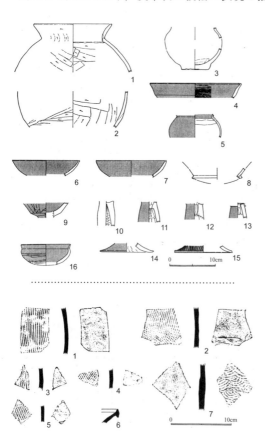

　4は円錐形をなす形象埴輪の一部で，粘土を貼り足して段を付け，簾状文が施されている。小片のため，全容を推測できないが，甲の草摺または衣蓋の破片であろう。

(4) 土師器 （図 I-3 上段）

　供献土器として一括性が認められたものに，和泉式の高坏と坏，布留式を模倣して在地生産された赤色彩色のある壺がある。鬼高式の須恵器模倣坏を含まず，川越市御伊勢原遺跡のTK216〜208型式の大型甑を伴う土師器群と対比されるものであろう。B種ヨコハケを施す円筒埴輪の年代観とも矛盾のないものと思われる。

(5) 須恵器 （図 I-3 下段）

　須恵器甕の破片が7点出土した。白色針状物質（海

図 I-3　諏訪山 33 号墳出土土器
（上段 1 〜 15: 土師器・下段 1 〜 7: 須恵器）

綿骨針）を含まず，製作技術と焼成技術が高いことから在地産の可能性は低く，大阪府陶邑窯跡群からの搬入品と推定された。

外面調整は平行叩きで，TK208 型式までは 9 割以上を占めると田辺昭三氏が指摘する陶邑Ⅰ形式の主体をなすものである [42]。ただし，最古式特有の細かい平行叩きではなく，3 段階ころから割合を増すやや粗いものである [43]。内面の当具痕を完全に摺消すものと僅かに同心円文の残るものとがある。甕の口縁部が上下に拡張され端面に稜を持つのは，陶邑Ⅰ型式3・4段階に限定される。稲荷山古墳の TK47 型式古段階の須恵器より先行するものである。

(6) ヨコハケ調整円筒埴輪の技術史的検討 （図Ⅰ-4）

諏訪山 33 号墳の A 類円筒埴輪の 2 次調整技法であるヨコハケ調整は一段（凸帯と凸帯の間）に相当する幅広い工具を用いており，工具を止める間隔が不定で，10cm を超える区間のあることを特徴としていた。回転台の使用を前提としないと理解できないものであった。この技法は旧武蔵国におけるB種ヨコハケ技法の最高到達点を示すものと考えた筆者は，東国におけるヨコハケ技法の伝播状況を検証したうえで，B種ヨコハケ技法を下記のように三つに細分した。

・B1a 種

一段を幅の狭い工具によって上下方向にずらしながら，2 回転以上調整する技法。実見しての計測と観察によって，4 回転が武蔵では野毛大塚，大和ではコナベ，3 回転が大和のコナベ，河合大塚山，摂津の継体陵，2 回転が上野の太田亀山，大和の平塚 1 号，ウワナベなどの各古墳にある。工具幅は

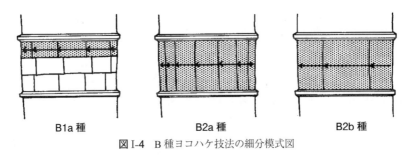

B1a 種　　　　　　B2a 種　　　　　　B2b 種

図Ⅰ-4　B種ヨコハケ技法の細分模式図

3〜5cm 強の間にある。工具の止め間隔は平均で 5cm 程である。簡易な回転台またはフリーハンドで行った技術と推測される。

・B2a 種

一段をこれとひとしい幅の工具で 1 回転することによって調整を終了するもの。該当資料が最も多く，武蔵では稲荷山古墳や児玉郡域，上野では太田亀山，陸奥では天王壇，大和では平塚 1・2 号，ウワナベ，河内では允恭陵などの各古墳にある。工具幅は一段の高さに規定され，5.5〜8.4cm。工具の止め間隔は 5cm 台のものが最多である。簡易な回転台またはフリーハンドで行った技術と推測される。

・B2b 種

一段をこれとひとしい幅の工具で 1 回転することによって調整を終了する点では B2a 種と同じだが，工具の止め間隔が長いものを分離した。工具幅は多段構成の長持山では 4.3cm と狭く，3 段構成の諏訪山 33 号墳では 9.3cm と広い。工具の止め間隔は長持山で 10cm，諏訪山 33 号墳で 13.8cm の例があるが，間隔が一定でないことも特徴の一つである。蹴轆轤の強い惰力によって成し遂げられた技術と推測される。

(6) B 種ヨコハケの発展序列と編年

詳細な検証過程は省略するが，表I-1 のとおり，B1a 種から B2a 種，さらに B2b 種への技術の発展が確認できる。これらには前後の技法との併存期間があり，同一古墳に両者を含む場合もある。B1a 種の最古例となるコナベ古

表I-1　各種ヨコハケ技法の存続期間

AD400　　　　　　　　　　　　　　　　　　　　　　　AD500

	有　黒　斑	無　黒　斑	
B 1 a 種	コナベ 野毛大塚 志戸川｜河合大塚山 継体陵		
B 2 a 種	平塚1号　ウワナベ 亀山	平塚2号 長沖14号 とやま 天王壇 塚本山73号 稲荷山	
B 2 b 種		允恭陵 諏訪山33号 長持山	
C　種			伊奈利塚

墳[44]がA種と共存するので，川西氏の年代観に従えば，5世紀初頭。新しいグループは初源期の須恵器の出土が知られているウワナベ古墳から5世紀中葉にその中心があったと考えられる。B2a種の古い段階がウワナベ古墳[45]であり，この技法の出現期は5世紀中葉となろう。その終末期は稲荷山古墳の時期で2次調整を施す率が低下し，特定の段にのみ施す場合が増える。したがって技術的に退化してこの技法は消滅したと言える。年代は報告書では須恵器を参考にして，5世紀末葉に比定したが，築造当初の埋葬施設がより深い場所に存在しているという近年のレーダー探査成果から，5世紀後半と改めておくことにする。B2b種は出現期が允恭陵古墳[46]で，B2a種と共伴している。実年代は長持山古墳の甲冑群に横矧板鋲留式短甲が存在していること，TK208型式に近い須恵器を出土した諏訪山33号墳から5世紀後葉にその中心があるものと考えられる。

　B1a種からB2a種への発展は，2次調整の省力化を生み出しただけでなく，ハケ工具を物差しとして用いることによって，円筒埴輪の段の法量と間隔の均一化を可能とした点で画期的な技術変革をもたらした。B2b種ヨコハケ技法は轆轤の使用を前提として出現したものであり，その改良によってC種ヨコハケ技法へと発展的解消をするものと考えられる。B2b種技法出現地が畿内であり，今のところ関東地方では武蔵の諏訪山33号墳にしか認められないことは，両者間に直接的な技術移入のあったことを推測させるものであろう。

　B2b種ヨコハケ技法は須恵器工人の関与なくしては考えられず，高火力で須恵器をも焼成できる窯と轆轤を用いていたことが，出土した埴輪の観察から確実である。未発見の武蔵国内最古級の窯が諏訪山33号墳に近い比企郡内にあって，須恵器と埴輪の双方を生産していた可能性が極めて高いであろう。現在のところ，発掘調査された中では最古の東松山市桜山窯跡群[47]では，MT15型式に類似する須恵器の生産が終了した直後に，埴輪窯が築かれて生産に入っていたことを参考にすると，当地を支配する首長権力が須恵器工人と埴輪工人を掌握し，両者の協業または技術共有（多くは須恵器技術から埴輪技術へ）が随意であったことを確認しておきたい。

　なお，古墳から出土した須恵器甕が在地産でなかったことは，遺愛の品であったゆえと考えておきたい。

2. 武蔵における埴輪の受容と展開 (図 I-5)

(1) 第 1 期

　旧武蔵国における埴輪の受容は比企地方が最も早かった。東松山市雷電山古墳の円筒埴輪は三条凸帯で，底部と口縁部がともに外反して開く鼓形の特異な器形をしている。倒立技法によるものである。内外面の調整はナデによっており，透穴は円形を一段に 4 個穿孔し，隣接する段では方向をずらしているので，千鳥状配列を意識したものであろう。透孔は他に方形，三角形，田の字状に方形を穿つもの，巴型の崩れたハート形のものが存在する。凸帯は突出度があまり高くなく，2 または 3 条の稜を有する。類例の少ないものだが，東海系古式土師器の胴部凸帯と共通性を有している。焼成は軟質で黒斑を伴っている。以上の特徴を綜合すれば，川西編年[48]の Ⅰ 期ないし Ⅱ 期と共通性がある。しかし，実年代は古墳が帆立貝式の墳形を採ることから，5 世紀第 1 四半期に比定することが妥当であろう[49]。

(2) 第 2 期

　外面の 2 次調整にヨコハケを用い，黒斑を有する円筒埴輪は，今のところ比企地方では未確認だが，児玉地方の志渡川古墳[50]と長沖 157 号古墳[51]，多摩地方の野毛大塚古墳[52]から出土している。川西編年 Ⅲ 期に相当するもので，ヨコハケの原体が B1a 種であることから，初源的であるが，実年代は 5 世紀第 2 半期まで下降する可能性がある。

　児玉地方では黒斑を有し，外面に格子目叩き調整を施す特殊な円筒埴輪が本庄市金鑚神社[53]，公卿塚[54]，生野山将軍塚[55]の各古墳から出土していて，陶質土器の生産工人の影響が考えられる。実年代は金鑚神社古墳の滑石製模造品の内に曲刃鎌を模倣したものを含み，将軍塚古墳の副次埋葬からも鉄製曲刃鎌が出土しているので，5 世紀の中葉に比定できよう。

(3) 第 3 期

　黒斑を持たず 2 次調整に B 種ヨコハケを施す円筒埴輪は比企地方では報告した諏訪山 33 号墳以外には知られていない。これに対して，児玉地方では，本庄市長沖古墳群 14 号墳[56]・生野山 9 号墳・10 号墳・14 号墳[57]，塚

本山73号墳・77号墳[58]，三杢山2号墳[59]，美里町の熊谷後5号墳[60]などの中小の円墳からの出土例が多く，現在ではその類例も増加している。

いっぽう，埼玉地方では埼玉古墳群中最古の前方後円墳である稲荷山古墳の円筒埴輪にB種ヨコハケを客体に伴っている[61]。特定の段だけに施す場合が多く，残存的技法と把握される。

また，埼玉地方では外縁部にとやま古墳[62]と横塚山古墳[63]が前方後円墳の墳形をもって築造されており，共にB種ヨコハケを施す円筒埴輪を少量出土している。特に横塚山古墳の場合，朝顔形円筒埴輪の特定の段にだけ用いられている点から，退化的様相と判断される。

埼玉地方の東側に隣接する北足立地域では鴻巣市馬室埴輪窯跡[64]と北本市北袋古墳群(＊3)に，多摩地方では御岳山古墳[65]にB種ヨコハケ技法がある。第3期の実年代はTK208～TK23型式に類する須恵器の伴出から5世紀の後葉をあててよいものと思われる。

(4) 第4期

B種ヨコハケ技法消滅後の外面調整タテハケの円筒埴輪は川西編年ではⅤ期として一括されているが，埴輪の存続期間が6世紀末頃まで続く武蔵にあっては細分編年が不可欠である。比企地方で最も古いグループは，前代を踏襲したずんぐりした，言い換えると底部径が矮小化していない器形で，各段を均等配分するものが多い。凸帯も台形のしっかりしたものが一般的である。また，白色系の色調を呈し，外面を赤色彩色するものがある。該期の例に，東松山市岩鼻3号墳[66]，諏訪山2号墳[67]，古凍7号墳[68]，おくま山古墳[69]，嵐山町屋田7号墳[70]，入間地方北部の川越市では下小坂3号墳[71]などがある。これらの古墳には粘土槨を主体部とし，鏡や剣を副葬する例が含まれる。実年代は6世紀前葉に比定できる。

また，円筒埴輪棺が盛んに用いられるのも該期の特徴で，東松山市諏訪山7号墳[72]，古凍根岸裏215号墳[73]，嵐山町屋田7号墳[74]，吉見町久米田3号墳[75]・田甲原古墳群[76]・大行山古墳などがある。

なお，この時期には通常の円形透孔の外に，方形透孔の例が認められるこ

(＊3)北本市北袋での表面採集品。鴻巣市教育委員会保管。

画期		0 期		1 期	2 期
年代の目安		4C中葉	4C後葉	5C前葉	5C中葉
比企地方	三条凸帯	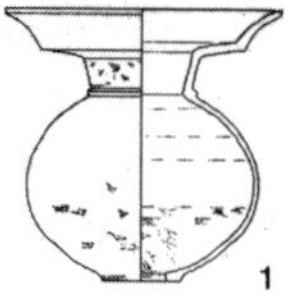 1		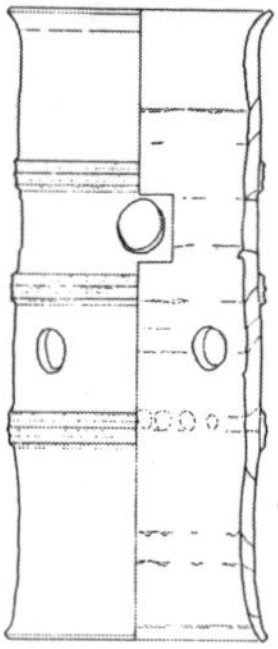 古 2	空白期？
比企地方	二条凸帯				
児玉地方	二条凸帯	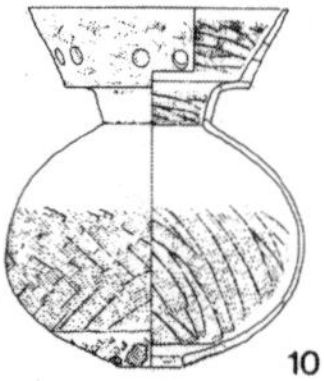 10		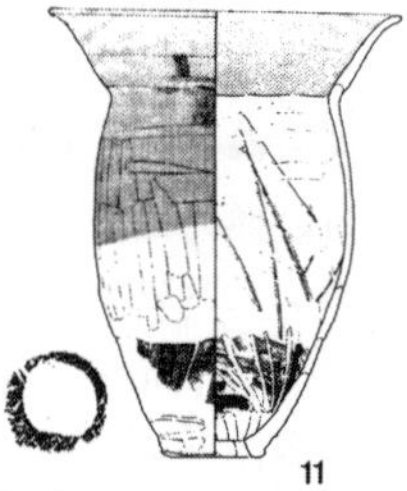 11	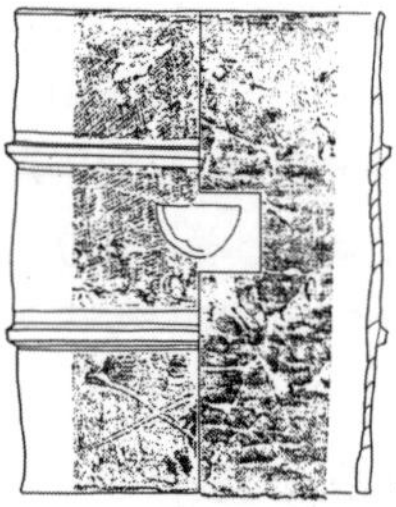 12
埼玉地方	三条凸帯				

1	諏訪山29号墳	6	円 山 3 号 墳	11	川輪聖天塚古墳	16	神 社 14 号 住
2	雷 電 山 古 墳	7	岩 鼻 3 号 墳	12	金 鑚 神 社 古 墳	17	と や ま 古 墳
3	諏訪山33号墳A類	8	古凍根岸裏1号墳	13	生 野 山 9 号 墳	18	女 塚 1 号 墳
4	諏訪山33号墳B類	9	屋 田 5 号 墳	14	長 沖 22 号 墳	19	愛 宕 山 古 墳
5	桜 山 窯 跡 1～5号窯灰原	10	鷺 山 古 墳	15	広木大町15号墳	20	酒 巻 1 号 墳

ⅰ 縮尺は3と5が1/12であるのを除いて、1/10に統一してある。

ⅱ ナンバー直上の古、新の表示は、画期内で特に古段階、新段階とすべきものに付した。

図 I-5（1） 北武蔵の円筒埴輪編年図

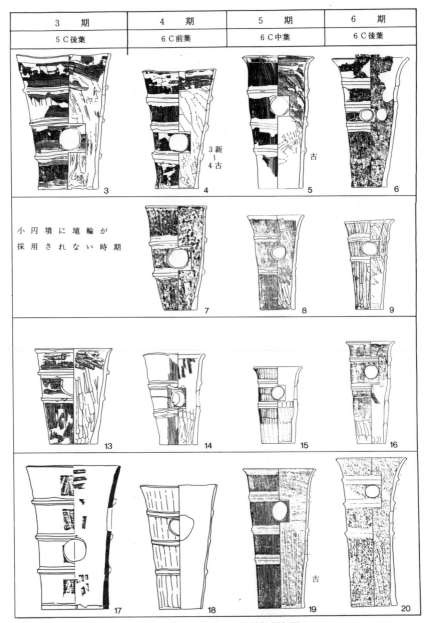

3　期	4　期	5　期	6　期
5 C後葉	6 C前葉	6 C中葉	6 C後葉

図I-5（2）　北武蔵の円筒埴輪編年図

とから，古い伝統を保持する埴輪工人の活動もあったと考えられる [*4]。

　6世紀に入って，群集墳の盛行によって埴輪を樹立する古墳が増加すると，継続的に埴輪生産を行う窯跡群が出現する。東松山市桜山窯跡群はMT15型式に類似する須恵器窯に引き続いて，17基の埴輪窯が連続的に築かれている [77]。方形と半円形の透孔が存在するので古い伝統を保持する工人集団であったとみられよう。また，吉見町和名埴輪窯跡群 [78]，熊谷市（旧江南町）権現山・千代埴輪窯跡群 [79] も同時期の操業開始で，千代の場合，最古の窯には口縁部副次穿孔があり，形象埴輪の特徴からも5世紀末まで遡るであろう。

(5) 第5期

　6世紀中葉には，円筒埴輪の透孔は円形に統一され，凸帯は低平化が看取される。注目すべきは，色調が赤褐色にほぼ統一され，赤色彩色を施す例がなくなることで，赤く焼き上げるために鉄分を多く含有する粘土を意識的に用いるようになったと判断される [*5]。器形の上では，底部が矮小化し，他の段より少し長くなる。このことは，埋め立てて見えなくなる部分の手抜きと考えることができる。

　なお，該期においても大型の首長墓の円筒埴輪は丁寧に製作され，小型円筒埴輪のような底部の矮小化や長伸化は認められない。逆に熊谷市（旧大里村）甲山古墳 [80] と東松山市三千塚第Ⅶ支群5号墳 [81] には低位置凸帯の大型円筒埴輪が伴っている。大型円筒埴輪には小型円筒埴輪と同じ方法での省力化が採用不可能であったことがよく理解できよう。

(6) 第6期

　該期の小型円筒埴輪の特徴は，高さの割に底部径の小さな細身の不安定器形である。地下埋没部分を見越して，第1凸帯の位置を高くして，2条凸帯の埴輪では器高の中間まで上がってくる。また凸帯は補強帯の役割を失って，薄い粘土を張って，3本の指で一度に撫で付ける形式的なものに変容する。色調は赤みを増して暗赤褐色となるものが主体的である。該期の例として，東松山市三千塚長塚古墳 [82]，諏訪山4号墳 [83]，熊谷市（旧大里村）丸山2・3号墳 [84]，嵐山町屋田5号墳 [85] などがある。前三者には外面叩き，内面刀子削りの底部調整技法を伴っている。

　なお，比企地方以外における6世紀代の円筒埴輪について概観すると，埼玉地方で小型円筒埴輪は熊谷市鎧塚古墳[86]と女塚古墳[87]で第4期に該当する資料が出土している。埼玉古墳群の大型首長墓に伴う円筒埴輪の編年は別途，第3章で取り上げることにしたい。

　児玉地方では，本庄市長沖古墳群[88]，生野山古墳群[89]，神川町北塚原古墳群[90]，青柳古墳群[91]，美里町広木大町古墳群[92]などで，4期から6期まで比企地方と共通する型式変化が認められる。ただし，底部調整技法の採用時期は長沖古墳群や北塚原古墳群においては第4期の新段階まで遡る。この時期には群集墳の盛行が顕著であり，これに対応するために各地に埴輪窯が築かれた。現在までに，美里町宇佐久保埴輪窯跡群[93]で12基，大里郡域では深谷市の割山埴輪窯跡[94]で20基，埼玉地方では鴻巣市生出塚埴輪窯跡群[95]48基，馬室埴輪窯跡群[96]で10基の埴輪窯が調査されている。これらの中では馬室が3期から，他は4期からの操業開始が推測される。

(7) 埴輪生産の終焉時期

　東松山市の若宮八幡古墳では筆者の表面採集によって，円筒埴輪と形象埴輪（人物埴輪全身像の沓）を伴うことが確認できた[97]。この古墳は精緻な切石切組積複室構造の胴張横穴式石室を主体部としている[98]が，これとよく似た横穴式石室を持つ吉見町かぶと塚古墳[99]及び東松山市冑塚古墳[100]では発掘調査によってTK209〜217形式類似の須恵器が多数副葬されているが埴輪を伴っていない。このことから比企地方で最後に埴輪を設置した古墳は若宮八幡古墳である可能性が高く，その年代は西暦600年前後と推定することができる。並行する時期の東松山市三千塚古墳群長塚古墳では5mあたり7〜8本，滑川町屋田5号墳では5〜6本の設置であったが，TK209型式類似の小型矮小化した提瓶を出土した川越市牛塚古墳では個体数が異常に少

（＊4）第4期に関東地方では方形透孔をもつ円筒埴輪が一斉に登場し，短時間で消滅する。例として埼玉二子山古墳・栃木県雀宮牛塚古墳・同宇都宮射撃場内古墳・茨城県三昧塚古墳・群馬県七輿山古墳などを挙げうる。畿内では河内・和泉に対して，保守的な大和・摂津の工人が再編されて，関東地方の埴輪製作に関与した可能性が推測される。

（＊5）鴻巣市生出塚埴輪窯跡群では未焼成埴輪が出土し，ローム土を大量に含む粘土を材料として使用していた。ローム土は鉄分を多量に含有するため，濃い赤褐色の発色が可能となるので，外面の赤色彩色も不要となった。

なかった [101] ので，横穴式石室の前庭部などに限定された配置であった可能性がある。興味深いことに，吉見百穴横穴墓群（国指定史跡）の最初期の横穴墓にも，前庭部に数本の円筒埴輪が立てられていたと考えられている [102]。

旧武蔵国内の他地域でも埴輪の終焉時期は胴張式横穴式石室の採用時期と一致している。北武蔵の児玉地方では，美里町塚本山1号墳 [103]，一本松古墳 [104]，本庄市御手長山古墳 [105] が該当する。御手長山古墳では榛名山二ツ岳噴出の角閃石安山岩の五面削り石が用材となっている。これらの円筒埴輪には底部調整技法を伴うものが多い。器形も底部径の矮小化と第1段の長大化が顕著な点で，比企地方のものと共通している。

埼玉地方では，埼玉古墳群の鉄砲山古墳が最後の埴輪を伴う大型前方後円墳であり，生出塚埴輪窯の製品と推定される（*6）。ところが，鉄砲山古墳の次の前方後円墳である中の山古墳には円筒埴輪は伴っておらず，焼成前に底部穿孔を行った須恵器の長胴壺が埴輪に代わって立て並べられていたと考えられ，筆者は「須恵質埴輪壺」と命名した [106]。後に寄居町末野須恵器窯跡群の1基で生産されて長距離運搬されたことが確認された [107]。時期は西暦600年前後とされているが，7世紀初頭と言い換えた方がよいであろう。埼玉古墳群の周辺部では，真名板高山古墳 [108]，酒巻1号墳 [109]，菖蒲町天王山塚古墳 [110] に最期の円筒埴輪を伴っている。この3古墳は角閃石安山岩を横穴式石室の用材としている点に共通点がある。天王山塚古墳からは筆者が頸部に補強凸帯を有する須恵器大甕を採集しており，酒巻1号墳ではフラスコ形長頸壺が出土している。このような状況から，埼玉地方でも比企地方や児玉地方と同じく，埴輪の終焉時期は6世紀末葉と判断してよいだろう。

なお，埼玉地方ではこれらに続く時期の大型前方後円墳である小見真観寺古墳 [111] と若王子古墳 [112] には埴輪が設置されていなかった可能性が高い。前者からは立刳板鋲留衝角付冑や銅椀類が多数出土している。また，若王子古墳出土須恵器は TK217 型式の特徴を備えた台付壺であり，7世紀初頭まで下降するものと推測する。

北足立地方では桶川市のひさご塚古墳 [113] から生出塚埴輪窯産と推定される三条凸帯の円筒埴輪が出土している。第1段が器高の半ばを占め，底部調整技法を伴う点で，大量生産に適した型式変化の到達点と認識できる。この古墳からは TK209 形式類似の須恵器蓋坏と提瓶が出土しており，比企地方

と同じく，西暦600年前後と推定できる。

　南武蔵地方で最後の円筒埴輪は，野毛古墳群の観音塚古墳[114]から出土していて，第1段の長い器形から，同様の年代に比定してよいものと思われる。

　旧武蔵国内を通観して，埴輪祭祀の終焉時期が一致していることが確かめられた。この事実は，埴輪の樹立行為が自然消滅でなく，政治的外圧によって一斉に停止されたことを暗示している。

3. 円筒埴輪編年の成果から旧武蔵国における 比企と他地域との関係を探る

　これまでに進めてきた旧武蔵国における円筒埴輪編年はそれがゴールではなく，窮極の目標は旧武蔵国における古墳編年案の作成であった。図I-6は武蔵国を比企・児玉・埼玉・入間足立・南多摩の五つに分け，比企ではさらに地域を4分割したうえで，それぞれの各地における首長墓の盛衰を，埴輪導入期以前を0期，埴輪導入期を1期とし，埴輪の終焉期の6期，埴輪消滅後の7世紀代を7期に分割して落とし込んだものである。この図で工夫したところは，古墳の墳形と規模を5,000分の1に縮尺（本書では縮小）して示すことによって視覚的に示したところであった，この方法によって，地域ごとの古墳の墳形と規模の変化を可視化したのである。さらに黒塗りは埴輪を有する古墳，白抜きは古墳を伴わない古墳を表示している。読者の方々にも一目で旧武蔵における古墳の出現期や巨大前方後円墳の分布地域が，そしてその盛衰の在り方が時間軸と地域軸を以てご理解いただけるものと思う。

　首長墓編年案の大要は今でも不動である。しかし，作成から30年余が経過して，その間に，当時は正式な報告のなかった古墳の本格的な調査・報告が行われたことによって，部分的な修正を施す必要も生じている。新知見を紹介しながら，修正を行っていくこととしよう。

(1) 古墳出現期の様相

　比企地方では最古の古墳は前方後方墳であった。これは古墳時代前期における関東・東北・長野・新潟・富山などのいわゆる東国と軌を一にするもの

　（＊6）文献[9]には埼玉古墳群最後の大型前方後円墳を将軍山古墳と記載したが，その後の調査所見によって訂正する。

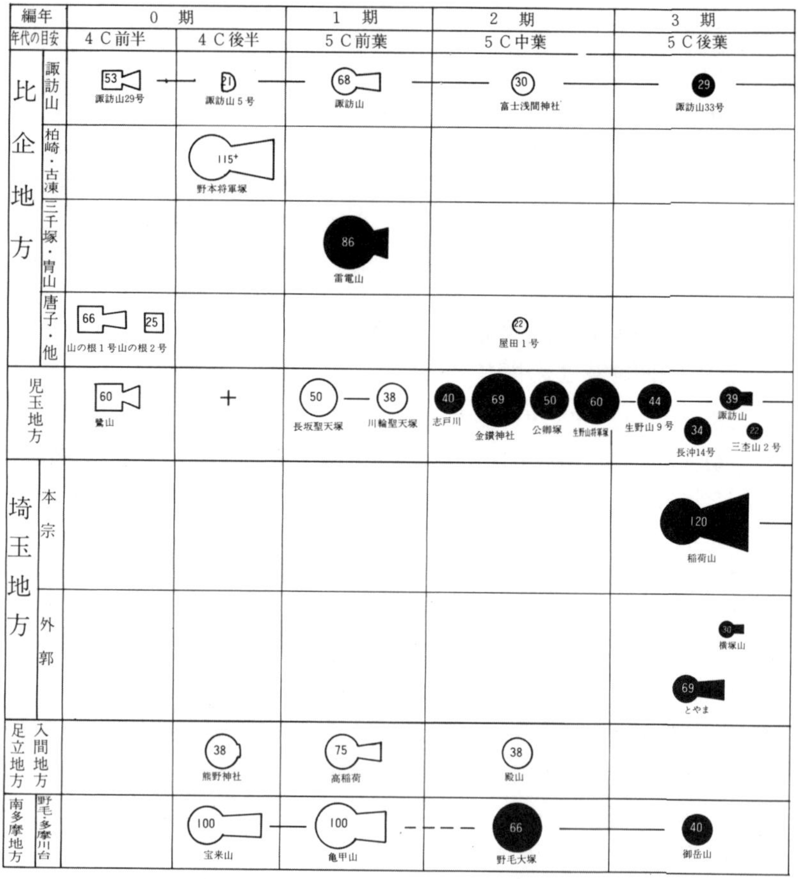

編年 / 年代の目安	0 期		1 期	2 期	3 期
	4 C前半	4 C後半	5 C前葉	5 C中葉	5 C後葉
比企地方 諏訪山	53 諏訪山29号	5 諏訪山5号	68 諏訪山	30 富士浅間神社	29 諏訪山33号
比企地方 柏崎・古凍		115+ 野本将軍塚			
比企地方			86 雷電山		
比企地方 三千塚・胄山 唐子・他	66 山の根1号　25 山の根2号			22 屋田1号	
児玉地方	60 鷺山	＋	50 長坂聖天塚 — 38 川輪聖天塚	40 志戸川　69 金鑚神社　50 公卿塚　60 生野山前塚　44 生野山9号	39 諏訪山　34 長沖14号　22 三杢山2号
埼玉地方 本宗					120 稲荷山
埼玉地方 外郭					30 横塚山　69 とやま
足立地方 入間地方		38 熊野神社	75 高稲荷	38 殿山	
南多摩地方 野毛・多摩川台		100 宝来山	100 亀甲山	66 野毛大塚	40 御岳山

図I-6　武蔵国の首長墓変遷図（28–29 ページ）※原図を一部修正済

である。旧武蔵国内では児玉地方でも前方後方墳の墳形を以て古墳が出現している。

　第0期は前後に分期した。その前半は前方後方墳と方墳が比企と児玉という旧武蔵国内の特定の地域に出現した時期であり，4世紀中葉を当てていたが，その後の埼玉県史編さん室による古式古墳調査[115]によって，諏訪山29号墳から東海地方の大廓式壺形土器が出土し，4世紀前葉とされた。また，山の根1号墳はかつて金井塚良一によって前方後円墳とされていた丘陵頂部

4　期	5　期	6　期	7　期	
6 C 前葉	6 C 中葉	6 C 後葉	7 C 前葉	7 C 中葉
諏訪山1号 20　諏訪山2号 15	＋	諏訪山6号 19　諏訪山4号 19	諏訪山3号 ○	
おくま山 62　宿軍1号 25　3号 36　4号 40　27号 27	古凍根岸裏　1号 25	柏崎5号 32　柏崎4号 43　柏崎6号 31	柏崎8号 24　元屋4号 32	
	青山 Ⅷ-3号 92　Ⅷ-3号 30　Ⅷ-5号 25	とうかん山 74　円山3号 24　円山2号 27　弁天山　長塚 37	秋葉山 45	
岩鼻3号 19　久米田1号 25		若宮八幡 30　青塚 37　かぶと塚 28　附川7号 27　附川8号 26	御嶽山 38　新土井 28	
生野山銚子塚 58	生野山16号 53　広木大町40号 30　挾沖25号 40	白岩銚子塚 46　寅稲荷 51　中新里諏訪山 43　大仏二子塚　御手長山 42	前原愛宕山 37	
二子山 135	丸墓山 105　愛宕山 53　瓦塚 78	将軍山 102　鉄砲山 112　奥の山 67　中の山 79	若王子 95　白山 50	
鎧塚 42　女塚 45　永明寺 78	毘沙門山 63	真名板高山 100*　酒巻1号 49　天王山塚 104	小見真観寺 110　八幡山 74	地蔵塚 28
一夜塚 50　下小坂3号 31　修塚 60		ひさご塚　牛塚 41　47	小堤山神 63	山上塚 64　人塚 21
		観音塚 43		

・古墳はデータをもとに縮尺を統一した　　　・数字は主軸長または周堀内径を示す
・黒塗りは埴輪をもつ古墳を白抜きは埴輪をもたない古墳を表示している
・同一系譜に連なると考えられる古墳は横線でつないだ　　　（1987.3.29 若松良一作製／2021.9.30 一部修正）

の古墳であったが，精密な測量調査によって前方後方墳であることが確定した。県立さきたま資料館の調査によって，元屋敷式の高坏が出土して，4世紀前半に比定されている[116]。この古墳の眼下の滑川低地にある吉見町三ノ耕地遺跡から大規模な方形周溝墓群が発見され，前方後方形周溝墓を3基含んでいた。未報告だが，出土土器から山の根古墳に先行する3世紀後半から4世紀前半と推定でき，低地の方形周溝墓群の中で突出した前方後方形のものを築造した小地域の首長の継承者が低地を見下ろす丘陵頂部に高いマウン

ドを持つ同形の古墳を初めて築造したという流れを知ることができる。

　また，本庄市鷺山古墳からは古式古墳調査によって円形の透かし孔が6対ある二重口縁壺やS字状口縁台付甕などが出土し，4世紀前半に比定されている。

　編年案作成時には，副葬品によって年代のわかっている熊野神社古墳や蓬莱山古墳などの4世紀後葉に先行する4世紀中葉を当ててあったが，新知見によって修正を行うものである。北武蔵の古墳発生時期は従来の見解より，1ないし2世代ほど遡るものと考えられる。

(2) 最古の埴輪

　第1期の埴輪は東松山市雷電山古墳[117]しか知られていない。3条凸帯で，器高は60cm弱から70cm強と不揃いである。黒斑を伴っている。朝顔型円筒埴輪が存在するが，口縁部に段を持たず，近畿地方及びその影響をうけた各地の二重口縁壺模倣器形とは異なっている。円筒埴輪には円形透孔を一段に3個以上穿つもの，段間の上下に対向して三角透孔を穿つもの，巴型透孔の崩れた心葉形の透孔，長方形透孔4個を田の字状に配列するもの，朝顔形円筒埴輪の肩部に小円孔を穿つものなどがあり，定型化していないことが特徴である。内外面の調整に木口状工具を用いず，ナデ調整を行うことも際立った特徴であり，川西編年のⅠ・Ⅱ期との共通性がある。底部が裾広がりで，倒立技法を用いている。凸帯は三つの稜を持つ低平なものであり，元屋敷式壺形土器の胴部凸帯に類似する点から，東海系の土師器工人による試行錯誤的な生産体制を想定したい。

(3) 埼玉古墳群における首長墓の築造順序補訂

　かつて甘粕健は，武蔵国造の争乱によって南武蔵勢力が北武蔵の新興勢力によって国造権を簒奪されたとの仮説を提示された[118]。その際，埼玉古墳群は巨大円墳丸墓山古墳を以て開始されたと推定した。しかし，当時は丸墓山古墳の考古学的データは乏しく，埴輪の特徴すら知られていなかったので，具体的な証拠はなかったのである。その後，文化庁の指導と補助を受けて，埼玉古墳群の各古墳の保存状態と範囲の確認調査及び保存修理事業が着手されると，愛宕山古墳・鉄砲山古墳・二子山古墳の周堀調査が昭和50年代後

半（1975 年〜）から着手された。ちょうど筆者が大学院の修士論文を関東地方の埴輪の編年研究と定め，さきたま資料館のご厚意で未報告の埴輪の実測と拓本採取をさせていただいたのがその頃であった。この時点では，未だ埼玉古墳群の各古墳の築造年代は把握されておらず，報告書の取りまとめを経て，その情報が少しずつ開示されていくといった状況であった。縁あって，筆者が埼玉県教育委員会の学芸員として採用され，さきたま資料館の古墳整備担当になると，文化庁に長期計画を提出して，中の山古墳[119]とトバ口山古墳[120]の範囲確認調査，瓦塚古墳の追加調査[121]と墳丘復原事業[122]，丸墓山古墳の範囲確認調査[123]，二子山古墳の追加調査[124]，将軍山古墳の墳丘を含む本格的な調査と復原事業[125]に携わることとなった。それ以来，埴輪と格闘しながら，各古墳の年代比定とその総合化である埼玉古墳群全体の古墳築造序列の研究を課題とするようになった。著書『諏訪山 33 号墳の研究』[126]は，それ以前の成果物であり，稲荷山古墳・二子山古墳の報告書は参考にできたが，将軍山古墳については埴輪の破片さえ出土を見ていなかった。このため，武蔵国の首長墓変遷図を作成するには，修士論文に用いた埴輪のデータを基本にしたものの，将軍山古墳に限っては，明治期に出土した銅鋺や馬具をはじめとする副葬品という別の物差しを用いるしか方法がなかった。この古墳が最後の前方後円墳という先入観に捉われていたのである。結果的には，将軍山古墳の円筒埴輪は凸帯の比較的しっかりした 4 条凸帯の円筒埴輪であり，鉄砲山古墳の円筒埴輪との先後関係は，研究者によって意見が異なってはいたものの，筆者は将軍山古墳のほうが先行すると考えるに至った。したがって，この首長墓変遷図では鉄砲山古墳を将軍山古墳の場所に移動し，将軍山古墳を鉄砲山古墳の位置に移動して訂正を行う必要がある。

　なお，将軍山古墳は主体部と墳丘を含む本格的調査が許可されたため，従来の見解を改めるべき多くのデータを得ることができた。箇条書きで記すことにする。

　①後円部に大幅な土盛りをして民家が営まれていたが，その盛土を取り除けた結果，墳丘主軸長は 90m と判明した。このため，従来の 100m 級との認識は改められた。

　②主体部は畿内型片袖式横穴式石室で，用材は壁体にいわゆる房州石，天井石と床面貼石に緑泥石片岩を用いていた。武蔵国内では，上野国に隣

接していて，横穴式石室にもその影響を受けた児玉地方を別とすれば，最古の横穴式石室と見られる。これに対して，鉄砲山古墳の横穴式石室は角閃石安山岩の五面削り石を用いた胴張式と，近年の調査で明らかになったため，両者の先後関係は確定したと言ってよい。

③副葬品には馬具等に新旧の2組があり，耳環の数からも2人以上の埋葬を想定できる。このため，時期は古い組合せの方はMT85，新しい組合せの方はTK43に類似する須恵器を参考にすべきと考えられる。したがって，第1次埋葬は6世紀後半でも，その早い時期であったと推定される。

④周堀はこの古墳のみ盾形と推定されていたが，調査の結果，長方形二重周堀と判明した。中堤に小さな造出を伴っている。

また，丸墓山古墳は範囲確認調査によって，榛名山二ツ岳噴出火山灰FAが墳丘下の旧表土中に水平堆積していることが明らかになった[127]ので，その降下時期である西暦500年前後より後の築造である。いまだ円筒埴輪は全体形を復原できる個体がなく，検討には不十分な面がある。

いっぽう，二子山古墳の内堀の底には白色シルト的な薄い土層が一面に残存していた場所があり，FAの可能性がある(*7)。円筒埴輪は総じて凸帯の突出度が高く，円形透孔が主体的ではあるが，方形透孔のある個体を含んでいる。後者は東松山市桜山窯跡と諏訪山7号墳の円筒埴輪棺に例がある(*8)。この時点では，埼玉古墳群への埴輪供給は鴻巣市生出塚埴輪窯と比企地方から二元的に供給されていた段階と推定される。時期比定は桜山埴輪窯に先行した須恵器窯がMT15形式類似であったことから，埴輪窯が間を置かず操業されたと想定すれば，6世紀初頭ころと考えられる。推定火山灰との時間的なズレは，築造後，一定の時間経過後に被葬者の埋葬があったと理解するのがよいであろう。

これらのことによって，埼玉古墳群においては，稲荷山古墳の次の大首長墓が二子山古墳なのか丸墓山古墳なのかは微妙となってきた。この点について，城倉正祥から元案のままでよく，丸墓山古墳の凸帯に稜を3個持つ幅広凸帯の埴輪は，雷電山古墳のそれを模倣したものなので，古いとの見解が示されている。また，二子山古墳は武蔵国造の争乱において，勝利を得たカサハラノアタイオミの墳墓にあてられるのではないかとの仮説が提出されてい

る[128]。

　これに対して，筆者は丸墓山古墳の多稜凸帯は円筒埴輪ではなく，凸帯を2条連接した形象埴輪（場合によったら柵形または家形などの）の可能性を考えた方がよく，1世紀も遡る雷電山古墳の影響はないと考える。また，二子山古墳の年代は，前述したように築造完了時期が5世紀末葉，初葬が6世紀初頭と推定している[*9]。したがって，安閑元年（534年）以降の6世紀中葉段階まで下降させるのは困難と思われる。

　編年案としては，築造時期をもって，二子山古墳から丸墓山古墳の順序に訂正しておくのがよいであろう。しかし，問題は両者の時間差が小さいことであり，墳形が異なっていることである。あるいは，丸墓山古墳の被葬者は二子山古墳の被葬者の兄弟などの近親者であって，丸墓山古墳は傍系の最初の古墳に位置付けられる可能性もありうる。火山灰を巡っては，坂本和俊や加部二生から支持がある一方で，若狭徹のように否定的な見解もある。当時は，火山灰の分析予算が措置できていなかったが，二子山古墳では土壌サンプルの採取を行ってあるので，今後分析にかける機会があればよいと考えている。

　なお，埼玉古墳群の前方後円墳8基と丸墓山古墳は1世紀余りの間に連続して単線的に築造されたとは考えられない。50mから70m級の4基（愛宕山・瓦塚・奥の山・中の山）は別の系統をなして並行して築造したと見られよう。その築造順位についても，近年の調査成果を綜合しての再検討が必要である。動かないのは中の山古墳が埴輪消滅後の前方後円墳であることだけである[129]。

(4) 武蔵国の首長墓変遷図から何が読み取れるか

　旧武蔵国では，古墳時代前期の4世紀前半代において，中央部の比企・北部の児玉・南部の多摩で地域首長墓の出現が確かであり，その墳墓はいずれも小規模な前方後方墳であった。しかし，東松山市高坂8号墳（方墳）から

（＊7）現地を見ていただいた坂本和俊氏ほか研究者からF.A.との教示を得た。土壌採取あり未分析。
（＊8）東松山市教育委員会の江原昌俊氏の御好意で熱覧。口縁端部と凸帯の調整やヘラ記号が類似していたので，城倉正祥氏にハケメの同定を依頼したところ，一致した。
（＊9）堀底に堆積し白色粘土と呼んだものがF.Aと推測される。

三角縁神獣鏡が出土したことによって，比企地方が大和王権の間接的な支配下に置かれたことが窺える[130]。この段階での各支配領域は一郡に満たないものであった。これらの地域のうち，南多摩と比企で大型前方後円墳の出現を見たのは4世紀後半の段階であった。中小河川の治水の成功によって農業生産と人口の規模が増大し，小地域の統合が進んだ結果であろう。比企地方では，該当古墳は主軸長68mの諏訪山古墳と推定していたが，近年，野本将軍山古墳の精密な測量が行われ，墳丘が金井塚良一の推定したような土採りによる変形[131]を受けておらず，前方部と後円部の比高差が大きいその墳形から，この古墳も該期の造営と推定されるようになったのである[132]。これらの古墳はいずれも埴輪を伴っていない。

　しかし，5世紀に入ると，前方後円墳は姿を消した。小野山節の言う畿内王権による前方後円墳の第1次築造規制[133]がこの地にも及んだ可能性がある。5世紀も後葉に至って，唯一，大型前方後円墳を築いたのが，埼玉地方であり，主軸長120mの稲荷山古墳が突如として出現する。以後，100m級を含む前方後円墳を7世紀初頭頃まで一つの墓域に継続的に造営し続けたことから，卓越した大首長の政治権力の固定を見たものと評価される。国造制の成立期については，安閑紀の記事が起点であるとされている[134a,b]が，考古学的に見た場合，この埼玉古墳群こそが国造またはその前身勢力であったと見ることができる。新来の政治勢力であり，その出自については，相当な論証を要するので，触れないでおく。

　そこで，国造に関する日本書紀の記事のうち，武蔵国造の内乱を検証する必要があろう。首長墓変遷図に再び目を移してもらうと，第5期（6世紀中葉）までは，埼玉古墳群の前方後円墳が群を抜いているばかりでなく，児玉地方を除けば，顕著な前方後円墳は存在していない(*10)。この児玉地方の前方後円墳はくびれが弱く前方部の短い上野国の前方後円墳と共通する設計であり，この時点では，児玉地方は上毛野政権との関係性を保っていた。言い換えれば，まだ武蔵には属していなかった可能性がある。埼玉地域では，埼玉古墳群以外にも80m以下の前方後円墳が築造されているが，これは埼玉の大首長と同祖同族関係を結んだ支族とみて差し支えないであろう。

　注目すべきは，比企地方から前方後円墳が消えることである。例外的に，おくま山古墳[135]が第4期に存在するが，前方部が低平で小さい。比企地方

でこの期に最大の古墳は，直径 92m の巨大円墳甲山古墳 [136] である。この
事実は，前方後円墳の築造規制に当たるもので，畿内王権によるものではな
く，その意を体して埼玉古墳群の国造の前身勢力の権限によって行われた可
能性を筆者は推定している。いずれにしても，6 世紀中葉までの前方後円墳
の動向を見た限りでは，埼玉古墳群が群を抜いていて，安閑元年（534 年）
に国造権を争奪するほどの競合勢力は武蔵国内には存在していなかった。し
たがって，日本書紀の記事のうち，年代については信用性がないということ
になる。

　ところが，第 6 期には前方後円墳の築造規制は解除されたとみられ，武蔵
国内の各地に復活することになる。とりわけ，埼玉古墳群の外郭部に埼玉古
墳群の大型前方後円墳に匹敵するものが何基か出現する。その中でも加須市
栢間天王山塚古墳は，内部主体が榛名山二ツ岳噴出の角閃石安山岩の五面削
り石の切組積みであることが判明しており [137]，近年の発掘調査で，墳丘主
軸長は 110m を超えることが判明した。同じく埼玉古墳群の保存修理事業に
伴う発掘調査によって，鉄砲山古墳も内部主体に角閃石安山岩の五面削り石
を用いていることが判明した [138] ので，天王山塚古墳と鉄砲山古墳は双生児
の古墳であることが問題となる。国造とまったく同じ規模で同じ内容の古墳
を埼玉古墳群の外郭部に築いたものこそが，武蔵国造と同族の内乱の当事者
と考えられる。その時期は，6 世紀後葉であり，安閑紀の記事は，実際は一
運繰り下げて西暦 594 年のことであったと筆者は推定する。安閑天皇にさし
たる政治上の実績がなく，便宜的に他の年次の記事を編人したものが多いと
の古代史研究者の指摘は当を得たものであろう。

　このように，安閑紀に示す武蔵国造の内乱を 6 世紀も末のことと措定すれ
ば，皇室へ献上したとされる四所の屯倉のうち，横渟（横見）屯倉に，出雲
臣の預かりとなっていた新羅虜囚を計画移民させて開拓し，出雲系の大規模
な横穴墓群をこの地に築き始めた [139] 時期と合致し，畿内大王権を以てした，
屯倉設置の事実も明らかにすることが可能となる。

（＊10）坂戸市電雷塚古墳は主軸長57.5m の前方後円墳で，出土埴輪から6 世紀中葉
　の築造と推定される。数少ない例外の1 基である。

③ 古墳群の円筒埴輪の連続編年とその成果
― 埼玉古墳群の円筒埴輪：稲荷山古墳の埴輪と提起される問題 ―

『武蔵埼玉 稲荷山古墳』[140] に収録された円筒埴輪の研究成果を抜粋・要約して紹介する。実際の引用や，研究での利用は原典に基づいていただきたい。

1. 問題の所在

　稲荷山古墳出土の埴輪は極めてバラエティーに富み，型式学的に見た場合，同一の集団が一定の技法に従っていちどきに製作したものでないことを示している。円筒埴輪は 4 類に分かれ，さらに段構成を指標とする小分類では 12 類に分類される。四つの大分類は工人集団の相違を示している可能性が高く，さらに時間差が存在するものと思われた[141]。しかし，出土状態が原位置でないため物理的な先後関係の証明は困難であった。このため，方法を検討したうえで，稲荷山古墳と埼玉古墳群内の各古墳の埴輪とのクロスチェックを試みた。埼玉古墳群では各世代の首長墓が継続して築造されているため，S.D.法の連続編年軸の中に資料を相対的に位置づけることが可能になるからである。

2. 埼玉古墳群の円筒埴輪編年 (図 I-7，表 I-2)

(1) 第 1 期

　最古の大型首長墓である稲荷山古墳A類が該当する。3 条凸帯の小型品，5 条の中型品，6 条の大型品がある。大型品では寸胴な第 I 器形で，各段は均等である，凸帯は幅が狭い台形で突出度が高い。外面調整はタテハケのみで終了するものが多いが，第 2 次調整に B 種ヨコハケを施すものがある。透孔は半円形に限られる。胎土は鉄分が極度に少なく，このために器面が乳白色を呈するものが多い。このことと関係して，外面に第二酸化鉄を原料とする赤色彩色が施されている。焼成は軟質なものの割合が高く，器肉の芯の部分は黒色を呈する場合が多い。稲荷山古墳A類の祖型は摂津の太田茶臼山古墳の東側くびれ部出土資料[142] (図I-8) が有力な候補となる。法量・器形・透孔・外面調整が近似しているが，ヨコハケの出現率の低さから，稲荷山古

墳A類が後出的である。銀杏葉形の線刻文[143]を手掛かりにすると，太田茶臼山古墳の埴輪生産には北関東の埴輪工人が徴発され，帰国後に在地の工人集団を指導してA類が普及した可能性がある。

　第Ⅰ期の年代は類例と伴出須恵器等（例示を省略）から5世紀後葉の早い段階であり，金錯銘鉄剣とは関係なく，未発見の中心主体部の時期と推測される。

(2) 第2期

　最大の前方後円墳二子山古墳の築造時期であり，そこに樹立された最初の埴輪A1a類が該当する。6条凸帯の超大型円筒埴輪で高さは110cmに復原できる。器形は徐々に開く第Ⅳ器形を採る。各段は均等である。凸帯の断面形は幅のやや広い台形である。外面調整はナナメハケで，2次調整は伴わない。透孔は円形に限られる。胎土は鉄分の含有が多く赤褐色を呈するものが多く，赤色彩色はない。焼成は良好である。生出塚埴輪窯21・22号窯捨場出土の焼台に例がある。窯は未発見だが，創業期の窯で焼かれた可能性がある。

　稲荷山古墳B1・B2類も胎土・焼成・色調・器形・製作技法から生出塚埴輪窯の製品の可能性がある。これに対して，二子山古墳B類は製作集団が異なっている。寸胴な第Ⅰ器形を採る推定6条凸帯の円筒埴輪で，方形透孔が伴うことを特徴としている。薄手の作りで浅黄橙褐色を呈し焼成は良好である。胎土中に海綿骨針が観察されるのは比企丘陵の埴輪の特徴であり，東松山市諏訪山7号墳の周溝から同工品が出土している。東松山市桜山埴輪窯付

表I-2　埼玉古墳群円筒埴輪系統別編年案（令和3年11月一部修正）

	第1期	第2期	第3期	第4期	第5期	第6期
行田市域の未知の窯	稲荷山古墳A類				将軍山古墳C2類	
生出塚埴輪窯		二子山古墳A1a類	丸墓山古墳A2類	瓦塚古墳A1類	将軍山古墳A類	鉄砲山古墳B類
		稲荷山古墳B類	天祥寺裏古墳	愛宕山古墳A1類		鉄砲山古墳C類
			二子山古墳A1b類			
			埼玉5号墳			
比企地方の窯		二子山古墳B類		瓦塚古墳B類		
		愛宕山古墳C類				
所在不明地の窯A			二子山古墳C1類	瓦塚古墳A2類		
			稲荷山古墳C類	将軍山古墳C1類		
所在不明地の窯B				稲荷山古墳D類		
				愛宕山古墳B類	将軍山古墳B類	
				瓦塚古墳A3類		

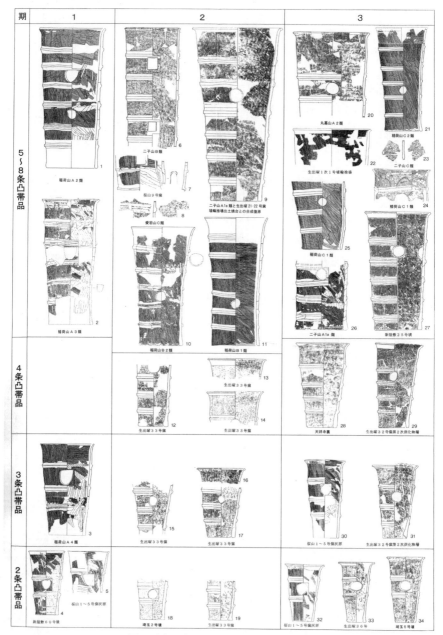

図 I-7(1)　埼玉古墳群の円筒埴輪編年案

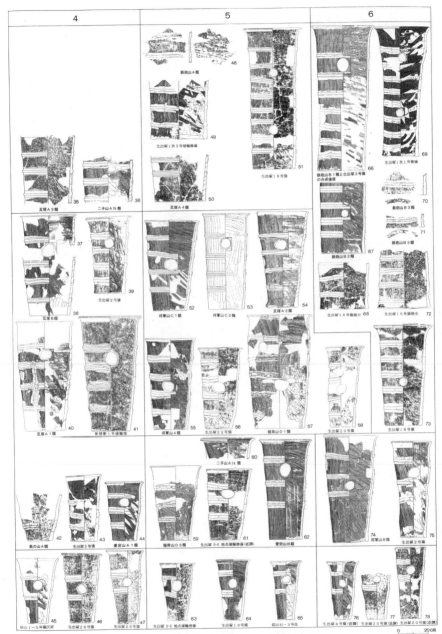

図 I-7(2)　埼玉古墳群の円筒埴輪編年案

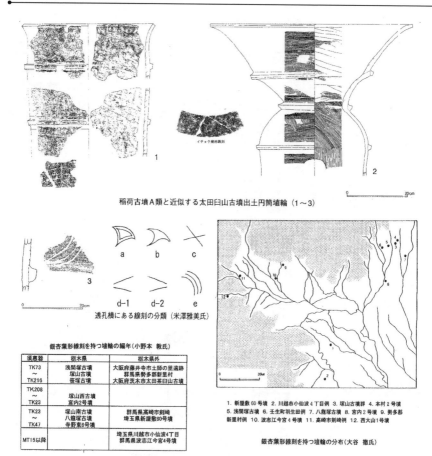

稲荷古墳Ａ類と近似する太田臼山古墳出土円筒埴輪（1～3）

透孔横にある線刻の分類（米澤雅美氏）

銀杏葉形線刻を持つ埴輪の編年（小野本 敦氏）

須恵器	栃木県	栃木県外
TK73 ～ TK216	浅間塚古墳 塚山古墳 笹塚古墳	大阪府藤井寺市土師の里遺跡 群馬県勢多郡新里村 大阪府茨木市太田茶臼山古墳
TK208 ～ TK23	塚山西古墳 宮内2号墳	
TK23 ～ TK47	塚山南古墳 八龍塚古墳 寺野東6号墳	群馬県高崎市剣崎 埼玉県新屋敷60号墳
MT15以降		埼玉県川越市小仙波4丁目 群馬県波志江今宮4号墳

1. 新屋敷60号墳　2. 川越市小仙波4丁目例　3. 塚山古墳群　4. 本村2号墳
5. 浅間塚古墳　6. 壬生町羽生田例　7. 八龍塚古墳　8. 宮内2号墳　9. 勢多郡
新里村例　10. 波志江今宮4号例　11. 高崎市剣崎例　12. 西大山1号墳

銀杏葉形線刻を持つ埴輪の分布（大谷 徹氏）

図 I-8 稲荷山古墳円筒埴輪 A 類参考資料集成

近に未発見の焼成窯があったのであろう。

　第 2 期の年代は二子山古墳の周堀底部に榛名山二ッ岳噴出火山灰 F.A. が堆積していることから上限が 5 世紀末であり，二子山古墳B類を埋葬時の樹立とすれば，6 世紀初頭に比定できよう（＊11）。

(3) 第3期

　日本最大級の円墳丸墓山古墳 [144] の築造時期であり，その最初の埴輪であるA2 類が該当する。復元口径 50cm の超大型品で，寸胴な第 1 器形を採り，口緑部が他の段の 2 倍ほど長いことを特徴としている。凸帯の断面形は側面

の窪む台形で幅が狭い。生出塚埴輪窯跡群第 1 号捨場から類似する焼台が出土している。

　稲荷山古墳C類の円筒埴輪は橙褐色の焼き上がりと断面形M字形の凸帯を指標としている。5 条と推定 6 条のものがある。やや軟質な製品を含み，胎土も粗いので生出塚窯の製品ではなさそうである。口緑部に半円と水平線を組み合わせたヘラ記号を伴うものがあり，二子山古墳C1 類に類似資料がある。このことは稲荷山古墳の円筒埴輪中に二子山古墳以降に製作されたものを含む証左となろう。

　第 3 期の年代は，丸墓山古墳の墳丘直下の旧表土中に榛名山二ッ岳噴出火山灰F.A. が堆積しているの [145] で，それ以降の 6 世紀第 1 四半期ころに比定できよう。

(4) 第 4 期

　中規模の前方後円墳である瓦塚古墳 [146a~c] の A1 類と B 類が該当する。前者は生出塚埴輪窯産，後者は比企地方産とみられる。色調と胎土に相違点があるが，ともに 4 条凸帯で口縁部が他の段より少し長く，凸帯の断面形はM字形で突出度は中程度である。製作地が離れているのに形態や製作技法の差異が小さいのは，同時期の製作であるとともに，工人間に技術共有があったことを反映するものであろう。また法量の一致は発注者の指示に従った結果と見られよう。

　瓦塚古墳の A1 類の類品は生出塚 2 号墳にあり，4 条凸帯で一致する。器形もそのままにスケールダウンしたものといってよい，

　第 4 期の年代は，瓦塚古墳造出し付近から出土した須恵器群がMT15とTK10の過渡期的特徴を示す [147] ことから，6 世紀第 2 四半期ころに比定できよう。

(5) 第 5 期

　主軸長 90m の前方後円墳である将軍山古墳の築造時期に伴う円筒埴輪A類が該当する。4 段構成の中型品で，赤色の強い色調と焼成から生出塚窯製品と推定 [148] されている。凸帯の断面形は低平な M字形であるが，各段が均等配分である点で第 4 期と近接することがわかる。C1 類と C2 類は，底

（＊11）巨大古墳は生前に築造した寿陵との想定による。

部の矮小化が認められず，凸帯の断面形が台形である。C2 類の外面調整は板ナデで特異である。ともに生出塚埴輪窯の製品とはみられない。鉄砲山古墳A類は資料数が少なく，混入の可能性もなしとしないので，指標とするのをためらう。

　第 5 期の年代は，将軍山古墳から MT85 ないし TK43 古段階の須恵器が出土しているので，6 世紀後半でも早い時期となる第 3 四半期に比定しておく。

　稲荷山古墳D1・2 類は 4 条凸帯でゆがみが著しい粗製の円筒埴輪である。凸帯は断面形が M 字形で著しく低い。器形的には第 1 段が伸長化にして，他の段の 2 倍ほどになっている。D1 類には正立したままで底部外面に叩き，D2 類には同じく正立したままでの底部外面へのヘラ削り調整を伴う個体がある。当然，底部調整技法伝播以降の製作である。非生出塚埴輪窯産と推定する。

(6) 第 6 期

　主軸長 108m の前方後円墳鉄砲山古墳の築造期に伴う B 類の 7 条凸帯の円筒埴輪が該当する。当時は完形品がなかったので，掲載図 66（図I-7(2)）は合成復原図である。その後の調査によって，完形品が横穴式石室付近の墳丘上から原位置で出土している。寸胴な第Ⅰ器形を採り，凸帯の断面形は低いM字形である。生出塚 3 号窯から同規格のものが出土している。

　将軍山古墳B類は第 1 段の伸長化がかなり進行している。3 条凸帯としては大柄な円筒埴輪である。凸帯の断面形は三角形である。第 5 期の愛宕山古墳B類の延長線上にある個性の強い製品であり，焼成窯は未発見である。こうした首長墓用の 3 条凸帯円筒埴輪は群集墳などのものより大きく作られていて，底部調整技法を伴う仕上げの雑な省力生産品とは一線を画している。しかし，底部径は矮小化しており，築造後一定時間が経過してから追加設置されたものであろう。

　第 6 期の年代は，鉄砲山古墳出土の TK43 型式類似の須恵器から 6 世紀第4 四半期に比定される。

　なお，朝顔型円筒埴輪も別途，編年図を作成し，同様の検証を行っているが，本書では編年図の掲載に留め，説明は割愛する（図I-9）。また，第 7 期

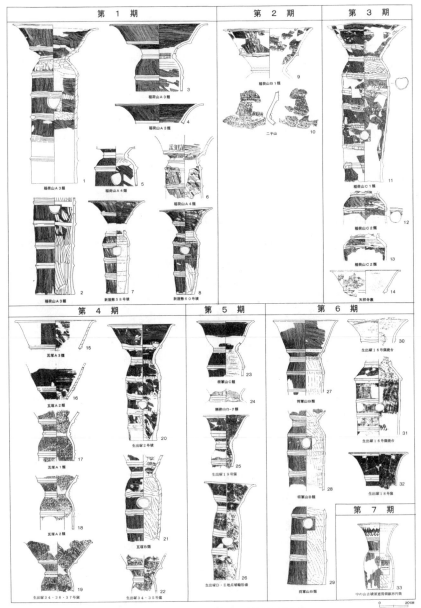

図 I-9　埼玉古墳群朝顔形円筒埴輪編年案

は朝顔型円筒埴輪の編年において，中の山古墳の須恵質朝顔形円筒を該当させている。加えて，第5期と第6期については若干の改稿を行った。

3．編年作業の総括

（1）円筒埴輪の時間差がある設置例の検証（図 I-10）

　埴輪の時間差設置については，埼玉古墳群のうち，稲荷山・二子山・瓦塚・愛宕山・鉄砲山・将軍山の各古墳に存在することが推定された。一定規模の前方後円墳にはかなり普遍的な現象となる可能性がある。以下に，時間差設置の事実が遺構との関係で明らかな全国の事例について見てきたい。

①保渡田八幡塚古墳（群馬県高崎市）

　墳丘主軸長96mの前方後円墳[149]で，葺石・二重盾形周堀・4基の中島を設置している。中堤上にはA区とB区の形象埴輪配列区が設けられているが，若狭徹は，両者には形象埴輪の法量や製作技法に相違があり，保存状態においてA区が良好なのに比してB区が著しく悪いことから，時間差があるとした。その根拠は同古墳がF.A.降下に伴う洪水に襲われたとき，A区はほとんど破損していない状態で埴輪がその洪水泥土によって被覆されたのに対して，B区はこの時点で，すでに破損が進んでいた可能性があるという。このような時間差を認めた場合，初葬者に対する複数回の埴輪樹立を想定するか，B区が初葬者にA区が追葬者に対応するかのいずれかであろうとする。

　同古墳には初葬の舟形石棺と追葬の竪穴式石槨とがあるので，筆者は後者の可能性を考えている。円筒埴輪にはA群とC群とがあり，胎土から前者は藤岡市付近の埴輪窯産で，後者はそれ以外の埴輪窯産と推定されている。さらにA群は口縁部が開く器形で凸帯の断面形が三角形，C群は寸胴な器形を採り，凸帯の断面形が台形という差異があり，時間差が存在した可能性が高い。

②井出二子山古墳（群馬県高崎市）

　墳丘主軸長108mを測る前方後円墳[150]で，四つの中島と盾形二重周堀を持つ。舟形石棺と竪穴式石槨の二つの主体部が存在する。史跡整備に先立つ平成15年度（2003年度）の発掘調査で，左側くびれ部において中段円筒埴輪列の植え替えが判明した，古墳完成後しばらくしてから，中段テラスが崩

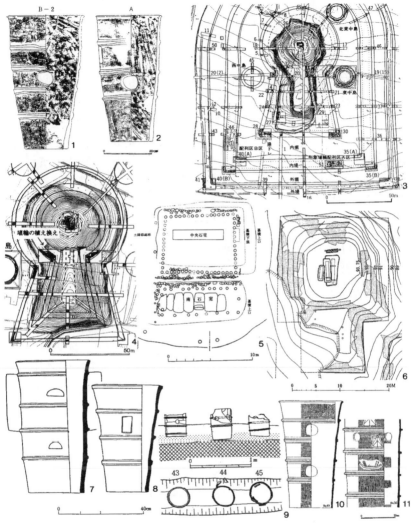

1　八幡北古墳出土円筒埴輪Ｂ類　　2　同Ａ類　　3　保渡田八幡塚古墳平面図　　4　井出二子山古墳
平面図　　5　金蔵山古墳内部主体平面図　　6　弁天山Ｄ２号墳平面図　　7　金蔵山古墳円筒埴輪Ａ類　　8　金蔵山古墳
円筒埴輪Ｂ類　　9　カラネガ岳２号墳の円筒埴輪設置状態　　10　カラネガ岳２号墳円筒埴輪Ａ類　　11　同Ｂ類
図 I-10　埴輪の時間差配置実例集成

壊したため，破損した円筒埴輪を埋め戻して，テラスを再構築して，未破損
の円筒埴輪は再利用し，不足の埴輪は新たに補ったが，段構成や法量の異な
る小型の円筒埴輪であり，次世代の首長墓である八幡塚古墳の埴輪に類似し

ているという [151]。

③金蔵山古墳（岡山県倉敷市）

　墳丘主軸長 165m の巨大前方後円墳で，埋葬主体部は後円頂部の中心に中央石室，その南側に南石室がある。前者の外周石敷が後者によって削り取られていることから時間差が判明している [152]。形象埴輪には前者が方形板革綴式短甲，後者には三角板革綴式短甲が伴っている。円筒埴輪は前者が下辺の水平な半円形透孔を持つ 4 条凸帯の鰭付円筒埴輪，後者が長方形透孔を持ち口縁部に補強凸帯を持つ 3 条凸帯の一回り小さい円筒埴輪である。やはり両者を比較すると南石室に伴うものは新しい。

④弁天山 D2 号墳（大阪府高槻市）

　墳丘主軸長 40m の前方後方墳で，後方部墳頂に 3 基の埋葬施設があり，切り合い関係を有している。最新の C 主体部は 5 世紀後半，2 番目の B 主体部は 5 世紀前葉から中葉，最古の A 主体部はそれより古い。

　北側の区画円筒埴輪列のうち，7 本を調査したところ，両端のものは掘方に据えられていたが，中間の 5 本は新たに土壙を掘って据え置かれたものであった。前者は第 1 次埋葬に伴い，後者は第 2 次埋葬（B 主体部）に伴う可能性が大きいという [153]。また，第 1 次埋葬に伴う家形埴輪は，第 2 次埋葬時に撤去された事実も判明している。

⑤今城塚古墳（大阪府高槻市）

　墳丘主軸長 190m の巨大前方後円墳で，真の継体大王墓とされる。保存整備に先立つ平成 14 年度（2002 年度）の第 6 次調査で，北側の内堤の外堀側円筒埴輪列において，埴輪の植え替えが確認された [154]。3 個体の円筒埴輪が直下の 2 個体の円筒埴輪に跨って発見されたのである。円筒埴輪の中には底部を打ち欠いたり，破損した円筒埴輪の基部の上に据えられたものが確認されているので，追加の樹立時には，円筒埴輪の高さを調整することが行われていたのではないかと筆者は推定している。

　なお，紙数の都合で，若宮八幡塚古墳（群馬）・カラネガ岳古墳・箸中山古墳・西殿塚古墳・中山大塚古墳の事例を割愛した。

4. 稲荷山古墳出土埴輪の多様性の意味 （図 I-11）

　稲荷山古墳の埴輪は多様性に富んでいる，胎土分析と型式学的な比較検討を経て，A から D 類の 4 類に分類され，製作地と製作時期に相違があることを検証してきた。その結果を簡潔に箇条書きで記す。

(1) 分類・製作地・製作時期

①A 類は埼玉古墳群に近接する利根川右岸の未知の埴輪窯で製作された埴輪と推測され，古墳築造期または初葬時のものである。B 種ヨコハケを客体的に残存することや半円形の透孔，凸帯の形状，赤色彩色などから 5 世紀後葉でも早い時期の製作と考えられる。形象埴輪にも胎土・焼成・色調が A 類と共通するものがあり，甲冑形埴輪や意比須を表現した巫女，小型人物塑像などは A 類にのみ存在している。

②B 類は生出塚埴輪窯跡群の未発見の最古の窯で製作された可能性がある。5 世紀末に比定される。

③C 類の一部は吉見町和名埴輪窯かその周辺の未発見の窯で製作された可能性がある。また朝顔型円筒埴輪は熊谷市権現坂埴輪窯か周辺の未発見の窯で製作された可能性がある。両者とも凸帯の退化や朝顔の口縁部擬口縁技法の消失などから 6 世紀第 1 四半期に比定される。

④D 類は吉見町和名埴輪窯跡か周辺の未発見の窯で製作された可能性がある。正立状態のまま底部に叩きやケズリを加えた個体があり，底部調整技法の伝播時期の 6 世紀第 3 四半期まで下降するものと推定した。この D 類の形象埴輪中，馬形埴輪には出現の新しい頭部側板技法が存在している。

⑤D 類は後円部東側の大規模な崩落に伴い，再整備された整地層の上に設置された埴輪である。

(2) 埴輪の時間差設置の契機について

　埴輪の時間差設置の実例を 10 例取り上げたが，その分布は近畿地方から中国地方と関東地方に及び，時期も前期・中期・後期にわたることが確認できた。そのありかたは六つに類型化することが可能である。

　①墳頂部祭祀の複数回挙行（箸中山・西殿塚・中山大塚）

　②副次的な埋葬に伴う円筒埴輪の新設（金蔵山・弁天山D2）

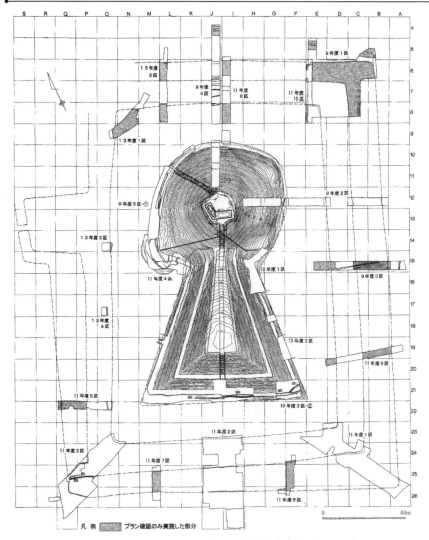

図 I-11 稲荷山古墳の周堀発掘調査区配置図
（墳丘の現存部は後円部で東北側に古い崩落跡がある）

③造出しの増設に伴う埴輪の追加設置（若宮八幡塚北）
④墳丘の崩壊による埴輪列の再整備（井出二子山）
⑤維持管理としての破損円筒埴輪の交換（今城塚古墳）
⑥古い円筒埴輪の利用（カラネガ岳2号）

(3) 稲荷山古墳の埴輪の時間差設置について

稲荷山古墳では4回の埴輪設置を推定したが，その契機の推定は以下のとおりである。

①A類円筒埴輪は築造または初葬時のもので，未調査の中心主体部に対応している。形象埴輪も墳頂部と中堤造出しとに設置された。

②B類円筒埴輪は粘土槨の埋葬を契機として形象埴輪と共に追加設置された。

③C類円筒埴輪は礫槨の埋葬を契機として形象埴輪と共に追加設置された。

④D類円筒埴輪は後円部の墳丘崩落事故を契機として形象埴輪と共に局部的に追加設置された。

(4) 稲荷山古墳への埴輪供給圏について（図I-12）

稲荷山古墳の埴輪の製作地について，胎土分析の結果と埴輪自体の分析から，四つの候補地を探り出した。B類は生出塚埴輪窯の未発見窯からの供給の可能性がある。A類段階では臨時的な生産体制が想定されるが，B類段階では，その後1世紀の継続的な生産が確認されるわが国有数の埴輪生産遺跡である生出塚埴輪窯跡を開窯させたのは稲荷山古墳被葬者の一人（粘土槨または礫槨の）であったであろう。次の段階では，吉見町和名埴輪窯と熊谷市姥ヶ沢・権現坂埴輪窯跡からも埴輪が供給された可能性がある。

時間差はあれ，1基の古墳に図示したように，4方面からの埴輪供給が推定されたわけで，のちに国造に就任したとみられる武蔵最大の権力者の墳墓への埴輪供給は，総合

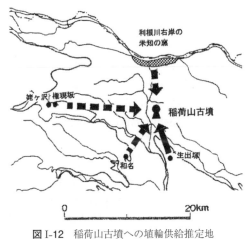

図I-12　稲荷山古墳への埴輪供給推定地

的な造墓活動への人民の徴発範囲を示している可能性を考えてみたい。

5．最後に

　最後に，筆者のように埴輪の時間差設置を研究する者は今のところ少数派である。こうした研究を評価してくださったのは，今は亡き古墳時代研究の革命児近藤義郎であった[155]。この視点を持つことによって，今まで不分明であった初期古墳における特殊器台形土器や埴輪の混在問題が解決に向かうとの見通しを示されたのであった。

　いっぽう，城倉正祥からは，この研究を丁寧に検討の上，批判を加えていただいた。併せて一読されることを読者に勧めたい。ただ一言付言すれば，筆者は「初めに時間差ありき」の態度で研究を進めているわけではなく，実際にそのような資料に巡り合ったときに，時間差を想定しているのである。逆に「はじめに同時期ありき」では問題が解決しないのである。考古学研究では作業仮説が正しいことが証明されるのに一定の時間を要する。しかし，これからの埴輪研究にとっては，欠くことのできない視点であり方法であると信じている。

　稲荷山古墳のように埼玉古墳群中最古の父祖を祀る特別な墓であれば，荒れ墓の姿を民衆の前に曝しておくことは，その祭祀と管理の責を負う首長には許されることではなかったはずである。特に，埋葬主体部が長期間にわたって追加される場合には，追葬の都度，墓は清められ，壊れた箇所は修繕されたことであろう。その際，円筒埴輪列に欠損があれば，新しい埴輪を補うことが行われたはずである。稲荷山古墳の場合，さらに，後円部東側の盛土崩落事故が6世紀後半代に発生して，その直後に整地層上にD類円筒埴輪が補われたと考えられるので，この古墳の管理は約1世紀にわたったことになる。当然，埴輪は初葬時に一度だけ立てられたという考え方は，思い込みに過ぎないことになろう。

　なお，報告書を熟読していただければわかることだが，稲荷山古墳のA類はFAの下部から多く出土し，他の類型はほとんど出土していない。D類は後円部墳丘の崩壊土整地面の上から出土しており，明らかに時間差が存在している。

4 円筒埴輪と古代の日韓関係
― 日本最後の埴輪：逆輸入された埼玉中の山古墳の特殊な埴輪 ―

1. はじめに

　埼玉県行田市にある国指定史跡埼玉古墳群は日本古代史最古のテキストである金錯銘鉄剣を出土した稲荷山古墳をはじめとする 8 基の前方後円墳と日本最大の円墳丸墓山古墳が良好な状態で保存されている国内有数の古墳群である。その埼玉古墳群中の一前方後円墳である中の山古墳（図I-13）から出土した埴輪は底部を穿孔した壺形を呈し，かつ須恵器の窯で焼成された特異なもので，従来の埴輪概念の埒外に属する。

　平成元年（1989 年）の報告書刊行時には，類例は全国に皆無であり，資料の十分な歴史的位置付けができなかったが，その後，生産遺跡が明らかになり，さらに，北九州と韓国で類例の出土が報じられ伝播経路の復原も可能となっている。また，この特異な埴輪の発現地と目される韓国栄山江流域は前方後円墳が築造され，倭系遺物の出土する地域として注目を集め，その政治史的評価が古代史学者によって活発に論じられている。

　この期に資料の再評価を行って，発掘・報告を担った者，資料を展示する学芸員としての責務を果たしておきたい。

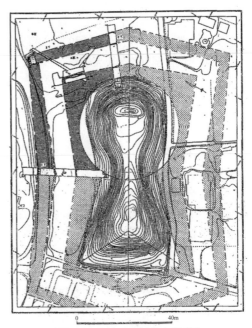

図I-13　中の山古墳想定復原図

2．埼玉中の山古墳と須恵質埴輪壺

　中の山古墳は現状での墳丘主軸長 79m を測り，埼玉古墳群の 8 基の前方後円墳中，第 5 位の規模を占めている。周堀が完全に埋まり，その形状や範囲が不明だったので，古墳の範囲を確認する目的で，文化庁の補助を得て，昭和 62 年（1987 年）8 月から 10 月にかけて発掘調査を実施した。この古墳については，唐櫃山（かろうと）の別称があり，古くカロウトが露出したとの伝承があるのみで，全く未発掘のため，埴輪の有無さえ明らかでなかった。

　発掘調査はくびれ部，後円部側の主軸線上，周堀のコーナー推定位置の 3 箇所にトレンチを設定して行った。その結果，二重の周堀と中堤の巡ることが明らかとなった。内堀の規模はくびれ部付近で，幅 12m，旧表土からの深さ 1.44m を測り，中堤は上幅 7.9m，外堀は幅 8.1m，深さ 1.44m であった。

　周堀の平面プランは墳丘主軸線上で尖り，くびれ部で窪み，かつ屈曲部を持つことから，剣菱形となる可能性（図Ⅰ-13）がある。面的に十分な調査ではないので，確定的とは言えないが，与えられたデータからの復原では，その蓋然性は高いものと思われる。埼玉古墳群の他の前方後円墳は，長方形の二重周堀を備えており，大きな相違が認められる。

　出土遺物には多量の須恵質埴輪壺 [156] と少量の各種須恵器片，若干の埴輪片があった。このうち，須恵質埴輪壺は内堀の墳丘寄りに墳丘から転落した状態で出土している。土師質の通常の埴輪片は細片ばかりであり，周囲からの混入と見られる。

（1）須恵質埴輪壺 A 類（図Ⅰ-14-1）

　長胴で平底の体部に，緩やかに外反しながら開く口縁部が付く。口縁端部には凹線が巡るものが多い。12 個体以上が確認でき，法量には若干の幅があるが，復原できたものでは，器高 46.8cm を測る。成形は平底の底部に連続して粘土紐を積み上げ，調整は体部では外面をタテヘラナデ後，カキメ調整で仕上げている。また，カキメの下に平行叩き目の認められる個体がわずかにあるので，多くの個体では叩き目が完全に撫で消されている可能性が考えられる。口縁部外面はタテハケ調整後にカキメ調整で仕上げている。体部内面の調整は強いナナメ方向のナデである。底部は焼成前に倒立して，外面から鋭利な刃物で不整円形に刳り抜いている。底部側面に凹線が巡るが，こ

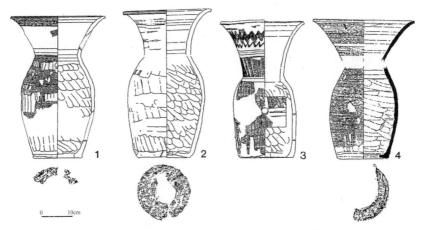

図 I-14　中の山古墳・末野 3 号窯出土埴輪実測図

れは回転台への固定痕と推定される。胎土中には溶解した長石等の砂粒を多
量に含み，微細な雲母を少量含んでいる。焼成は須恵器と異ならず，堅緻で，
灰色を呈している。

(2) 須恵質埴輪壺 B 類（図 I-14-2）

　器形は A 類とほぼ共通するが，口縁部の形状にやや相違が認められる。
器高は 48.0cm を測る。9 個体が確認されている。成形は A 類と同様だが，
体部の外面調整はタテヘラナデ後，回転ナデで仕上げており，カキメ調整は
施されていない。口縁部は回転ナデ前にタテハケ調整が施されている。製作
工程の最後に，倒立して，底部を外面から箆状のもので穿孔し，同時に底部
脇を面取り状に幅広くヘラケズリしている。焼成は酸化がかった還元焔焼成
で，堅緻だが，にぶい赤褐色を呈し，灰白色を呈する部分もある。胎土中に
は長石の溶けたらしい白色の砂礫を多量に含むほか，チャート礫，輝石，パ
ミス等を含む。

(3) 須恵質朝顔形円筒（図 I-14-3）

　須恵質埴輪壺と異なり、朝顔形円筒埴輪と類似性があるために、この名称
を用いた。器高は 45.2cm を測る。器形は底抜けで円筒形の体部が上方でや
やくびれて，肩部となり，直立気味の頚部を経て口縁部が緩やかに外反する。

　成形は基底部から粘土紐を積み上げており，外面調整はタテハケ調整で，肩
部のみ平行叩きが施されている。口縁部上位には最後に回転ナデが加えられ
ている。体部中位に直径2cm程の小円孔が対向して一対穿孔されているのと，
ユビナデ凹線がこの付近と口縁部中位とに巡るのは埴輪の模倣と見られる。
そのいっぽうで，口縁部には波状文が巡っており，須恵器壺との共通性も見
出せる。焼成は完全な還元炎によるもので，暗灰色を呈し，極めて堅緻であ
る。胎土は精選されており，砂粒をほとんど含んでいない。海面骨針（白色
針状物質）を含むものがある。最低7個体分が確認された。

　これらの類型の内，須恵質朝顔形円筒は須恵器窯製であっても埴輪の模倣
をただちに認めうるので，中の山古墳に立てられていた埴輪であることに疑
問はない。しかし，須恵質埴輪壺については円筒埴輪の型式組列の埒外にあ
り，類例の知られなかった報告時にはその位置付けに腐心した。

　最低限言えることは，底部が穿孔された儀器であり，器形や法量がほぼ統
一されて墳丘に多量に据え付けられていたとみられることから，埴輪の代用
品であろうと言うことだけであった。伴出須恵器片には立上り部の短い坏身
や長脚二段二方透かしを持つ高坏脚部，頸部に補強凸帯を持つ大甕などがあ
り，陶邑編年のTK209型式併行，実年代は6世紀末ないし7世紀初頭と推測
された。鉄砲山古墳からは先行するTK43型式，将軍山古墳からはMT85な
いしTK43型式でも古い特徴を備えた須恵器が出土しているので，中の山古
墳は埼玉古墳群中最後の前方後円墳となる可能性が考えられた。このことは
中の山古墳の占地が古墳群南端にあり，基本的に最北の稲荷山古墳から順次
南側に展開していった埼玉古墳群の形成過程から見ても整合性があり，次代
の首長墓は一辺40mの方墳であるトバ口山とみて誤りないものと思われる。

　また，埼玉古墳群中の連続して築造された他の前方後円墳8基が通常の埴
輪を伴っているのに，ひとり中の山古墳のみが通常の埴輪を持たない理由と
して，該期には既に関東地方でも埴輪生産が終焉を迎えていた可能性が考え
られ，埴輪の代用品を須恵器工人に製作させたと言うシナリオも想定しうる。
この想定が正しければ，中の山古墳の須恵質埴輪壺は埴輪終焉後のやや特異
な状況下で製作された日本最後の埴輪ということができよう。

　しかし，未解決なのは平底壺形の器形がどこから来ているのかという問題
である。報告時には群馬県権現山2号墳や福岡県広石Ⅰ-1号墳など国内で

10例ほどが知られていた百済系といわれる須恵器平底壺をその祖型の候補とするにとどまった。また，出雲の子持ち壺を挙げたのは埴輪と同様の性格を持った仮器的須恵器の出現という意味で，中の山古墳の遺物との共通性を見出せるからであった[*12]。

2. 末野遺跡第3号窯からの須恵質埴輪壺A類の発見とその意義

　平成5年度（1993年度）に埼玉県埋蔵文化財調査事業団によって調査された末野遺跡からは3基の古墳時代の須恵器窯が検出された。このうち第3号窯から中の山古墳の須恵質埴輪壺A類と酷似する資料(図I-14-4)が出土した。平成10年（1998年）3月に刊行された報告によれば，製作技法，器形とも全く同一のものであり，この窯からの中の山古墳への供給は決定的である。一緒に出土した須恵器有蓋坏の特徴はTK209型式に類似するものであり，報告者は近年の実年代論争も斟酌した上で7世紀初頭に比定している[157]。

　ところで，武蔵三大古窯跡群の一つとされる末野窯跡群は律令時代以来，各種の須恵器と瓦が盛んに焼造され，その主な供給地は埼玉県内でも荒川以北の群馬県より（旧榛沢郡域と児玉郡域）と見られてきた。しかし，今回の末野遺跡の調査によって，創業時期が古墳時代後期まで遡ることが確定しただけではなく，埼玉古墳群との需給関係が明らかとなったことによって，経営母体の究明は新たな局面に入ったものと思われる。

　すなわち，末野窯跡群に近接して箱石古墳群，藤田古墳群，小前田古墳群，黒田古墳群などの後期群集墳が営まれており，これらには末野窯跡群から供給されたと推測される須恵器が副葬ないし供献されているので，直接的な管掌者は彼らの内に求められるとしても，工人を各地から招来，編成し，製品の分配権を握っていたのはより上位の国造に擬せられる埼玉古墳群の政治勢力であった可能性が高いように思われる。

　その理由の一は供給量の膨大さである。昭和56年（1981年）に水道管埋設工事の立ち会い調査によって中の山古墳南側墳丘付近の内堀部分に行田市教育委員会が幅0.5mのトレンチを入れた際にも，須恵質埴輪壺A類が最低

　（*12）資料の命名にあたっては，埴輪の性格をもった壺ということからこの名称を用いた。須恵質埴輪では須恵器窯で焼成した円筒埴輪，壺形埴輪だと古墳時代前期の土師器質のものを示すこととなり都合が悪い。

5個体，同B類が最低3個体，須恵質朝顔形円筒が最低6個体出土した[158]のを加えて推定すると，中の山古墳の内堀部分約5％ほどの調査に対して，須恵質埴輪壺A類が最低17個体，同B類が12個体，須恵質朝顔形円筒が13個体出土したことになり，単純に20を乗じた場合，その数量は合計で840となる。もちろん内堀内に転落せずに，墳丘上に残存している個体も少なくないと推定されるので，設置数は1,000個体を超える可能性が高いであろう。

　末野遺跡報告の胎土分析結果によれば，須恵質埴輪壺Aは当然末野の粘土と一致するとしても，同B類もまた胎土が共通しており，末野窯跡群内の近接する未発見窯で焼成された可能性が高いという。ただし，須恵質朝顔形円筒は全く胎土が異なっており，他の窯跡産の可能性が高いという[159]。先に触れたように須恵質朝顔形円筒には海面骨針が含まれているので，第3紀層の海成粘土層のみられる比企丘陵や美里丘陵の未知の窯で焼かれた可能性が考えられ，筆者はMT15段階に県内最古の須恵器窯を操業した東松山市桜山窯跡[160]もしくは舞台，根平，羽尾などの古墳時代に開窯した比企地方の窯で焼かれた可能性を推定している。

　しかし，中の山古墳からは埴輪のほかに，供献された各種須恵器が出土しており，胎土，焼成，器形，製作手法などからみて末野遺跡第3号窯ないし周辺の窯から供給されたと見られる物を多く含んでいる。たとえば，立上りの短い有蓋坏，頸部に補強凸帯を持つ大甕，台付長頸壺(*13)などはほぼ間違いなく末野窯産とみられ，出土総量の過半数が末野窯跡産と推定できる。しかし，出土資料は氷山の一角に過ぎず，膨大な量の須恵器が末野窯跡から供給されたことになろう。このことは末野遺跡第3号窯が中の山古墳に埴輪と須恵器を供給することを主目的として築窯された可能性の高いことを示すものであろう。

　理由のその二は末野遺跡の報告に考察されているように，末野3号窯は舞台，根平，羽尾，西谷ツなどの窯業先進地たる比企地方の諸窯と技術系譜を共有し，さらに群馬や畿内，東海地方からも技術的影響を受けている。このことは，地域を越える工人の招請か少なくとも技術伝授を前提としており，後述するように須恵質埴輪壺は半島からの渡来系工人の手になるものと考えられる。このように末野窯の創業条件は広域的，国際的なものであるから末野窯周辺の小首長層には成就しがたく，やはり埼玉古墳群を造営し，末野地方

も間接的に支配したことの想定される大首長の事業であったであろう。また，古墳時代とくに7世紀前半頃までの須恵器は東国にあっては，民生用ではなく地域首長等の有力者層を対象とする財産であり，時には葬送用土器であったから，その分配はきわめて政治的な贈与行為と見られ，各地域を統べるために埼玉古墳群の大首長たちが掌握し有効に利用されたことが想定されよう。

　また，坂野和信氏の末野窯跡の創業時を対象とした新しい論考[161]では，末野3号窯出土須恵器の各器種ごとの製作技法と形態から系列を抽出すると，陶邑窯跡群の技術を基礎とし，さらに比企や群馬さらには土師器工人などの工人との接触によってなりたった複雑系列の総合体として理解できるという。つまり，畿内の須恵器工人の技術移出を核とし，さらに在地近隣地域の須恵器工人の技術が客体的に付加されたと考えられ，東海地方との関連は薄いという。このような畿内からの技術移出が確かであれば，やはり埼玉古墳群の大首長勢力を措いて末野窯跡群の設置母体は考えられないであろう。

　次に，末野窯の創業時期については，5世紀末ないし6世紀初頭を推測する意見[162]もあるが，飛び離れた個別資料の評価に関わるものであり，連続的編年の関点からは黒田古墳群，小前田古墳群，箱石古墳群等の埴輪を伴う古墳に副葬または供献された末野産と推定される須恵器にTK43型式またはTK10型式に類似するものがあるので，末野遺跡第3号窯よりわずかに古く，6世紀後葉または中葉まで溯る可能性(*14)があることを付記しておきたい。

　なお，坂野氏による末野3号窯の暦年代の検討では，西暦580年代から600年前後の操業が導き出されている。筆者は末野3号窯の暦年代は埴輪終焉期との関係から，もう少し降ると見ており，6世紀末ないし7世紀初頭という幅の中で把握しておきたいと思う。

3. 須恵質埴輪壺の類例

　現時点で管見する範囲では，国内に2例，韓国に2例の類似資料が出土している。

(*13)筆者は文献[106]の中で器種を高坏の脚部としたが，福田氏は長頸壺の台部と推定し，中の山古墳のほかに県内に類例がないものとしている。ここでは福田説に従っておく。
(*14)このことは坂野和信氏も文献[161]の中で述べられている。

(1) 福岡県次郎太郎 2 号墳 （図 I-15-1・2）

　福岡県嘉穂郡稲築町大字漆生に所在した主軸長 50m 前後と推定される前方後円墳で，昭和 40 年（1965 年）に調査されることなく，土取りのために消滅した。平成 9 年（1997 年）3 月に刊行された遺物報告書[163]によると，2 点の類例が須恵質埴輪として取り上げられている。残存するのは体部下半部であり，長胴の壺形になると推定される。底径は 17 及び 18cm である。外面調整は 1 がカキメの後に縦位の平行叩き，2 が縦及び横位の平行叩きで，内面には青海波状の当て具痕が残る。底部に粘土を継ぎ足して内側に肥厚させているとされるが，中の山古墳例のように平底を最後に底部穿孔した痕跡のようにも思われる。色調は灰褐色で，焼成，器面調整は完全に須恵器そのものであり，現在までのところ，九州においては，類例が無いとされた。報告者は円筒形の埴輪を想定しており，高さ 18cm が残存するのに凸帯が認められないことに疑問を呈されている。

　通常の土師質の円筒埴輪と朝顔形円筒埴輪が共伴しており，その特徴から川西編年 V 期のものと認めうる。量的に普通の埴輪が多く，須恵質埴輪壺は客体的である。伴出の須恵器として蓋坏，器台，短頚壺，長頚壺，大甕があるが，蓋坏は TK10 型式，器台は MT15 型式に比定され，2 号墳の年代は 6 世紀前半頃と総括されている。

　なお，1 号墳もほぼ同時期同大の前方後円墳で，大振りの石材を用いた横穴式石室を主体部としていたという。また，3 号墳は径 40m ほどの大型円墳で，石製腕飾りを出土した沖出古墳と共に漆生古墳群を形成していたという。

(2) 天満古墳群第 2 号墳 （図 I-15-3・4）

　大分県日田市朝日町にある前方後円墳で，隣接する 1 号墳は昭和 3 年（1928 年）に後円部が破壊され，横穴式石室らしき主体部から，変形五獣鏡，鉄刀，イモ貝製雲珠を含む馬具等が出土している。2 号墳は未調査であったが，平成 9 年（1997 年）に県指定史跡への申請に伴う測量と周堀部のトレンチ調査が行われた。その結果，復原墳丘長は 60m となり，日田地方で最大の古墳であることが確定したほか，二重の周堀が巡り，その平面形が特異な剣菱形となることが推定された，調査者は埼玉県中の山古墳の周堀形態との共通性を指摘している[164]。

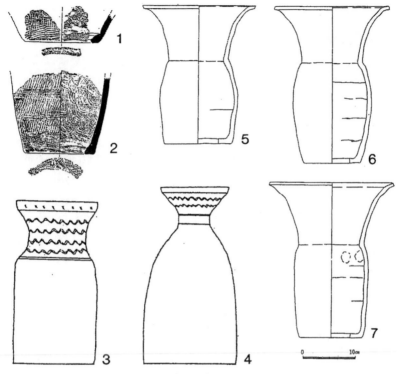

図 I-15　平底埴輪壺集成図（3・4 は縮尺不同）

　出土遺物に，偏平石人破片，大型平底壺，器台，高坏，大甕，坏蓋等の須恵器がある。このうち，大型平底壺は 15 個体が出土し，その多くは後円部からくびれ部にかけての周堀から出土し，一部墳丘からも採取された。残りのよい個体の法量は高さ 45cm，口径と底形はともに 28cm である。形や大きさにバラツキがあり，口縁部の櫛描き波状文も同一のものはないという。略図が掲載された 2 個体も一方は体部が円筒形で，口縁部が大きいが，他方は体部が上すぼまりで，口縁部が小さい。現在の段階では，実測図の提示がなされておらず，細かい観察結果も公表されていないので，調整技法などの詳細は不明であるが，底部が穿孔されているとは報じられていない。調査者は，中の山古墳の須恵質埴輪壺との類似性から埴輪的な役割を果たしていたことを想定している。伴出須恵器のうち，坏蓋は TK10 型式に比定され，6 世紀前半から中葉の年代が考えられている [165]。

(3) 韓国伏岩里2号墳 （図Ⅰ-15-5〜7）

　韓国全羅南道の羅州市にある幅14.2m，長さ20.5mの長方形墳で，史跡整備の目的で平成11年（1999年）に測量と周堀部分の発掘調査が行われた。その結果，北，西，南の三方に独立する直線的な周堀が検出され，多くの土器と1体の馬の遺体が出土した。

　このうち，円筒形土器として報告[166]されたものが，中の山古墳の須恵質埴輪壺に極めてよく似ている。体部は長胴の平底で，円筒形に近いものと上半部がわずかに張るものとがあるが，上部でくびれ，外反しながら大きく開く口縁部が付く。口縁端部は平坦なものと，凹線が巡るものとがある。最大の特徴は焼成前に底部が円形に大きく穿孔されていることである。粘土紐積み上げによって成形され，ナデ調整で仕上られており，焼成は酸化焔によって黄赤褐色を呈し，やや軟質である。法量は，高さが25から30cmほどで，ややバラツキがある。南堀から6個体，西堀から10個体，北堀から8個体が検出されているが，周堀の墳丘より斜面からの出土が多く，墳丘からの転落と見て誤りないであろう。報告者は小栗昭彦氏の説を引いて老司古墳など北九州地方の埴輪壺の影響を想定している。

　なお，隣接して一辺約40mの変形した方墳である3号墳と小型の円墳である1号墳など4基の古墳が現存しているが，かつては7基からなり七造山と呼ばれていたらしいと言う。3号墳は全面的な調査の結果，伝統的な在地墓制である甕棺墓群と初期の横穴式石室などが複合する新しい形態の古墳であることが明らかとなっている。最も大きな横穴式石室は甕棺を埋納しており，金銅製飾履と馬具が，他の石室からも圭頭大刀や獅噛環頭大刀などが出土しており，百済及び日本との重層的な関係が認められている。

(4) 韓国チュンナン古墳

　韓国全羅南道咸平市にある方形墳と推定される古墳[167]である。伏岩里2号墳例と類似する円筒土器が出土している。体部は長胴平底であるが，最大径を底部に持ち，器形がやや異なる。口縁部は頸部がいったん直立的に延びてから開くもので，その変換部には2条の凹線が巡っている。底部の穿孔はないようである。未報告で情報が少ないために製作技法や法量，出土個体数，製作年代などを具体的に述べることができない。

4. 中の山古墳出土須恵質埴輪壺の祖型と伝播経路について

　中の山から出土した須恵質埴輪壺は底部穿孔されることから仮器であり，墳丘に樹立されている状態では確認されていないものの，二つの類型が確立し，同形品が多数製作されて須恵質朝顔形円筒と共に出土していることから，埴輪として墳丘に立てならべる目的で製作されたことは間違いない。しかし，円筒形で数条の凸帯が巡り，その間に透かし孔を穿つという円筒埴輪またはその上部に壺の体部上半から口縁部を連続的に造形した朝顔形埴輪とは形態的に全く異なっていて，両者を結び付けることは困難である。また，壺形埴輪との異同を論じるにしても，古墳時代前期にほぼ限定されるそれと西暦600年前後に製作された須恵質埴輪壺とを関連付けるには時間的空白が大きいばかりか，前者は丸底，後者は平底であることに決定的な違いがある。

　このため，中の山古墳の須恵質埴輪壺は埴輪が何らかの理由によって廃止され，その生産体制が解体した後に，須恵器工人が，なかば独創的に製作した埴輪の代用品であり，そのために，それまでの埴輪とは一線を画しているのだとも考えうる。しかしながら，中の山古墳から一緒に出土した須恵質朝顔形円筒には透孔と凸帯の退化的な痕跡があるので，埴輪の模倣行為が同時期に行われていたことは疑いなく，須恵器工人独創説には問題が残る。また，この時期の須恵器では，壺や甕は丸底とするのが決まり事であって，平底のものが製作されるのは如何にもとっぴなことであった。したがって，その祖型の一候補としてとして百済系といわれる平底壺を掲げることが，須恵質埴輪壺の類例の知られなかった報告書刊行時に，ようやく筆者が考え及んだことであった。

　それから12年の歳月が流れ，前述したように少ないながらも類例が知られるようになった現在，上記の疑問は一挙に氷解されるに至った。須恵質埴輪壺は朝鮮半島から技術伝播した遺物の可能性が高いということである。以下に，その論証を試みたい。

　中の山古墳の須恵質埴輪壺に形態が最も類似する資料は提示した4例の内，韓国全羅南道伏岩里2号墳のものである。平底に長胴の体部を持ち，口縁部が外反して大きく開く器形が一致するばかりでなく，口縁端部に凹線が巡るものが存在することや，体部口縁部とも全くの無文であることが中の山

古墳例と一致し，さらに製作工程の最終段階に，倒立して外面から底部を円形に穿孔することは完全な一致を見せている。

　相違点を挙げれば，伏岩里2号墳のものは法量が小さいことと，軟質土器であって，回転台を使用せず，カキメも伴っていないことである。しかし，後者の点については中の山古墳出土品の内A類との相違点ということであって，カキメを持たず酸化がかった還元焔焼成によって土師器と近似した黄赤褐色を呈するB類とは共通項を持っている。

　製作時期については多量に出土した陶質土器のうち有孔広口小壺とよばれる甕が手がかりとなる。隣接する3号墳の'96石室墓から出土した甕は金洛中氏が指摘するように[168]異例の丸底であって，永山江流域のものより日本の須恵器に類似しており，頸部が長いものと短いものがあるが，この点も併せて陶邑MT15型式の須恵器の可能性が高い。したがって，3号墳の年代の一端は6世紀初頭にあると言ってよいだろう。2号墳からも有孔広口小壺が出土しているが，こちらは平底の在地産である。金洛中氏の編年によれば，第1期（5世紀後半から6世紀前半）に位置づけられ，3号墳に後続するものとされている。頸部の形態はTK10型式のものにやや近似するが，それほど細くなく外反度も極めて弱い。したがって，6世紀前葉の時間幅の中に収まる可能性が高いであろう。

　咸平チュンナン古墳のものは底部穿孔がないとすれば，伏岩里2号墳のものを模倣して成立したものであっても，外形だけの模倣にとどまったものであり，仮器化に伴う重要な行為である底部穿孔が無視されたものであろう。

　九州出土の2例について検討すると，まず，次郎太郎2号墳出土品は，体部下半しか明らかでないものの，長胴の器形が中の山古墳及び伏岩里2号墳のものと共通する上に，底抜けで，底部穿孔が行われている可能性もあるので，類似性が高いといいうるであろう。ただし，成形技法は叩きを主体とし，内面に青海波状の当て具痕を残すことから日本の須恵器工人の製作したものであり，焼成や色調も須恵器と異なるものではない。製作時期は伴出の須恵器にMT15とTK10型式に類似する両者があり，一応後者を参考にして6世紀第2四半期頃を当てておくのがよいであろう。このことから，伏岩里2号墳のものより年代的には僅かに下降する可能性が高い。

　次に天満2号墳出土品は法量が中の山古墳のものとほぼ一致するが，前述

したように個体ごとのバラエティーが大きく，器形も伏岩里2号墳のものと差異があり，口縁部に波状文などの装飾が付加されている点と，底部に穿孔が無い点に大きな違いがある。もちろん在地の須恵器工人の製作であり，個体ごとのバラツキは一定のモデルに従って製作するという姿勢が無かったか，乏しかったものと思われる。製作年代はTK10型式類似の坏蓋から6世紀第2四半期頃とみられ，次郎太郎古墳とはほぼ同時期となる。

　以上4例の類例の検討結果を元に資料相互の関係，言いかえれば技術の伝播経路の問題を検討してみたい。まず，4例の内，最古の資料は6世紀初頭と見なされる伏岩里2号墳例である。他の3例と中の山古墳例は後出の資料となる。ただし九州の2例は時期的に近接していることから，伏岩里2号墳例を外形的に模倣しながら須恵器工人に製作させたものである可能性がある。その場合，次郎太郎2号墳のものは底部穿孔を伴っているとすれば，模倣度がかなり高く，現地へ派遣され伏岩里2号墳の円筒土器を詳細に見聞した者が九州に帰還して，在地の須恵器工人に発注したか，伏岩里2号墳の円筒土器を知っていた栄山江流域の軟質土器または陶質土器の工人が，九州に渡来して在地の須恵器工人集団の中に編成されていた可能性を考えてみてよいかもしれない。これに対して，天満2号墳例は伏岩里2号墳例を祖型とした場合，原形から大きく乖離しており，間接的な2次模倣であったと理解される。つまり，在地の須恵器工人の中に次郎太郎古墳の須恵質埴輪壺を知る者があったが，詳細には把握していなかったために，波状文が付加され，底部穿孔が無視され，しかも製作に当たって一定のモデルを設けなかったために，個体ごとに著しい差異が生じたものと推測できよう。また別の理解として咸平チュンナン古墳例などの様な底部の穿孔されないものを祖型としていたことも考えられる。

　それでは，中の山古墳例は他の資料とどのような関係にあるのであろうか。結論から言うと，時間的にはもっとも下降する本資料が祖型である伏岩里2号墳例に一番近似しているのである。特に酸化がかった焼成によって赤味を帯び，ナデ仕上げでカキメや叩き目を伴わないB類の類似度はかなり高い。このことをどう理解したらよいのか。

　須恵質埴輪壺が国内で3古墳でしか認められず，今後も類例の増加が望めない状況下では，伏岩里2号墳の築造からあまり時間を経過しない段階で，

一旦北九州へ伝播し，須恵器工人の手によって模倣製作された須恵質埴輪壺が，半世紀ほどの時間を掛けて順次伝播し，東国に至ったとの推測は現実的とは言えないだろう。また，同じ九州の隣接地域にあっても，2次模倣によって疎型から大きく乖離する例があるのだから，2次模倣が半世紀も繰り返された場合，祖型からの逸脱ぶりは想像の付かないほどのものになるであろう。

　したがって，国内での漸進伝播説は困難と考える。やはり半島からの工人の渡来を考えるのが最もスムーズな理解となろう。つまり，先に埼玉古墳群の首長が創業した可能性を考えたところの埼玉県末野窯跡群の工人編成時に，韓国栄山江流域の渡来工人が加わった可能性を考えてよいのではないか。末野3号窯の操業時期は6世紀末から7世紀初頭と考えているので，伏岩里2号墳の円筒土器製作からは少なくとも70〜80年ほどが経過していることになり，同一工人が製作したことは考えられない。しかし，末野窯跡群の操業時期が少なくとも6世紀中葉，MT10型式併行と見てよいなら，6世紀第2四半期頃まで遡るので，その時点で1世工人が渡来し，円筒土器の製作法が2世工人，3世工人に伝授されていった可能性は十分に考えられる。また，栄山江流域で円筒土器が伏岩里2号墳以降もしばらくの間製作しつづけられた可能性もあり，その場合は工人の渡来はもう少し遅れて6世紀後半代であったかもしれない。そのほうが，技術保存の関点からは理解がしやすいように思う。

　最後に，伏岩里2号墳の円筒土器の位置付けであるが，日本の埴輪の影響を受けて成立したことは論を俟たないだろう。韓国において円筒土器と現地の学者によって呼ばれている円筒埴輪が出土しているのは，全羅南道の栄山江流域に限定されており，前方後円墳の分布とも一致している。金洛中氏の分類[169]に従うと，一類として上部が広く，上部に突帯が二条巡る円筒土器（月桂洞古墳・華明洞古墳），二類としてラッパ形＝朝顔形土器（月桂洞古墳），三類として円筒形の体部に口が大きく開き，底部が塞がれたり，一部開けられている型式（羅州伏岩里二号墳・咸平チュンナン古墳），四類として上部につまみが付いた瓦のように作られた土器（羅州伏岩里古墳群），五類として上部が壺形の円筒土器（新村里9号墳）がある。このうち，四類は埴輪と認定するのが困難なので，整理すると，A．円筒埴輪を模倣したもの，B．朝顔形円筒埴輪を模倣したもの，C．平底の壺形埴輪，D．器台に壺が載った状態を示した埴輪がある。このうちAとBは祖型があきらかであり，外形は円

筒埴輪を模しながらも，叩き調整を用いて現地の工人が製作したものである。

　金氏はD類について，韓半島西南部は勿論，日本でも比較すべき例が求めがたいとして，在地性を強調しているが，群馬県伊勢崎市波志江出土品に類例がある[170]。どちらが模倣品なのかは今後の研究が必要である。また，新村里9号墳例の祖型について，小栗明彦氏が「日本列島の埴輪の型式変遷から分離し，全南地方で，ある程度，土着的に形式変化が進行した段階のもので，4世紀後半の古い段階に北部九州地方の円筒埴輪，壺形埴輪，小型器台形埴輪のような埴輪から導入され，在地的技術が適用され，一体化されたものが，正に新村里9号墳の埴輪である」と見るのは，金氏の批判する通り，型式的な差異だけではなく，時差の問題から日本の壺形埴輪と結び付けることは困難と思われる。このことはCについても同様であって，到底，日本の前期古墳時代に属するような壺形埴輪からの系譜と考えることはできない。まさに「これより古い段階の埴輪を韓半島南西部の甕棺古墳においてまだ確認できない」のであって，5世紀後半から6世紀初頭の極めて限定された期間に，当地で埴輪が受け入れられたに過ぎないことを前提にすると，CとDはともにそれ以前に伝来した埴輪が，長時間の内に変容したものであるはずはなく，当初から半島独自の地域色を発揮した埴輪なのであって，その祖型は当地の土器に求められなければならない。

　筆者は，かつて百済系の平底壺をその候補としたことがあるが，この視点は現在でも変更の必要はないと考えている。すなわち，羅州伏岩里2号墳から出土した多数の供献土器の中には，丸底の大甕や長胴甕にまじって，平底の小型甕や鉢，短頸壺，長頸壺，広口小型壺などが存在している。これらには百済土器とその影響を受けて成立した栄山江流域様式とが混在していようが，同時期の日本と異なって当地では平底の壺類を製作することが通常であったことに注目すれば，平底の壺形埴輪が出現することは少しも不思議なことではなかろう。伴出の土器に壺形埴輪と器形が完全に一致する例はないが，北溝出土の長胴気味で口縁部がラッパ形に開く平底の壺形土器などは，壺形埴輪との共通項を多く持っていることになる。このような状況からすれば，羅州伏岩里2号墳の壺形埴輪は，日本の壺形埴輪を模倣したものではなく，当地の土器様式の中から自然に誕生した，極めて地域性の強い壺形埴輪であったとみられるのである。

　また，底部を穿孔する行為は，少なくとも，日本においては古墳時代前期に限られるわけではなく，古墳時代後期の古墳に供献された須恵器の内，大甕などによく見られるところであり(*15)，葬儀に用いる甕の底部を使用後に穿孔する習慣は長らく残存していた。このような例が半島にも存在するのか否かは筆者の調査は及んでいないが，そのことを倭人に教えられるか，または円筒埴輪自体が底抜けであることを認識していたために，埴輪として大量に製作するに当たって，焼成前の底部穿孔が付加されたのではないかと考えられよう。まさにこの底部穿孔による仮器化こそが埴輪であることの証として受け入れられたということになろう。

5．おわりに

　中の山古墳出土の須恵質埴輪壺と命名した特異な埴輪について，国内及び韓国の類例を検証した結果，その祖型が韓国全羅南道羅州市伏岩里2号墳にあることと，その日本への技術伝播が，古墳所在地である栄山江流域の工人の渡来によってもたらされた可能性の高いことを明らかにし得た。このことは日本の埴輪が彼の地で受け入れられ，独自の地方色を生み，それが再びわが国に逆輸入されたということである。正確に言うと，半島製品が輸入されたのではないから，技術の逆伝播である。文化史的には大変珍しいことのように思えるが，三国時代の朝鮮半島と倭国との国際関係を象徴する現象とも考えられる。

　筆者は先に，埼玉古墳群の将軍山古墳から出土した馬冑を，半島に出兵した埼玉古墳群の大首長が彼の地から持ち帰った遺物であると論じたことがある[171]。また，北九州の壁画古墳に見られる双脚輪状文と和歌山県や群馬・埼玉県から出土する双脚輪状文埴輪を朝鮮半島から将来した最古の蓮華文であり，半島へ派遣された筑紫君，紀臣，上毛野君などの軍事氏族が，伝播者の役割を果たしたことを説いたことがある[172]。ともに百済の対高句麗戦への救援や伽耶諸国の権益を守るための軍事活動をその背景として想定したものである。馬冑の多くは金官伽耶や大伽耶から出土し，蓮華文は高句麗のほか大伽耶，百済などに求めることができ，彼らの足跡の一端を示す可能性があるが，今回の論考では埼玉古墳群の中の山古墳造営者らが栄山江流域の旧弁韓地方と密接な関係を持っていたことを知ることができた。

　ところで，韓国の前方後円墳論争も一段落ついて，確実なものは，この栄山江流域に限定的に分布することや，この地域に限って埴輪の樹立が確認されること，倭系遺物が濃厚に認められることなどが明らかになってきた。このことを受けて，日韓交渉史などを専門とする古代史学者が発表したいくつかの論考では，この地が5世紀後半から6世紀前半の時期に，高句麗に圧迫された百済の南下政策によって，百済に併合される過程で，前方後円墳や倭系遺物が顕在化することが説かれているが，山尾幸久氏は前方後円墳の被葬者をこの時期に百済王家の臣となって，栄山江流域に派遣された倭人の部将や，彼らが韓婦を娶って産ませた人物と想定する魅力的な仮説 [173] を提示した。これに対し，田中俊明氏 [174] と金洛中氏 [175] は，被葬者は在地の特定首長であるとする。田中氏は倭と頻繁に往来し，在倭の勢力とも交流・政治的な関係を持った，この地域の特定の首長層が，百済による領有化に抵抗する目的で，倭の勢力と通じていることを可視的に示すために，前方後円墳を造ったのだという。金氏は，土着集団は百済・倭・伽耶などと多角的な交流及び協力体制の構築を通した政治勢力化を企てたと見る。

　筆者は古代史については専門外であるので，どちらを是とすべきか判断する力を持たないが，考古学的に見ると，埴輪が前方後円墳だけでなく，土着的な墓制である甕棺墓を伴う多葬墳で，方墳ないし長方墳の墳丘型式を取るものにも採用されていることを重視したい。

　なお，わが国でこの地方の特異な埴輪壺の逆輸入を受け入れた，武蔵の中の山古墳と筑紫の次郎太郎2号墳，そして日出の天満2号墳の被葬者はともに朝鮮半島との関係において一本の糸で結ばれている可能性が高い。特に天満2号墳の周堀は中の山古墳と共通して剣菱形の二重周堀を備えていると見られ，互いに密接な関係を有していることが推測される。また，天満2号墳からは石人が出土していることから，磐井などの筑紫君勢力と結んでいた可能性が高い。このことからすれば中の山古墳の造営者や，これよりも少し前に末野窯跡群を操業した埼玉古墳群の首長が，九州の首長と共に筑紫君の船団に加わって半島にわたり，栄山江流域に赴いた可能性を考えてみても，あながち夢想とはいえないだろう。

<hr>

（＊15）代表的な例として和歌山市井辺八幡山古墳がある。

最後に，本稿を執筆するのに有益な資料を御恵贈くださった宮崎大学の柳沢一男教授，日田市教育委員会の吉田博嗣氏，埼玉県埋蔵文化財調査事業団の滝瀬芳之氏，日ごろ半島の考古学について御教授を頂いている京都府京都文化博物館の定森秀夫氏，そして執筆の機会を与えてくださった，すみだ郷土文化資料館の田中禎昭氏にこころから御礼申上げます。

〔註と引用文献〕
1: 轟俊二郎『埴輪研究』第1冊，1973
2: 吉田恵二「埴輪生産の復原 —技法と工人」『考古学研究』19巻3号，1973
3: 近藤義郎・春成秀爾「埴輪の起源」『考古学研究』13巻2号，1967
4: 小林行雄『古墳時代の研究』青木書店，1961
5: たつの市『権現山51号墳』同刊行会，1991
6: 川西宏幸「円筒埴輪総論」『考古学雑誌』64巻2号，1978
7a: 橋本博文「東国への初期円筒埴輪波及の一例と位置づけ —群馬県朝子塚古墳表採資料の解釈をめぐって—」『古代』59・60合併号，早稲田大学考古学会，1976
7b: 橋本博文「上野東部における首長墓の変遷」『考古学研究』26巻2号，1979
7c: 橋本博文「甲斐の円筒埴輪」『丘陵』8号，1980
8: 森田久男・鈴木勝「栃木県における埴輪の様相」『栃木県史研究』19号，1980
9: 若松良一ほか『諏訪山33号墳の研究』北武蔵古墳文化研究会，1987
10: 萩原恭一「生産遺跡の研究4」『研究紀要』15号千葉県文化財センター，1994
11: 犬木努「下総型埴輪基礎考 埴輪同工品論序説」『埴輪研究会誌』1号，1995
12: 赤塚次郎「円筒埴輪製作覚書」『古代学研究』90号，1979
13: 一瀬和夫ほか『允恭陵古墳外堤の調査』大阪府教育委員会，1981
14: 河内一浩「紀伊における埴輪の受容と拡散」『紀伊考古学研究』4号，2001
15: 車崎正彦ほか「円筒埴輪」『古墳時代の研究』9巻，1992 ※7地域7執筆者
16: 増田逸朗「埼玉政権と埴輪」『埼玉の考古学』新人物往来社，1987
17: 杉山晋作「埴輪造形者の識別」『東国の埴輪と古墳時代後期の社会』六一書房，2006
18: 城倉正祥「埴輪製作に使用された刷毛目工具」『埴輪研究会誌』11号，2007
19: 三辻利一・犬木努ほか「百舌古墳群および古市古墳群における埴輪胎土の化学特性」『志學臺考古』16号，2016 など
20: 森元六爾「埴輪の製作所址及窯跡」『考古学』1巻4号，東京考古学会，1930
21: 大塚初重・小林三郎『茨城県馬渡における埴輪製作址』明治大学考古学研究室，1976
22: 小澤國平「江南権現山埴輪窯跡」『台地研究』14号，1964
23a: 埼玉県立児玉高等学校『児玉町八幡山埴輪焼場跡発掘調査報告書』1961
23b: 埼玉県本庄高等学校考古学部「新発見の埴輪窯跡群」『いぶき』12号，1981 宇佐久保埴輪窯跡
24: 金井塚良一「和名埴輪窯跡」『吉見町史 上巻』1978
25: 水村孝行「桜山窯跡群」『第12回遺跡発掘調査会発表要旨』1979 のちに報告書が刊行された。
26: 塩野博『馬室埴輪窯跡群』埼玉県教育委員会，1978
27: 深谷市割山遺跡調査会『割山遺跡』1981
28: 鴻巣市遺跡調査会『生出塚遺跡』1981 ほか

29: 新井端・森田安彦『千代遺跡群』江南町教育委員会, 1998

30: 若松良一「歴史地理学的に見た埼玉古墳群と荒川舟運」『文書館紀要』30 号, 埼玉県立文書館, 2017

31: 杉山晋作ほか「猿田Ⅱ遺跡の調査」『国立歴史民俗博物館調査研究報告』120 集, 2004

32: 笠井敏光ほか『古市遺跡群Ⅲ』羽曳野市教育委員会, 1982

33: 入江正則ほか『日置荘遺跡 その 5』大阪府教育委員会, 1989

34: 羽曳野市教育委員会『誉田白鳥遺跡発掘調査概要報告書』1992

35: 森田克行ほか『新池』高槻市教育委員会, 1993

36: 市原市文化財センター『山倉古墳群』2004

37: 30 に同じ。(若松 2017)

38: 金井塚良一「比企地方の前方後円墳 —北武蔵の前方後円墳の研究（1)」『埼玉県立歴史資料館研究紀要』1 号, 1979

39: 増田逸朗ほか『埼玉県古式古墳調査報告書』埼玉県史編さん室, 1986

40: 金井塚良一『諏訪山古墳群』1970

41: 9 に同じ。(若松ほか 1987)

42: 田辺昭三『陶邑古窯跡群Ⅰ』平安学園考古クラブ, 1966

43: 中村浩ほか『陶邑Ⅲ』大阪府教育委員会, 1978

44: 赤塚次郎ほか『コナベ古墳前方部南外堤発掘調査報告』1980

45: 西口寿生ほか『平城宮発掘調査報告Ⅵ』奈良国立文化財研究所, 1975

46: 一瀬和夫ほか『允恭陵古墳外周溝・長持山古墳』大阪府教育委員会, 1980

47: 25 に同じ。(水村 1979)

48: 6 に同じ。(川西 1978)

49: 39 に同じ。(増田ほか 1986)

50: 中沢良一『南志度川遺跡・志渡川古墳・志渡川遺跡』美里町教育委員会, 2005

51: 埼玉県立さきたま資料館『長沖 157 号墳』『埼玉県古墳詳細分布調査報告書』埼玉県教育委員会, 1994

52: 十菱駿武ほか『野毛大塚古墳周溝緊急調査報告』世田谷区教育委員会, 1983

53: 39 に同じ。(増田ほか 1986)

54: 39 に同じ。(増田ほか 1986)

55: 乾芳宏ほか「埼玉県生野山将軍塚古墳採集の埴輪片」『考古学ジャーナル』79 号, 1973

56: 金子章ほか『長沖古墳群』児玉町教育委員会, 1980

57: 佐藤好司「児玉地方における埴輪の様相」『埴輪の変遷 —普遍性と地域性』第 6 回三県シンポジウム, 1985

58: 山川守男「新発見の埴輪窯跡」『いぶき』12 号, 本庄高等学校考古学部, 1981

59: 57 に同じ。(佐藤 1985)

60: 57 に同じ。(佐藤 1985)

61: 柳田敏司ほか『埼玉稲荷山古墳』埼玉県教育委員会, 1980

62: 塩野博ほか『とやま古墳』埼玉県教育委員会, 1967　ヨコハケのある資料は採集品であり未収録。

63: 増田逸郎ほか『横塚山古墳』埼玉県遺跡調査会, 1971

64: 26 に同じ。ヨコハケのある資料は焼き台として使用か。(塩野 1978)

65: 田中新史「御岳山古墳出土の短甲」『考古学雑誌』64 巻 1 号, 1978

66: 大塚実「岩鼻古墳群」『東松山市史資料編』第 1 巻, 1981

67: 40 に同じ。(金井塚 1970)

68: 村田健司『古凍根岸裏』埼玉県埋蔵文化相調査事業団, 1984
69: 金井塚良一『柏崎古墳群』考古学資料刊行会, 1968　編年資料は若松採集品。
70: 今井宏ほか『屋田・寺ノ台』埼玉県埋蔵文化財, 1984
71: 甘粕健ほか「下小阪古墳群」『川越市史』原始古代編, 1972
72: 埼玉会館郷土資料室『最新出土品展Ⅱ』パンフレット, 1985　6条凸帯大型品で円筒埴輪棺として使用。
73: 68に同じ。(村田 1984)
74: 70に同じ。(今井ほか 1984)
75: 金井塚良一「久米田古墳群」『吉見町史』上巻, 1978
76: 金井塚良一「特殊な埴輪」『吉見町史』上巻, 1978　長さ1.3mの特性円筒棺。
77: 25に同じ。(水村 1979)
78: 24に同じ。(金井塚 1978)
79: 29に同じ。(新井・森田 1998)
80: 文献9の29図2。
81: 文献9の29図1。
82: 金井塚良一ほか『三千塚古墳群』東松山市教育委員会, 2012
83: 40に同じ。(金井塚 1970)
84: 金井塚良一ほか『円山古墳群』大里村教育委員会, 1998
85: 70に同じ。(今井ほか 1984)
86: 寺社下博『鎧塚古墳』熊谷市教育委員会, 1981
87: 寺社下博『めづか』熊谷市教育委員会, 1983
88: 56に同じ。(金子ほか 1980)
89: 菅谷浩之ほか「児玉街・美里村生野山古墳群発掘調査概要」『第6回遺跡調査報告会発表要旨』1973
90: 増田逸郎「児玉郡神川村北塚原古墳群」『第4回遺跡調査報告会発表旨』1971
91: 駒宮史朗ほか『青柳古墳群』埼玉県遺跡調査会, 1973
92: 小渕良樹『広木大町古墳群』埼玉県遺跡調査会, 1980
93: 中村倉司『宇佐久保遺跡』埼玉県遺跡調査会, 1979
94: 27に同じ。(深谷市割山遺跡調査会 1981)
95: 28に同じ。(鴻巣市遺跡調査会 1981ほか)
96: 26に同じ。(塩野 1978)
97: 文献9の38図。
98: 大塚実「若宮八幡塚古墳」『東松山市史』資料編1巻, 1981
99: 金井塚良一「かぶと塚古墳の調査」『吉見町史』上巻, 1978
100: 金井塚良一ほか「東松山市冑塚古墳発掘調査報告」『台地研究』14号, 1964
101: 甘粕健ほか「牛塚古墳」『川越市史』1巻, 1972
102: 金井塚良一『吉見百穴の研究』校倉書房, 1975
103: 増田逸朗『塚本山古墳群』埼玉県教育委員会, 1977
104: 中村倉司『甌甕神社前・一本松古墳』埼玉県遺跡調査会, 1980
105: 小川良祐『御手長山古墳』本庄市教育委員会, 1978
106: 若松良一『奥の山古墳・瓦塚古墳・中の山古墳』埼玉県教育委員会, 1989
107: 福田聖『末野遺跡Ⅰ』埼玉県埋蔵文化財調査事業団報告書第196集, 1998
108: 埼玉県立さきたま資料館『調査研究報告』1号, 1988　埴輪片を若松が別途採集。
109: 柳田敏司「酒巻1号墳」『埼玉県史』資料編2, 1982

110: 若松良一「菖蒲天王山塚古墳の造営時期と被葬者の性格について」『土曜考古』6 号, 1982
111: 行田市『行田市史』上巻, 1963
112: 高木豊三郎『史跡埼玉』埼玉村教育委員会, 1936
113: 塩野博『川田谷ひさご塚古墳』桶川町教育委員会, 1969
114: 市原寿文「武蔵田園調布観音塚古墳発掘調査概要」『白山史学』1 号, 1953
115: 39 に同じ。(増田ほか 1986)
116: 埼玉県立さきたま資料館「山の根古墳」『埼玉県古墳詳細分布調査報告書』埼玉県教育委員会, 1994
117: 39 に同じ。(増田ほか 1986)
118: 甘粕健「武蔵の争乱と屯倉の設置」『横浜市史』1 巻, 1958
119: 106 に同じ。(若松 1989)
120: 駒宮史朗「県内主要古墳の調査（Ⅱ）戸場口山古墳の範囲確認調査」『さきたま資料館調査研究報告』2 号, 1989
121a: 106 に同じ。(若松 1989)
121b: 若松良一『二子山古墳・瓦塚古墳』埼玉県教育委員会, 1992
122: 若松良一『瓦塚古墳 史跡埼玉古墳群保存修理事業報告書』埼玉県教育委員会, 1999
123: 杉崎茂樹『丸墓山古墳・埼玉 1〜7 号墳・将軍山古墳』埼玉県教育委員会, 1988
124: 121b に同じ。(若松 1992)
125: 岡本健一『将軍山古墳 史跡埼玉古墳群整備事業報告書』埼玉県教育委員会, 1997
126: 9 に同じ。(若松ほか 1987)
127: 田中正夫「丸墓山古墳保存修理事業報告」『さきたま資料館調査研究報告』2 号, 1989
128: 城倉正祥「武蔵国造争乱 ―研究の現状と課題」『史観』165 号, 早稲田大学史学会, 2011
129: 若松良一「武蔵埼玉古墳群と朝鮮半島系遺物 ―逆輸入された特異な埴輪をめぐって―」『古代史研究』18 号, 2001
130: 東松山市教育委員会『シンポジウム三角縁神獣鏡と 3〜4 世紀の東松山』2015
131: 金井塚良一「野本将軍塚古墳の謎」『歴史読本』24 巻 6 号, 1976
132: 東松山市教育『野本将軍塚古墳の時代』2018
133: 小野山節「5 世紀における古墳の規制」『考古学研究』16 巻 3 号, 1970
134a: 篠川賢『国造制の成立と展開』吉川弘文館, 1985
134b: 大川原竜一「地域論から見た国造制」『国造制の研究』八木書店 .2013
135: 江原昌俊ほか『おくま山古墳』東松山市教育委員会, 2008
136: 塩野博『埼玉の古墳 大里』さきたま出版会, 2004
137: 110 に同じ。(若松 1982)
138: 埼玉考古学会ほか『遺跡発掘調査報告会発表要旨』2017
139: 若松良一「古墳葬制の変革と横渟屯倉の設置時期」『文書館紀要』31 号, 埼玉県立文書館, 2019
140: 若松良一ほか『武蔵埼玉 稲荷山古墳』埼玉県教育委員会, 2017
141: 若松良一「同一古墳における円筒埴輪の多様性の分析」『法政考古学』7 集, 1982
142: 徳田誠志ほか「継体天皇 三嶋藍野陵墳塋裾護岸その他工事区域の調査」『書陵部紀要』55 号, 2004
143: 米沢雅美「塚山古墳群の埴輪製作集団」『埴輪研究会誌』10 号, 2006
144: 123 に同じ。(杉崎 1988)
145: 127 に同じ。(田中 1989)
146a: 杉崎茂樹ほか『瓦塚古墳』埼玉県教育委員会, 1986

146b: 106 に同じ。(若松 1989)

146c: 121b に同じ。(若松 1992)

147: 若松良一「瓦塚古墳の調査から ―造り出し出土の供献土器―」『調査研究報告』3 号, 埼玉県立さきたま資料館, 1990

148: 125 に同じ。(岡本 1997)

149: 若狭徹ほか『保渡田八幡塚古墳保存整備事業報告書』群馬町教育委員会, 2000

150: 若狭徹『史跡保渡田古墳群 井出二子山古墳発掘調査概報』群馬町教育委員会, 2006

151: 若狭徹「群馬県群馬町井出二子山古墳の調査」『考古学ジャーナル』533 号, 2005

152: 西谷真治・鎌木義昌『金蔵山古墳』倉敷考古館, 1959

153: 田代克己「弁天山 D2 号墳」『弁天山古墳群の調査』大阪府教育委員会, 1967

154: 高槻市教育委員会『史跡・今城塚古墳 平成 14 年度 第 6 次規模確認調査』2004

155: 近藤義郎『前方後円墳に学ぶ』山川出版社, 2001, p71

156: 若松良一「中の山古墳の須恵質埴輪壺について」『奥の山古墳・瓦塚古墳・中の山古墳』埼玉古墳群発掘調査報告書第 7 集, 埼玉県教育委員会, 1989

157: 107 に同じ。(福田 1998)

158: 斎藤国夫『埼玉古墳群発掘調査報告書』行田市文化財調査報告書第 31 集, 1994

159: 福田聖「古墳時代の須恵器の様相」『末野遺跡Ⅰ』埼玉県埋蔵文化財調査事業団報告書第 196 集, 1998

160: 今井宏『桜山窯跡群』埼玉県埋蔵文化財調査事業団報告書第 7 集, 1982

161: 坂野和信「末野窯成立期の系譜と陶邑窯 ―系列の比較と土器組成―」『研究紀要』第 16 号, 埼玉県埋文化財調査事業団, 2001

162: 酒井清治「古墳時代の須恵器生産の開始と展開 ―埼玉を中心として―」『研究紀要』第 11 号, 埼玉県立歴史資料館, 1989

163: 水ノ江和同ほか『次郎太郎古墳群』稲築町文化財調査報告書 第 4 集, 稲築町教育委員会, 1997

164: 日田市教育委員会『天満古墳群 (2 号墳) 現地説明会資料』1997

165: 吉田博嗣「天満古墳群」『平成 9 年度日田市埋蔵文化財年報』日田市教育委員会, 1999

166: 林永珍ほか『伏岩里古墳群』全南大學校博物館・羅州市, 1999

167: 최성락・이영철「함평 증랑 유적」『第 43 回全國歷史學大會考古學部發表資料集』韓國考古学会, 2000

168: 金洛中「五～六世紀の栄山江流域における古墳の性格 ―羅州新村里九号墳・伏岩里三号墳を中心に」『朝鮮学報』第 179 輯, 朝鮮学会, 2001

169: 168 に同じ。(金 2001)

170: 水野正好ほか『土偶 埴輪』日本原始美術大系 3, 講談社, 1977 同書 p147, 原品は國學院大学考古学資料館蔵。群馬県立歴史博物館にもほぼ同形の資料がある。

171: 若松良一「からくにへ渡った東国の武人たち ―古墳時代における蓮華文の受容をめぐって―」『法政考古学』第 20 集, 法政考古学会, 1993

172: 若松良一「双脚輪状文と貴人の帽子 ―古墳時代における蓮華文の受容をめぐって―」『埼玉考古学論集』埼玉県埋蔵文化財調査事業団設立 10 週年記念論文集, 1991

173: 山尾幸久「五, 六世紀の日朝関係 ―韓国の前方後円墳の一解釈」『朝鮮学報』第 179 輯, 朝鮮学会, 2001

174: 田中俊明「韓国の前方後円墳の被葬者・造営集団に対する私見」『朝鮮学報』第 179 輯, 朝鮮学会, 2001

175: 168 に同じ。(金 2001)

Ⅱ. 形象埴輪の研究
― 人物・動物埴輪 ―

① 研究法と解釈法

1. 研究の前提

　古事記の垂仁天皇段に語られた埴輪起源伝承は，埴輪の起源とは全く関係のない作り話となっている。そのことは考古学的研究によって，人物埴輪の出現が円筒埴輪や家形埴輪，多くの動物埴輪，器材形埴輪に遅れることが知られ始めた戦前の段階で，考古学者たちの了解事項となっていた。また，家の子を生きたまま古墳に埋め立てたという憶測が事実でなかったことも，今日では確かめられている。よって，この説話は人物埴輪の起源を説明したものとさえいえないことは自明である。

　埴輪が立てられなくなってわずか100年あまりの間に，人物埴輪の意味が人々に忘れ去られていったのはなぜであろうか。この説話が土師氏の功業譚という性格を持っているにしても，奈良時代の人々にとって埴輪の意味が常識であったならば，この説話は成立しなかったはずである。埴輪が6世紀末葉頃をもって関東地方でも消滅し，廃棄された例すらあることから，新しい社会にとって否定されるべき存在となったことに一因があり，仏像以外に偶像をほとんど製作しなくなっていた鎮護国家社会への移行もその背景にあったのであろう。

　それでは，人物埴輪の意味をさぐる方法はどうあるべきなのか。もちろん人物埴輪に語らせるのが埴輪研究者の課題である。しかし，人物埴輪の表現法の観察や組合せ，配置をどれだけ丹念に検討しても，それだけでは古代人の精神生活につらなる部分を復原し，解釈することは不可能である。それを助けるためには，決して豊富とはいえないが，葬送儀礼に関する古代，中世の文献資料と民俗学の成果を参考としなければならない。ここで最も戒めるべきことは，現在の価値観で埴輪の解釈を行ってはならず，かつ埴輪資料の公正な分析結果と整合性をみなければならないということである。

2. 過去の解釈と問題点

(1) 葬列説について

　戦前の段階で，人物埴輪の性格について最も積極的な提言を行ったのは後藤守一といってよいだろう。後藤は絵画資料との比較研究を通じて，伊勢皇太神宮の遷宮の行列と古代の葬列との共通性を指摘した。そして，いわゆる翳形埴輪がそれに伴う行路具であり，男子全身像に多い脚結が道行きの支度との解釈から，人物埴輪群像は葬列を示しているとの見方を示した [1]。大変秀逸な研究法と深い学際的な造詣を基礎とするすぐれた研究ではあったが，博物館などに収蔵されていた個々の資料の観察に基づくものであり，実際の埴輪配列に即した研究でなかったことに限界を持っていた。

　後藤は人物埴輪の集成につとめ，すぐれた観察眼を持って，人物埴輪の性格付けを行っている。たとえば，男子像に例のある頭巾状の被り物と朝鮮半島で使用されている喪帽との類似性の指摘や頭部に壺を乗せた女子像を記紀に記されている天稚彦（天若比古）の殯の際に奉仕した持傾頭者（キサリモチ）に比定したことなど，今日でも参考としうる成果は多い [2]。

　戦後，実際の埴輪配列の調査を経て，人物埴輪葬列説を掲げたのは瀧口宏であった。千葉県山武郡横芝光町の姫塚古墳は主軸長58.5mの前方後円墳で，墳丘の片側の後円部から前方部に及ぶ長い形象埴輪列が確認された。各種の人物埴輪群のほかに，動物埴輪群も含むバラエティーに富むものであったが，幅の狭い墳丘のテラス部に基本的には一列に配列されていて，そのために馬子と飾り馬，女子像，顎鬚を蓄えた男子全身像群などは一体的に長い葬列をなしていると理解されたのであった [3]。しかし，これについては，人物埴輪の正面が墳丘の外側に向けられていたことや葬列の中心をなすべき柩が示されていないことに疑問が生じる。人物埴輪の正面性については，馬形埴輪の場合，側面が重視されていることなどを勘案すると，墳丘の外側からこれを見るもののために，便宜的に扱われたとの見方もあるので，これだけをもって人物埴輪葬列説を否定することはできないであろう。また，柩についても，一種のタブーから，これがあえて表現されなかった可能性がありうる。けれども，姫塚古墳の場合，弾琴像と跪く人物埴輪のように歩くことのかなわない人物埴輪が共存していたことに，葬列説に対する決定的な否定材料があったので

ある。そもそも，葬列説は瀧口も個々の人物埴輪の性格付けについて，除魔，警固，鎮魂などを推定していただけに，自己矛盾を内包するものであった。

市毛勲は，一列に展開する配列を葬列をしめすもので，奥行きのある配列をそれ以外のものと理解する [4] が，橋本博文が多くの事例を引いて考究したように，人物埴輪の配列は，古墳の墳形や周堀などの外部施設のあり方に対応する [5] ほか，時間的な変化の存在することを認めることが，人物埴輪の意味論を進める上での必要条件であるとわたしは考えている。このことは，実際に古墳に立てられた人物埴輪群像から，その意味を復原する場合でも，配列が事実を忠実に反映したと見られる資料を扱うことが近道であり，配列に崩れが考えられるものは，そのままの形で扱うべきでないことをわれわれに課すものである。一般的にいえば，出現期の人物埴輪は組成に乏しく，終焉期の人物埴輪は配列の崩れが著しい。また，大型の古墳の方が人物埴輪の構成要素が豊富で，個体数も多いので好適な検討材料となる場合が多い。市毛のいう隊は，人物埴輪は隊伍をなすものだけではなく，向かいあうものや，踊るものなどもあるので，好適な用語ではない。奥行きのある人物埴輪の配列で，お互いの個体の有機的な結び付きを反映した配列を俎上にあげることが肝要であろう。

(2) 首長権交代儀礼説について

このような条件にあてはまる数少ない資料の一つである群馬県群馬郡群馬町（現高崎市）の保渡田八幡塚古墳を基礎として首長権交代儀礼説を唱えたのは水野正好であった [6]。八幡塚古墳は主軸長 90m の前方後円墳で，二重の周堀を備えている。人物埴輪群は 2 箇所に分かれ，中堤上の方形区画の中に集中的に配置されていた。このうち前方部中堤上の B 区には，2 組の向かいあう男女の椅坐像が据えられ，かたわらに，甕と瓢形の杓子の土製品が置かれていた。その前方には，女子の半身像が並び，酒杯を掲げる姿が復原された。さらに，前方には褌を着用した男子全身像が並び，甲冑を着用するものと，そうでないものに分かれる。これらの脇に並列して，裸馬を含む馬形埴輪群と鳥形埴輪群が置かれ，鷹を腕に留める人物も近接して据えられていたと判断された。

水野は，これを文武百官，あらゆる職掌のものが集まって，新しい首長の

誕生を祝い，賀詞を言上する場で，首長は内廷の膳部に囲まれて飲酒する姿と見た。践祚大嘗会を人物埴輪群像に投影したもので，前方後円墳で行われたと水野が考える亡き首長から新首長への首長権継承の儀礼こそが，人物埴輪の一体的に再現する世界であるとの理解 [7] は，埴輪を体系的に把握しようとする姿勢と，儀礼の実修された場所が前方後円墳であるとの立場によって，現実的なイメージを与えるし，また，今日多くの研究者の追随するところともなっている。

　しかし，杉山晋作が批判したように，前方後円墳を強調するあまり，中小の円墳など，被葬者が首長層とはいえない場合に，そこに立てられた人物埴輪群については別の解釈を必要とすることになる[8]。解決方法は，前方後円墳に立てられた人物埴輪群と群集墳中の円墳の人物埴輪が別の意味を持っているのか，共通するのかを両者の比較研究によって明らかにすることである。

　一方，首長権交代儀礼説の基盤ともいえる大嘗会についての水野の理解にもいくつかの問題点があるように思える。大嘗会は宮廷儀礼中でも特に秘儀に属する閉鎖的な儀礼であった。そのために，平安朝の公家の日記類にも具体的な記述をはばかる配慮が見られる。卓越した民俗学者折口信夫は昭和天皇の即位に際して，『大嘗祭の本義』を発表し，真床追衾論を展開した [9]。これは真床追衾に新帝がくるまって先帝から天皇霊を引き継ぐことこそが大嘗会の根幹をなす祭儀とみる大胆な推論であり，長いあいだ，学界を主導してきた学説といっても過言ではなかった。ところが，今上天皇の即位に先だって提出された岡田精司の実証的な研究 [10] によれば，真床覆衾は天照大神の依代であって，新しく即位する天皇が新穀を天照大神とともに共食することにこそ大嘗祭の本質があるとする。文献の渉猟もさることながら極めて冷静な分析であるだけに信頼度の高い論文として評価されるものである。加えて，先帝（大上天皇）の大嘗会の直後に，宮内庁関係者から折口が推測したような真床覆衾に関わる秘儀は実修されていないとのコメントのあったことも記憶に新しいところである。このような状況下で，水野の立論の根幹は崩れ去ろうとしている。

　水野は跪く人物埴輪に注目して，新帝に賀詞を言上する人物と見たが，群馬県太田市塚廻り古墳群の人物埴輪資料を基礎として埴輪祭式論を展開した橋本博文は，跪座人物埴輪を，誄を言上する人物と見ている。妥当な見解で

あろう。誄は殯庭で，臣下が大行天皇の事績をたたえ哀悼の意を示す行為であるので，水野と異なり，殯の場面を想定していることになる。その一方で，橋本は飾り大刀を携える女子人物埴輪を，レガリアの奉献と見ている。三種の神器の継承を皇位継承の象徴とする天皇家の伝統を地方首長の場合にも敷衍しようとするものである。よって，橋本は殯の場面において同時に，首長権の交代が行われていると考えていることになろう[11]。践祚大嘗会の成立は天武・持統朝と見られているので，埴輪の時代には存在しなかったはずである。さらに，殯と大嘗会が全く別の性格を保有している以上，殯と首長権交代儀礼は時と場所が異なっていた可能性が高い。また，水野と橋本に共通するが，人物埴輪群中で，ひときわ立派に造形された盛装の男子倚座像を首長権の交代者と見ることの是非が問われなければなるまい。少なくとも八幡山古墳の場合，2体の男子倚座像が並列されていた。塚廻り4号墳の場合も，倚座像とは別に，双脚輪状文形の帽子を付け，盛装した人物が共存していて，両者の差はほとんど見られないのである。したがって，酒杯を受ける人物は首長権継承者に限定されないと考えざるをえない。

(3) 事績記念説・演劇再現説について

　梅沢重昭は，群馬県高崎市観音山古墳の人物埴輪群に副葬品の大帯と共通する表現の認められる盛装の男子倚座像があることを重視し，被葬者そのものを造形したと考えた。あわせて，挂甲に身を固めた武人像を首長の武の権能，鷹を腕に留める人物を首長の狩猟に関する権能，農夫像を農耕に関する権能を示すものと考えるところに，梅沢の独創性がある[12]。しかし，人物埴輪群像を要素ごとに切離してしまう見方は，各人物埴輪の役割なり位置付けなりが配置に反映されていて，一体的に把握すべきとする立場から見れば，方法的に問題があるといわなければなるまい。

　杉山晋作は，特に狩猟の表現に注目して，鷹匠埴輪は首長そのものと見る点で，梅沢と共通点がある。中国及び朝鮮半島の古墳壁画に，好んで狩猟図が描かれていることと対比して，首長の生前の生活のうち，特に華やかな場面を埴輪によって再現した頌徳碑的な記念物と見る[13]。

　梅沢・杉山両説は埴輪群像を葬送儀礼と切り離して，生前の様子を再現したものとする点で共通している。その問題点は，増田精一が，被葬者を造形

することは埴輪製作の上での最大のタブーであったと評した古代人の偶像観念 [14] に真っ向から対立する点にあろう。根幹的な問題であるだけに，今後の議論の深化が望まれるところである。

　山内紀嗣は，水野が提起した埴輪芸能論を評価し，たまふり，服属儀礼，農耕に伴う芸能を中心として，かつて墳丘上で行われていたストーリーのある演劇が，埴輪として固定されたものと考えた [15]。しかし，その内容については，具体的かつ一貫性のある説明がなされていない。少なくとも，筑後風土記逸文に記された石人が裁判の模様を再現しているという奈良時代人の解釈は，冒頭に述べた埴輪起源伝承と同じく，完全に人物埴輪の意味が忘れ去られた時代の産物と見なければならないだろう。跪く人物は，誄を言上する人物と見ることも可能であるが，かたわらに置かれた猪と関連して，獲物（私は犠牲獣と見ている）を献上する人物と見た方がよいように思う。

(4) 殯再現説について

　最後に，殯説について，付言しておくことにしよう。埴輪が古墳時代の葬送儀礼の根幹をなす殯と関連するであろうことは，既に，小林行雄や亀井正道によって指摘されている。けれども，その方法は，個々の人物埴輪の性格付けに留まっていて，具体的に，殯の中のどのような場面を再現しているのかを明らかにはしえなかった。同じ時期には，歴史民俗学者の和歌森太郎が，モガリとアソビの関係に着目した研究成果を発表している [16]。まさに，後藤守一と瀧口宏の葬列説を批判し，民俗学者が考古学者に対する問いかけを行った時代であったのに，残念なことに，考古学サイドからの殯説での具体的な提言は長らくなかったのである。

3. 近年の研究動向

　平成以降になると，検討材料の増加と筆者の発表した首長権継承儀礼説批判 [17] が契機となって，再び埴輪体系の意味付けが複数の研究者の間で行われるようになった。

　杉山晋作は主に千葉県下の小型古墳における形象埴輪配置の実例から，盾持人埴輪や巫女埴輪は被葬者が生前に活躍した姿と説き，形象埴輪には埋葬儀礼の場で参加者に見せる効果が期待されていたはずであると考えた [18]。

　しかし，巫女埴輪や盾持人埴輪は多くの古墳に複数の個体が存在しており，被葬者像とするには疑問がある。また，一体の巫女のみを配置した大和勢野茶臼山の場合，殯屋で死者へ奉仕する姿と理解した方がよいように思う [19]。

　これと似て非なる視点に立つ研究者に高橋克寿がおり，古代エジプトの墓では墳墓への供物の継続が図られていたことを兵庫県行者塚古墳の造り出しにおける供物模造品に重ね合わせ，巫女埴輪は古墳で継続的に食物供献を行う女性を表現したものと考えた [20]。高橋は筆者の唱えるモガリ説などを念頭に置いて，過去を表現する埴輪では意味がなく，巫女埴輪は将来へわたる食物の供献保証を明示するものであると見ている。しかし，エジプトと異なって，日本の古墳では，継続的かつ日常的に供物が供献された痕跡は明らかになっていない。古代人の思考と習俗を基礎に据えた解釈こそが行われるべきであり，今日的な合理主義に立脚した価値観では埴輪を理解することは困難である。過去を紐解かなければ意味がないのである。

　いっぽう，辰巳和弘は主に壁画古墳（形象埴輪体系と同一の主題を有しているとの前提で）の検討から，形象埴輪は全体として来世における現世と同様な暮らし振りを再現したものと捉えた [21]。記紀や民俗事例から力士像の反閇，顔面彩色から辟邪視などの呪術性を指摘されているので，そうした性格付けとの整合性に疑問が残る。さらに古代中国と共通する来世観が古代日本に存在していたかどうかは議論の余地がある。

　塚田良道の理解も辰巳の影響を受けており，埴輪は全体として被葬者とその家族や家僕を表していると見ている。また，いわゆる巫女埴輪は采女であり，大和王権や出雲国造家同様に地方首長が内廷に置いた供膳を主な職掌とする女官と捉えている [22]。この意味においては，古くは小林行雄 [23]，近くは杉山の影響も受けているといえよう。しかし，女子埴輪の意須比は采女のヒレではなく，祭服であり，平安時代にはチキリと呼ばれていたことは筆者が明らかにしたとおり [24] である。また，酒食の供献は死者にも生者にも行われたことなので区別がつけにくいが，女子埴輪に示された拍手・鳴弦などの呪術性を無視しては，女子埴輪の本質を理解することができないであろう。

　日高慎は狩猟を表現した埴輪を取り上げ，鹿の場合，牡鹿の角を獲ることを目的とした薬狩，猪の場合，その肉を食することにマナの扶植を期待した首長儀礼であると考えた [25]。しかし，そのような場面を埴輪として再現す

る意味は希薄である。狩猟には葬送や追善のために行われるものがあり，死者には供犠が必須であったことを忘れてはならない。

　若狭徹は保渡田八幡塚古墳の埴輪配置の詳細な再検討を行って，水野正好の配置復原の誤りを指摘し，首長権交代儀礼説が成立の前提を失ったとした。そして，保渡田八幡塚古墳では，饗宴，軍団，狩猟，馬列と器財などの各要素は，全体として首長の富と権能を表示したものと理解した[26]。この若狭の理解にも水野と共通する問題を含んでいる。それは首長墓とそれ以外では埴輪の持つ意味が全く異なるのかという問題である。筆者は首長墓と小古墳に共通する基層文化を解明することが人物埴輪研究の究極の目的と考えている。個別的には，饗宴と狩猟が被葬者生前の様なのか死後の様なのかが問われなければならず，その主題は富と権能の誇示とはなしえないであろう。

　また，近年，今城塚古墳の保存整備を目的とした発掘調査で，中堤から大規模な形象埴輪配置が確認され，調査者の森田克行は幾重にも垣根が設けられ，そこに各種の家形埴輪が配置され，巫女が酒食の奉仕，楽人が歌舞に携わる状況から，殯宮儀礼を表現したものという見解を示している[27]。全体的には筆者の解釈と共通するものであり，納得できるものである。わが国で初めてとなる大王墓の埴輪体系の正式報告が待たれるところである。

　これらの形象埴輪解釈の中に正答があるのかどうかを判断するためには，研究方法と解釈学の確立が必要となる。

　本書では，筆者が平成 15 年（2003 年）に発表した「埴輪と木製品からみた埋葬儀礼」[28]の要旨を第⑧章に掲載して，形象埴輪が総体として表現した意味を提示することにする。

4. 私の形象埴輪研究法 ―本書の全体構成と関連して―

(1) 分類と編年

　形象埴輪は大別すると人物，動物，家，器財となるが，例えば，人物には男女があり，さらに服飾，持ち物，姿態などから細分が可能である。さらに，時間軸と水平軸を設けて研究することも必要となる。ところが，形象埴輪は円筒埴輪と異なって，分類が複雑で，編年も未達成であった。このため，私は人物埴輪と動物埴輪の分類と編年の枠組みに取り組んで，平成 4 年（1992年）に発表を行った。人物埴輪の場合，甲冑形，巫女，盾持ち，琴弾き，馬子，

甲冑着用武人，盛装男子，踊る人物，狩人，鷹匠などの分類を行って，それぞれの消長と形態的な変化に基づいて，6期に編年し，地域性についても指摘した。また，動物埴輪については馬，猪，鹿，水鳥などの編年のメルクマールと地域性を指摘し，猿・牛・鷹など類例の少ないものについても分布や消長の検討を行った。このことによって，共通の物差しを持って，全国の形象埴輪研究を行うことが可能となった。これらのことについては第②章と第③章で詳述する。

(2) 普遍性と地域性の検討

　形象埴輪の研究者は自身が調査・報告した事例には矜持があり，それのみを基準に全体を論じる弊害が見受けられる。しかし古墳の規模や墳形，時期，地域によって差異があり，一つとして同じ埴輪の組成はないのであるから，まず全国を対象として研究を進めるのでなければ，単なる個別事例の研究，良くても地域研究のレベルに留まってしまう。そうならないためには，分布中枢である関東と近畿を主体としながらも，東北から九州までの形象埴輪を比較検討材料として，一定の基準の下に研究を進めなければならない。

　筆者は埼玉古墳群の瓦塚古墳から形象埴輪体系の研究 [29] をスタートさせたが，常に他地方との対比に留意し，調査例の少ない近畿とその周辺部では，和歌山県井辺八幡山古墳，三重県宝塚1号墳，常光坊谷13号墳，東北地方では原山1号墳，天王壇古墳などの実例を検討してきた。

　また，埴輪体系の解釈を行う時には，群馬県観音山古墳・同保渡田八幡塚古墳・同塚廻り古墳群，千葉県竜角寺103号墳，同殿塚古墳・姫塚古墳などを加えて，なるべく多く，また広く資料を用意した上で，共通項と差異を抽出するように意を用いてきた。

　地域性は北陸や四国などのように人物埴輪がほとんど作られない地域もあることからすれば，厳然として存在しており，埼玉県のように前期に埴輪の及ばなかった地域では，後期になって突如として靫・盾・太刀の同一器種大量樹立が行われるというというような地域性が指摘できる。また，後期の家形埴輪は近畿地方と関東地方では製作技法や建物の形態が異なっており，製作集団の系統の違い，実際に用いられていた建築様式の違いが反映していると考えられる。同様に，人物埴輪においても，女子の場合は髷の製作技法，

意須比の形状にかなり大きな差異があり，製作集団の違いと実際に行われていた服飾の相違の双方が存在していたものと思われる。さらに言えば，馬形埴輪は近畿では短足，関東では長足であり，透孔の穿孔位置は側面と正面の違いがある。これらのことについては第2章と第3章に跨って詳述する。

このように，全国的な比較検討を行うと，地域性は無数に指摘できるのだが，無限に細分していくことよりも，本質的な共通性や差異を掬い取ることの方が，私は大切と考えている。近畿と関東では，あるいは九州では形象埴輪の意味が異なっていたのかどうかを考えてみた場合，人物埴輪の種類が共通し，表現様式や組合せも類似するので，普遍的な意味を有している可能性が高いようである。

(3) 研究の視点

埴輪はわが国固有の物で，日本独自の文化を表現していると考え勝ちである。しかし，実際には，双脚輪状文形埴輪が朝鮮半島から渡来した最古の蓮華文を意匠に用いた帽子の錣であることを，筆者は，古墳壁画という日朝に共通の手掛かりを用いて論証している[30]。同様に埼玉古墳群最後の前方後円墳である中の山古墳から出土した異型円筒埴輪（須恵質埴輪壺と命名したもの）は，円筒埴輪が一旦，朝鮮半島西部で受容され，さらに在地化した後に，工人の渡来によって技術的な逆輸入がなされたことを突き止めている[31]。

また，近年，華明洞古墳や月桂洞など，韓国榮山江流域の前方後円墳に円筒埴輪が用いられていることが明らかにされており，さらに咸平古墳からは動物埴輪さえ出土している[32]。このように，埴輪には少なくとも朝鮮半島との交渉があるし，関東地方の人物埴輪の中には冠帽や服飾から渡来人を表現したものが存在していることは，後藤守一が夙に指摘している[33]ところであり，若松も新しい類例を含めて再論した[34]ところである。左衽の問題を通じて第4章で具体的に述べる。

このように直接的に朝鮮半島と結びつく埴輪以外でも，巫女埴輪の帯びるシャーマニックな性格や力士埴輪の淵源，そして歌舞音曲集団の位置づけなどを研究するに当たっては，少なくとも日朝を中心とした東アジア史的な視座と民俗学的な観点で考究を進めることが求められる。笏を持つ巫女埴輪の発見[35]も，東アジアの女性司祭との関係で特に意義のあることである。こ

れらのことは第⑥・⑧章で扱う。

　猪・鹿・馬・魚などの動物埴輪が埴輪体系に含まれる理由も，やはり東アジアに共通する供犠が根底にあり，それが日常的なものではなく，葬送に伴うものであることを，狩猟を表現した埴輪や馬の殉殺事例から跡付けようと試みた。このことは動物埴輪の本質的な意味と直結するため，もっとも力点を置き，第③章と第⑤章を割くことにした。

　最終章では研究の総括を行う。形象埴輪体系に関する諸説の批判を行った上で，日本全国の最適な検討資料を俎上に載せて，埴輪の意味を探求し，その普遍性を証明する。近年，出土例が増えて木の埴輪と俗称されることもある木製品も，埴輪にはない資料的な利点を有しているので，取り上げていくことにした。

(4) 私の埴輪解釈学

　新たに前方後円墳などの発掘調査によって，埴輪体系解明のための材料が増えれば増えるほど，研究者ごとに理解の乖離が生まれ，一向に収斂する気配がない。その原因は一体何なのか。それは解釈学の未確立によると私は考える。

　例えば，杉山晋作と高橋克寿は，形象埴輪には人に見せて具体的な効果がないと存在理由はないと考えている。またその効果は合理的な説明が必要だとする。しかし，形象埴輪は必ずしも人に見せるだけの物ではない。視座からの死者の欠落である。また，合理的な説明とは現代的・功利的な意味であって，古墳が築かれた時代の思惟のことではないことに問題がある。

　このような経緯から，埴輪の意味は，葬儀を担う人々よりも被葬者に焦点を当てて，研究を進めないと，正答は得られないと私は考えている。その場合でも，古墳時代人の思惟，信仰，習俗を知るためのあらゆる努力なしには，それは為し得ないであろう。考古学と現代的な合理性からだけでは，正答は導き得ないのである。当然，古代史や民俗学，さらに民族学の力も借りなければならない。しかし，やみくもに周辺学問領域の扉を叩いても，返答はないだろう。やはり東アジアに共通する基層文化に着目しなければならない。そのために私が用いた資料は記紀，魏書，中朝の歳時記，日韓の民俗学研究書，大林太良らの環太平洋を対象とした民族調査成果，先祖祭祀に関する中

国古代史研究などであった。

　こうした手続きを踏めば，猪や鹿を犬と狩人によって仕留める埴輪における狩猟表現の意味が明瞭となってくる。供犠である。ここに到達しないと，狩猟は生前や来世での首長達の遊興（ロイヤルハンティング）という理解で停止してしまうだろう。

　また，力士埴輪が作られた意味は，権力者側の古代史の立場からだと，王朝儀礼や良くても服属儀礼に留まってしまう。しかし，基層文化の視座に立てば，一足飛びに朝鮮半島やモンゴルに淵源を求めることにはならず，海幸彦山幸彦の記紀伝承として記された隼人の古い習俗にも目を向けるべきである。このことは第6章で詳しく述べたい。

　私の埴輪研究の過程で，最後に確証を得たのは，人物埴輪の多くが左襟合わせ（左衽）である事実と，それが通説の如く胡人の蛮俗によるものでなく，人の死に対する伝統的な呪術と考えられることであった。具体的には殯へ加わる者と一定期間喪に服する者だけが日常の右襟合わせを左襟合わせに改めていたと考えられるのである。したがって，人物埴輪群像は被葬者の功業や冥界での生活を表現したものではなく，葬儀の様を再現したものということになる。このことについては，第4章で詳述する。

　このようにして個別に解釈したフラグメントを矛盾なく，また無理なく統合させ，全体像を構築することが埴輪解釈学の仕上げとなる。

② 人物埴輪の種類と編年

1. 人物埴輪の発生

　増田精一は『埴輪の古代史』の中で，縄文時代の土偶以来，長い空白期をおいて，古墳時代に埴輪という名の偶像が突如として出てくることを我古代人の精神的変革を背景とするものと捉えている[36]。この観点からすれば，古墳時代の偶像の最もポピュラーなものは埴輪ではあるが，祭祀遺物に見える人形の土製品や装飾付き須恵器に付けられた小さな人物像も共通項を持つものであり，見逃すことはできない。人形土製品は最近の研究によれば，出現の時期は5世紀後半と見られ[37]，人物埴輪の出現期に近いものがある。

　確実に人物埴輪に先行するものとしては，岡山県楯築墳丘墓から出土した人物の胴部と埼玉県池上遺跡出土の土偶，群馬県有馬遺跡出土の人物形土器があり，それぞれ弥生時代終末期，弥生時代中期，弥生時代後期にあたっている。しかし，池上例は縄文時代の土偶に類するものであり，有馬例も中実の腕を伴っている点では埴輪的だが，体部が容器となっている点で人面付き土器の延長線上にあるものであろう。楯築例は人物埴輪との共通性が高く注目に値する資料である[38]が，不明の点も少なくない。これらは墳墓からの出土である点でも人物埴輪と共通の出現背景を持っている可能性があろう。しかし，一定の様式を持って成立すると推定される人物埴輪とは一線を画すものであろうし，時間的ヒアタスからも人物埴輪吉備起源説をとるのは現状では困難と思われる。

　それでは，人物埴輪の発生地の候補としうるのはどの地域であろうか。まず，最有力候補地と目されるのは大阪府と奈良県を中心とする近畿地方であろう。戦前の段階ですでに大山古墳（仁徳陵古墳）出土の女子頭部資料が知られていたが，近年，初期の人物埴輪に甲冑形埴輪（草摺・短甲・肩甲・頚甲・冑をひとつながりに表現するもの）を伴う場合の多いことが明らかになるとともに，甲冑形埴輪がこの問題の鍵を握ることとなった。その分布状況から見れば，近畿地方に中心のあることは間違いないだろう（図II-1）。しかし，近畿地方にあっても発生から展開，終焉にいたるまでの資料の集積は長いあいだ十分とは言えない状況に留まっていた。ところが，近年，奈良県では四

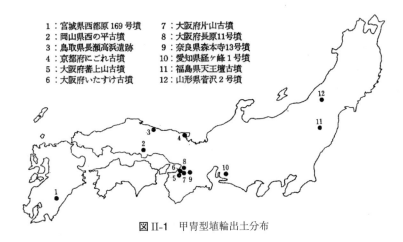

1：宮城県西都原169号墳　　7：大阪府片山古墳
2：岡山県西の平古墳　　　　8：大阪府長原11号墳
3：鳥取県長瀬高浜遺跡　　　9：奈良県森本寺13号墳
4：京都府にごれ古墳　　　10：愛知県経ヶ峰1号墳
5：大阪府蕃上山古墳　　　11：福島県天王壇古墳
6：大阪府いたすけ古墳　　12：山形県菅沢2号墳

図 II-1　甲冑型埴輪出土分布

条古墳，小墓古墳，荒蒔古墳，大阪府では蕃上山古墳[39]，大園古墳，大賀
世古墳群[40]，長原古墳群[41]など，おもに中小規模の古墳の調査に伴って，
重要かつ組成豊かな資料群を加えた。さらに実際の継体陵と目される今城塚
古墳の史跡整備に伴う調査において，中堤上から他種多量の形象埴輪が原位
置で出土した[42]。このことによって，かつては人物埴輪の稀であった近畿
地方に，人物埴輪の編年材料が出揃った。

　一方，人物・動物埴輪の出現については，古く浜田青陵が中国の石人・石
獣及び明器・泥象（俑）の影響下に成立したと見る説[43]を発表しており，
今日でも，森浩一・白石太一郎・安藤鴻基らによって再評価が行われている。
この観点からすれば，石人・石馬文化の中心地たる北九州は，発生論の上で
検討を怠ることのできない地域となろう。近年，石人・石馬を樹立した古墳
には，同時に人物や馬などの形象埴輪を伴っていることが明らかになってき
たが，このことは発生論の上で，北九州の地位を後退させるものではない。
筑後平野を中心とした福岡県と佐賀県には，近畿地方に引けをとらぬほどの
人物・動物埴輪の出土が知られており，しかも初期の資料を含む点で看過で
きない。

　この2地域に比べて，他の地域は人物埴輪の出現が少し遅れる可能性が強
いので，近畿地方と北九州地方の資料を中心に出現期の資料を検討していこ
うと思う。編年の方法は人物埴輪自体の製作技法と表現法の比較を基礎に置
くが，年代比定については伴出の円筒埴輪の観察を参考とし，須恵器も勘案

することとしたい。円筒埴輪については，川西宏幸[44] と一瀬和夫[45] の成果を用いる。

2. 出現期の人物埴輪（第 1 期）

(1) 近畿地方

　女子埴輪では，大山古墳（仁徳陵），大阪府藤井寺市蕃上山古墳，同高石市大園古墳，大阪市長原 87 号墳[46] から該期の資料が出土している。胴部を伴う蕃上山古墳例（図Ⅱ-2-4）と長原 87 号墳例では右肩から裂裟状の意須比を着用する様が立体的に表現されており，さらに襷とゆるく結んだ帯も表されていることから，葬祭の場で活躍した巫女を象ったものと見てよいだろう。両手は前方につきだされており，大園古墳例では壺の剥離した様子がわかっているので，既に壺を捧げ持つスタイルが成立していたものと見られよう。頭部はいずれも粘土紐の巻き上げによって球形に製作されており，中高の顔立ちが示されている。蕃上山古墳例では下半身の表現は省略され円筒を伴う半身像となっている。

　製作技法の上で，注目すべき点は，腕部が太く中空に製作されている点で，大園古墳例と蕃上山古墳例では 1 枚の粘土板を丸め，その両端を接合して腕が製作されている。また，本体との接合では，臍を用いず，肩部の穴に直接腕をついでいる（中空連続成形技法）点が共通点となっている。頭頂の髷に

図Ⅱ-2　第 1 期の人物埴輪
（1: 拝塚古墳／ 2・3: 天王壇古墳／ 4・5: 蕃上山古墳／ 6: 長原 45 号墳）

ついては，実際の結髪法がうかがわれる立体的な表現が行われている。詳細に見ると，大山古墳例では髪毛の束を折り合わせている様を忠実に表現しており，他の例では髷全体をふっくらと中実の粘土塊で表現している。耳朶の表現法については，大山古墳例では実物に近い形が示されているが，蕃上山古墳例と大園古墳例では太い環形の粘土板で示されている。これらの点から見れば，大山古墳例が若干先行するものと見られる。

　男子像については，蕃上山古墳と大園古墳に該期の例がある。蕃上山古墳からは弓を持つ武人埴輪と襷をかけた男覡と推定される埴輪が出土している。武人については甲冑を着用せず靫を背負うだけの軽装の武人で，半身像であることが注意される。男覡は両手を前方につきだし何かを捧げ持つスタイルと推定され巫女との間に共通する点がある。上衣の下には裳とも見られる表現があり，大きく裾広がりとなる楕円形の円筒を伴っている。あるいは，正座する様子を意識した表現と見てよいのかもしれない。大園古墳からは鯨面の頭部と鉢巻きをする顎鬚の頭部が出土している。ともに冑はかぶっていない。籠手を付けた腕や弓・大刀，半身像となる胴部が伴う可能性が高い。

　ここで注目しておきたいのは，蕃上山古墳からは甲冑形埴輪（図II-2-5）が出土しており，大園古墳からも肩甲，草摺の破片が出土していることから甲冑形埴輪となる可能性が高いことである。このことは，甲冑を着用する武人埴輪の出現が遅れるとの見方を可能にしよう。その背景には，首長層に占有されることが一般的で，いまだ宝器的な扱いを受けていた甲冑は器財埴輪として製作することがふさわしいとの観念があったのかもしれない。しかし，その一方で，長原45号墳（図II-2-6）と京都府城陽市赤塚古墳では，甲冑形埴輪に人物の顔面を表現した資料が出土しており，新しい動きが看取される。これには腕や足が造形されていないので，正規の人物埴輪とは一線を画しており，後続する時期に始めて人物埴輪としての完成を見たのだろうが，甲冑を着用する武人埴輪の祖型として重要な意味を持っている。

　これまでに挙げた資料の年代について検討することにしよう。共伴する円筒埴輪は，いずれも外面の2次調整に断続的なヨコハケをもちいるものが主体的であり，川西編年の第IV期に相当する。そのなかでも，蕃上山古墳と大山古墳では，突帯間をカバーするヨコハケが多用され，一瀬分類のBc種にあたる。大園古墳の場合，突帯間を調整するのに工具を上方にずらし，2周

以上させる例があり，一瀬分類のBb種にあたる。大園古墳にはON46型式と見られる須恵器蓋杯が伴っている。一方，長原古墳群ではB種ヨコハケの出現率が全般に低いという特性を持っているが，45号墳からは主にTK73型式の須恵器がまとまって出土している。赤塚古墳からはTK23型式の須恵器が出土しているが，円筒埴輪の特徴からすれば，2次的な供献土器ではないかと考えられる。これらの資料を一括して年代を付与するとすれば，陶邑窯最古式の須恵器の年代を5世紀の第2四半期，TK47型式を5世紀最後の須恵器とみる近年の編年観に立てば，5世紀の中葉を充ててよいものと考えられる。

　ところで，第1期の人物埴輪の中でも，長原45号墳と赤塚古墳の場合，甲冑形埴輪に人面のついたもののみを出土していて，巫女などの人物埴輪を伴っていないので，先行する可能性が考えられる。事実，長原45号墳に最古式の須恵器が伴う点から見ても，第1期の前半に比定することに無理はないだろう。よって，ここでは巫女の埴輪の出現以前をa期（古段階），出現以降をb期（新段階）と規定したい。

　さて，第1期の中で最古の人物埴輪となると，断片的な資料ではあるが，墓山古墳[47]から出土している大型の顔面破片がその候補に上がる。現存部の最大幅が22.8cmあり，人間の頭部の大きさをはるかに上回る特異な資料である。扁平な粘土板を用いて顔面を製作し，顎のラインを明瞭に表現する点で，先に見た巫女の頭部の製作技法とは大きく異なっている。この資料は，憶測を承知で言うならば，盾持人の頭部となる可能性がある。そう考える理由は，誉田御廟山古墳（応神陵）外堤や大阪府羽曳野市はさみ山遺跡から盾面を取り付ける円筒の口縁部が突出し，徳利型を呈する特殊な盾形埴輪が出土しており，人物の頭部か冑形埴輪のいずれかが挿入式に組み合わされていたと推測されるからである（図Ⅱ-3）。墓山古墳からも，この種の盾形埴輪が出土しているというならば，なおさらその可能性は高く思える。

　墓山古墳の円筒埴輪は外面の2次調整にB種ヨコハケを用いているが，黒斑のあるものと，これを欠くものが混在しており，川西Ⅲ期とⅣ期の過

図Ⅱ-3　盾形埴輪
（はさみ山遺跡）

渡期に位置づけられる。このことからすれば，近畿地方中枢部における人物埴輪の初現は5世紀前葉まで遡ることは確実であろう。

　ここで，第1期の人物埴輪を要約しておくことにしよう。第1期は実年代を充てると5世紀前葉と中葉にわたる長期間であるが，その古い段階と新しい段階とでは様相を異にしている。よって，盾に人頭が組み合わされて盾持人形埴輪が誕生し，甲冑形埴輪に人面が付けられるなど器財形埴輪の発展形としての特定人物埴輪の出現を見る段階を第1a期とし，腕を備えた巫女や男子の人物埴輪の出現する段階を第1b期として細分したいと思う。この第1b期は，甲冑形埴輪を伴うことが多いが，甲冑を着用した武人埴輪はいまだ出現していない段階であり，第2期とは画然と区別される。なお，両小期の境界は西暦440年前後に比定されよう。

(2) 北九州地方

　第1a期の資料として福岡市拝塚古墳[48]の盾持人形埴輪（図II-2-1）がある。円筒に頭部をひとつながりに製作したもので，盾は円筒の正面に線刻で表現するのみで，ヒレ状の粘土板を加えていない。このため，まるでコケシのような造形となっている。耳が通常の人物埴輪と異なって，団扇状に外側に向かって張り出しているのは，正面性の著しい埴輪であることに起因していよう。拝塚古墳からは黒斑を持つ壺形埴輪がまとまって出土しているが，円筒埴輪は極めて少量しか出土していない。人物埴輪はこの一体のみらしく，短甲や草摺などの器材形埴輪が伴出している。5世紀初頭から中葉に至る祭祀土器から追葬が想定されており，人物埴輪がどの時期となるのかは報告書の刊行を待たなければならない。

　第1b期の資料として福岡県八女郡広川町の石人山古墳[49]，同筑後市瑞王寺古墳[50]，同浮羽郡吉井町の月の岡古墳[51]の人物埴輪がある。石人山古墳からは裸体の人物埴輪についていたと推定される男根が出土しており，この種のものとしては初現であり，注目される。伝石人山古墳出土とされる人物埴輪頭部は美豆良の剥離痕あることから男子と見られるが，粘土板を張って顎を強調する点が近畿地方のこの期のものと異なっている。瑞王寺古墳からは人物の顔面破片と中空製作の腕が出土している。月の岡古墳からは甲冑形埴輪の肩甲の部分と中空製作の太い腕が出土している。いずれも断片的資

料であって，巫女埴輪の実態に迫れないのは残念である。

　これらの資料の実年代を検討しよう。石人山古墳と瑞王寺古墳からは陶質
土器が出土しており，ともに，円筒埴輪はタテハケ調整で，突帯のしっかり
したものを伴っている。報告者はこれらを5世紀前半から中頃のものと見て，
石人山古墳が少し先行すると見ている。月の岡古墳の円筒埴輪は，外面の2
次調整にB種ヨコハケを用いるものが多く，口縁部に透しを持つ例があるな
ど，同じ若宮古墳群の中でも塚堂古墳[52]よりも古い特徴を示している。また，
副葬品の中には眉庇付冑と三角板鋲留式短甲の組合せが認められる。これら
を総合すると北九州の1b期の時期は近畿地方とほとんど差を認める必要が
ないものと思われる。

(3) その他の地方

　東北地方南部に1b期の資料がわずかに1例知られている。福島県安達郡
本宮町の天王壇古墳からは意須比をつけた巫女（図Ⅱ-2-2）と甲冑形埴輪が
セットで出土している[53]。巫女は工人が不習熟のためか中空の腕を半ばま
でしか製作しておらず，壺を捧げる姿態を造形することを諦めて，別に製作
した樽形腿を模した埴輪（図Ⅱ-2-3）を，その前面に据えてあった。粘土板
を用いて顔面を表現したり，板状の髯を伴う点は近畿地方のものと異なっ

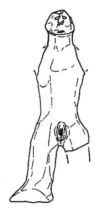

ている。天王壇古墳からは川西編年第Ⅳ期の円筒埴輪と
ON46型式類似の須恵器杯が出土している。

　中部高地地方では，人物埴輪の代用品として製作さ
れたと見られる土製品に1b期並行の資料がある。長野
県更埴市土口将軍塚古墳から出土したと伝えられるも
のは，現存高5.9cmの中実の人物頭部である。このほか
に，鼻，手，腕，足の破片があるので，全身像であった
のだろう。同じく，長野市の長礼山2号墳からも高さ
17.2cmの女子の裸体立像が出土しており[54]，女陰の表
現を伴っている（図Ⅱ-4）。資料の年代は土口将軍塚古墳
からは叩き調整で黒斑を持つ円筒埴輪が，長礼山2号墳
からは川西編年Ⅳ期の円筒埴輪が出土しており，5世紀
中葉と見てよいだろう。発生源以外の地域で中実の小型

図Ⅱ-4　人形土製品
（長礼山2号墳）

の人物が埴輪の代用品として製作されていることは，人物埴輪製作工人の編成時期を考える上で興味深い。

3. 波及期の人物埴輪（第2期）

　この段階には，近畿地方，北九州地方のほかに，関東地方，東北地方の中部，東海地方，北陸地方，山陰地方，山陽地方に人物埴輪が認められ，埴輪分布圏のほとんどに人物埴輪が波及する。また，人物埴輪の種別の点では，新たに，力士，弾琴，鷹匠，甲冑を着用する武人が加わり，農夫など一部のものを除けば，ほとんどが出そろう。造形法の面では，2本の脚部を表現する全身像が加わる。

(1) 巫　女

　近畿地方中枢部では，第1期の様式を踏襲したものが製作され，意須比などの祭服の表現，中空連続成形の腕，粘土紐巻き上げによる球形の頭部，ものを捧げる姿態など変わるところはない。奈良県橿原市四条古墳，兵庫県神戸市住吉東古墳出土品 [55] などが典型例である。一方，足の表現こそないが，下半身の裳を表現した立像が新たに出現することが，京都府船井郡丹波町の塩谷5号墳 [56]（図II-5-5），三重県松阪市常光坊谷4号墳例 [57]（図II-5-6）から知られる。これらの多くは髷の造形法に，粘土板をあわせた中空のものを採用している。資料群の年代は，川西編年IV期でもやや新しい特徴を持った円筒埴輪とTK23型式前後の須恵器を伴っていることから，5世紀後葉に比定される。

　東北地方では，宮城県丸森町の台町103号墳と福島県相馬郡泉崎村の原山1号墳 [58] から該期の資料が出土している。台町103号墳例（図II-5-8）は甕を捧げる様子を表現したもので，頭部を粘土紐巻き上げによって球形に製作し，眉を貼らずに，ヘラでくぼめて微妙に造り出す点，耳を幅の広い環状の円盤で表現する点，腕は粘土板を丸めて中空に作る点など近畿地方の影響が強く認められる。しかし，衣服の表現が簡略で，意須比が示されていないこと，髷が板状のものであることなどから，既に地方色が観察される。台町103号墳からは，ヨコハケの施し方が部分的であることから川西編年IV期では新しい段階の円筒埴輪が出土している。

図Ⅱ-5　第2期の人物埴輪
（1: 塚堂古墳／2・7・12・13: 原山1号墳／3: 狐塚古墳／4: 野津／5: 塩谷5号墳／
6: 常光坊谷4号墳／8: 台町103号墳／9: 上中條／10・11: 稲荷山古墳）

　関東地方では，群馬県佐波郡大泉町の古海松塚 11 号墳 [59]，埼玉県行田市の稲荷山古墳 (＊1) [60] から該期の資料が出土している。古海松塚 11 号墳出土の巫女埴輪の胴部には襷の表現がある。稲荷山古墳例では襷，意須比ともに表現がなく，腰に鈴鏡を下げた表現がある。2 例とも乳房の高まりを粘土塊の貼り付けで示している。共に顔面が扁平な作りで，近畿地方のものとは趣を異にしている。髷の現存する稲荷山古墳例は板状を呈している。祭服の省略と板状髷及び乳房の採用は東国の巫女埴輪の著しい特徴と言えるであろう。しかし，腕の製作が共に中空技法である点は近畿地方のものとの少ない共通点である。古海松塚 11 号墳からは 2 次調整に B 種ヨコハケを多く用いる円筒埴輪と，TK208 型式の須恵器甕の破片が出土しており，現在のところ関東では最古の巫女埴輪となる。

(2) 盾持人

　良好な資料が，北九州地方では福岡県浮羽郡吉井町塚堂古墳，関東地方では埼玉県行田市稲荷山古墳，東北地方南部では福島県相馬郡泉崎村の原山 1 号墳から出土している。このほか，古い出土例で年代の根拠は薄いが，熊本県八代郡竜北町野津出土品，石川県加賀市狐塚古墳出土品，奈良県磯城郡田原本町の羽子田遺跡出土品 [61] もこの期に属する可能性がある。

　塚堂古墳の資料（図II-5-1）は頭部を別体式に製作し，本体と組み合わせるもので，古い特徴を持っている。顔には顎鬚を線刻で示し，大きな脇立の付いた冑様のものをつける。盾面の表現は綾杉文と複合鋸歯文を組み合わせたもので，構成がしっかりしている。野津出土例（図II-5-4）と原山 1 号墳例（図II-5-2）は頭部を本体と一体成形するものであるが，盾面の装飾に塚堂古墳例との共通点がある。前者は頭巾状の革冑をつけ，後者は粘土板で特異な髪形が示されている。稲荷山古墳例（図II-5-11）と狐塚古墳例（図II-5-3）は盾面が無文である。前者は正面で二又となる特徴的な被りものを付けており，関東地方には珍しい入れ墨の表現が見られる。羽子田遺跡例

（＊1）稲荷山古墳からは,その後の資料整理・報告によって,凸帯を貼って意須比を表現した巫女埴輪の胴部が公表された。埼玉古墳群円筒埴輪 1 期に属し,5 世紀後葉の早い時期に比定できる。本文に記述の資料は 2 期に属し,5 世紀末で,時間的変化が見てとれる。第Ⅰ部の文献 140 を参照のこと。

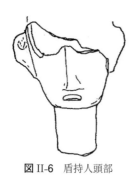

図Ⅱ-6　盾持人頭部
（羽子田遺跡）

（図Ⅱ-6）は頭部が独立した製作で，首が長く作ってある。円筒部に差し込む方式の盾持人埴輪であろう。現存部の高さ 36cm は異例の大きさである。さて，これらの資料の耳朶表現に着目してみると，稲荷山古墳，狐塚古墳，羽子田遺跡のグループは横に張り出す扁平なもの（A タイプ）であるに対して，塚堂古墳，原山古墳のグループは女子などの耳朶と共通する環形のもの（B タイプ）である。両者とも次の時期に受け継がれる。正面性を強調した A タイプが主流的である。これらの資料群の年代は，川西編年第Ⅳ期の後半期に相当する。そのなかでも塚堂古墳例は早い段階の製作であり，稲荷山古墳と原山 1 号墳例は新しい。なお，狐塚古墳では B 種ヨコハケの多用される円筒埴輪が出土しているが，別の小円墳から出土したと見る意見もある。

(3) 武　人

　甲冑を着用するものと，軽装で，靫を背負い弓を持つものとに大別される。
　埼玉県稲荷山古墳からは，眉庇付冑を付けた大型の頭部が出土している（図Ⅱ-5-10）。これには，横矧板鋲留式短甲が伴って，顔面のついた甲冑形埴輪となる可能性がある。稲荷山古墳にはこのほかに，革甲の破片がある。同じ埼玉県では，児玉郡美里町生野山 9 号墳[62] から円筒につづけて横矧板鋲留式短甲を表現したものに中空の腕が伴う可能性があり，注目される。甲冑を着用する半身像としては埼玉県熊谷市上中条出土と伝える有名な資料[63]（図Ⅱ-5-9）があるが，甲冑形埴輪からの発展形として初期の資料と言えるかも知れない。一方，近畿地方では今のところ鉄製の甲冑を着用する良好な資料は知られていないようである。奈良県四条古墳からは円筒形の台部に靴と脛当てを着用した脚部の付く資料が出土しているが，革甲をつけ冑は被っていない可能性がある。
　軽装の武人については，稲荷山古墳から靫を背負う人物が，四条古墳から弓をかついだ人物が出土している。これらは半身像であり，甲冑を着用した全身像と対象的である。同一古墳において，両者が作り分けられていること

は，身分差を反映したものであろう。資料の年代については，生野山9号墳
はB2b種ヨコハケ[64]を2段目と3段目に施し，半円形の透しを持つ2条突
帯の円筒埴輪を出土しており，第2期の中では古く位置付けられる。四条古
墳と稲荷山古墳はこれより，後出する資料となろう。

(4) 弾琴

福島県原山1号墳出土の弾琴像は完形品としては
最古例（図II-5-12）に属する。その表現様式は，脚
部を表現しない点で，源初的であり，口縁部の大き
く開く円筒の中に体部が造形され，琴は，その前面
の口縁部に接着されている。おそらく，琴の大きさ
を忠実に表現する上での苦肉の策であったのではな

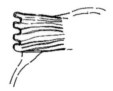

図II-7　琴（稲荷山古墳）

かろうか。この手法は埼玉県稲荷山古墳（図II-7）にも認められ，広域的な
分布を示す。しかし，近畿地方に祖源があるのかどうかは資料不足のためはっ
きりしない。

(5) 力 士

福島県原山1号墳から裸体で褌のみを付けた双脚の人物が出土している
（図II-5-13）。右手を挙げ左手を腰にあてがう姿は反閇の様を示すものであろ
う。脚部を円筒状に製作し，台部を伴わない点には地方色が窺われる。注
目されるのは特異な結髪法である。両耳の後から頭頂部にかけて半月形の粘
土板を垂直に接着するもので，実際にこのような結髪は不可能であるので，
正面性を強調した結果なのか，特殊な髪飾りを装着しているのか判然とし
ない(*2)。これと同様の特徴を示すものが奈良県四条古墳からも出土してい
る。島根県松江市石屋古墳からは，靴をはく全身像の台部が出土していたが，
2012年の再整理によって，まわしを付けた力士像と確認された。

(6) 鷹 匠

群馬県群馬町保渡田二子塚（愛后塚）古墳から人物の腕に留まった鷹が出
土しており[65]，現在のところ最古の鷹匠埴輪と見られる。

（＊2）のちに筆者は，覆面をかぶっていて，その上端が余って立った状態を示してい
　　ると結論づけた。第6章参照のこと。

4．展開期の人物埴輪（第3期）

　四国地方を含めて人物埴輪が波及する一方，近畿地方ではこの期を最後に製作が下火となる。技法的には，近畿地方と九州を含む西日本で腕の中空技法が存続するが，群馬県や千葉県など関東地方で中実技法のものが現れる。また，この期には武人の双脚立像とその他の人物を表した胡座，椅座，跪座などの座像が出現する。川西Ⅴ期の円筒埴輪が伴い，TK23〜MT15型式の須恵器が出土しているので，5世紀末から6世紀前葉に比定されよう。

（1）巫　女

　近畿地方中枢部では，巫女像は幅の広い意須比をまとい，襷とゆるく結んだ帯を表現する伝統的な表現法（図Ⅱ-8）が遵守され，定型化が認められる。腕の製作も中空技法であり，第2期のものとの差は小さいが，奈良県三宅町石見遺跡例[66]に見られるように，髷は板状のものに変化する。両腕は前方に伸ばし，壺などを捧げ持つ例が多く，奈良県河井町貝吹黄金山古墳（図Ⅱ-9-1），和歌山県井辺八幡山古墳[67]にも類例がある。近畿地方でのあり方は，同一古墳に同じ姿態の巫女像が多数置かれ，バリエーションに乏しい。

　一方，関東地方では，群馬県邑楽郡大泉町古海出土と伝えられる巫女像[68]（図Ⅱ-9-3）や群馬県保渡田八幡塚古墳出土の巫女像[69]のように，椅座像で，丁寧に製作された少数例に，意須比を始めとする祭服の表現が忠実であるのを除くと，服装の表現は一般に簡略である。そのいっぽう，後者の中には栃木県小山市摩利支天塚古墳出土例のように頭に壺を載せる女性や，埼玉県児

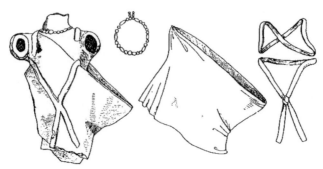

図Ⅱ-8　巫女の祭服分解図（文献[66]より）

玉郡上里町寺浦1号墳出土例[70]のように手に小壺などを持って踊る姿態の女性像がある。このことは，女性集団の中でも祭祀の中心となる巫女と，酒の供給や歌舞の役割を持った人々が，意識的に作り分けられたことを示すものであろう。

　北九州地方では，佐賀県鳥栖市岡寺古墳から襷をかけた巫女が出土している[71]が，甑を中空式に製作する点や，腕を中空の連続成形としている点は近畿地方の伝統的な手法と共通する。

(2) 盾持人

　奈良県天理市小墓古墳から人頭大より大きな頭部の付く盾持人が出土して

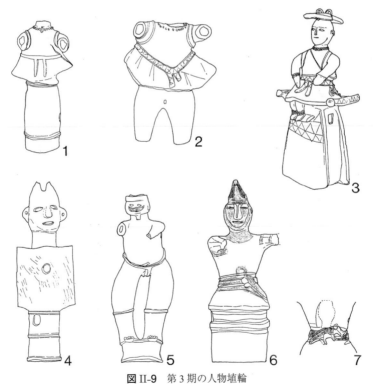

図II-9　第3期の人物埴輪
（1: 貝吹黄金山古墳／ 2: 野畑／ 3: 伝群馬県古海／ 4: 西ノ辻／
5: 井辺八幡山古墳／ 6: 保渡田Ⅶ遺跡（7は背面））

いる[72]。顔面頬部には入れ墨を表す線刻がある。頭頂部は斜めに切り取られていて，塞がれていない。大阪府東大阪市西ノ辻出土例（*3）（図Ⅱ-9-4）も頭頂部の処理の仕方，盾面が無文である点などに共通性があり，シンプルな製作である。

　一方，関東地方では，群馬県群馬町保渡田Ⅶ遺跡から小型の盾持人が合計8体ほど出土している[73]。頭部には角状の突起が2本あり，いわゆる笄帽を示したものと見られる。このほか埼玉県熊谷市女塚[74] 1号墳，同東松山市おくま山古墳[75]からも笄帽を付けた盾持人が出土している。これらの盾面には簡単な鋸歯文が線刻されている。

(3) 武　人

　甲冑を着用するものと軽装のものとがある。群馬県保渡田Ⅶ遺跡出土品は眉庇付冑と挂甲を着用するが半身像であり，この期でも古い段階にあることを示している。革甲と革冑を着用した全身像の最初のものに，和歌山県井辺八幡山古墳出土品（図Ⅱ-49-1）がある。背中にリュトンに似た陣笛（小角）を負い，右手には長柄の武器を携えている。台部は比較的低い円筒で，革製の靴は天井部の傾斜にしたがって爪先下がりとなっている。井辺八幡山古墳には冑をつけず，鉄製の挂甲を着用し，左手に弓を携行する例もある。

　軽装の武人としては，大阪府東大阪市大賀世3号墳[76]や奈良県石見遺跡[77][78]から，両手で大刀か長柄の武器を捧げ持つ姿態の半身像が出土しており，共通して，胸部に穿った小孔に，その突起部を挿入する方式がとられているのは技術交流を示すものだろう。また，両古墳から顔面に線刻で顎鬚と眉を表現し，鼻をまたいだ翼形の入れ墨が施された男子頭部がまとまって出土している点も注目される。このことに関連して，島根県松江市平所埴輪窯跡から出土した男子頭部[79]は，頭頂部が溝状にくぼみ，顔面には翼形の入れ墨が表現されており，近畿地方の影響を強く受けているものとみられる。

(4) 弾　琴

　保渡田Ⅶ遺跡から，前期の原山1号墳や埼玉稲荷山古墳と共通する脚部を表現しない弾琴像と見られるものが出土している。時期的には，これらに近接する資料であるが，円筒埴輪にヨコハケが見られないことと，新たに出現する座像を含む点から第3期に入れた。埼玉県川本町船山出土例も該期のも

のと推定される。

近畿地方には，弾琴像は希薄であるが，京都府福知山市稲葉山 10 号墳から人物の膝から剥離した 6 弦琴 [80] が，奈良県天理市森本寺山 12 号墳から 5 弦琴 [81] が出土している。大阪府堺市野々井遺跡出土品は膝の上に側板を持つ琴を載せたことがわかる例であるが，おそらく該期のものであろう。琴とは少し異なるが，大賀世 3 号墳出土の台形状板の上に弓状のものを表現した埴輪は，人物の膝から剥離したものと見られており，一種の楽器であった可能性がある。

(5) その他の楽人

埼玉県寺浦 1 号墳から割竹と見られる簡単な打楽器を鳴らす男子半身像が，同女塚 1 号墳から太鼓を抱えた左腕が出土している [82]。有名な群馬県佐波郡境町剛志天神山古墳 [83] の太鼓を打つ人物と，缶（ほとぎ）を打つ人物も該期のものとみてよいかも知れない。

(6) 力 士

和歌山県井辺八幡山古墳から前傾姿勢で，両手を前方に出す力士像が出土している（図II-9-5）。頭に鉢巻きをし，頬鬚を蓄え，鼻をまたぐ翼形の入れ墨が見られる点は他の多くの力士像と異なっている。これには低い円筒形の台部が伴っている。同じ古墳群に属する大谷山 22 号墳からは横方向に扁平な突起の付く頭部が出土しており，力士とみなされるが，これには耳と鼻がなく，覆面を被った状態ではないかとう報告者の指摘がある (＊4) [84]。大阪府高槻市昼神車塚古墳からは体躯が太く，頭頂部に横方向の突起が付く人物が出土している (＊5)。左手を高く挙げる姿勢になるものと見られ，第 2 期の

(＊3) 東大阪市立郷土博物館蔵。西ノ辻・神並遺跡の浄水施設である木製の槽と樋を守る目的で立てられたと考えられると調査担当職員からご教示があった。付近に古墳はなく，埴輪としては長瀬高浜遺跡のもの同様に，特殊な使用例となろう。

(＊4) 若松も鼻の剥離痕がないか熟覧調査して，ないことを確認している。岩瀬千塚古墳群報告者の覆面との推定は慧眼であり，支持したい。

(＊5) 昼神車塚古墳の埴輪の報告が待望されていたが，平成 27 年（2015 年）に刊行された。高槻市立埋蔵文化財調査センター開設 40 周年記念特別展図録『たかつきの発掘史をたどる』附編・高槻市天神町所在『昼神車塚古墳』

原山1号墳例と共通している。首飾りを下げ，鈴釧を装着しているので，競技をする状態ではなく，葬送儀礼の場での正装と捉えれば，問題はないだろう。関東地方では千葉県市原市御産目浅間神社古墳[85]から頭部を欠くが，腹の太い裸体の人物が出土しており，左手を高く挙げている姿態から力士と見てよいだろう。

(7) 鷹 匠

　断片的な資料しかなく，全体像は明らかでないが，近畿地方では，井辺八幡山古墳から，関東地方では群馬県群馬町保渡田八幡塚古墳から鷹が出土している。後者は腕に留められたものである。

(8) 狩 人

　群馬県保渡田Ⅶ遺跡から弓を引き絞る姿態の男子半身像が出土しており，腰には獲物の小さな猪が下げられている（図Ⅱ-9-6・7）。同じ古墳群に属する八幡塚古墳からも，本体から離脱した小型の四肢を縛した猪が出土している。

(9) 馬 子

　井辺八幡山古墳では，馬形埴輪の左前方の位置に男子半身像が立てられていた，おそらく失われた右腕は手綱をとるために高く挙げられていたものと推測される。持ち物や服装には馬子としての著しい特徴は示されていない。

(10) 跪座像と胡座像

　福島県相馬市丸塚古墳から胡坐像としては初源的な資料が出土している[86]。脚部は中実の華奢なもので，体部に比して著しく小さい。椅座像については，群馬県保渡田八幡塚古墳から前述した巫女と向かい会うかたちで男子像が置かれていたほか，郷志天神山古墳からも，背当てと側板の付いた椅子の上に胡座する男子像が出土している。近畿地方では奈良県石見遺跡から左右に座面の反る大きな椅子に座る男子像が出土している。美豆良が剥離していることから男子であることが知られるが，裳を着用しているので男覡の姿とも考えられる。腰の小孔を利用して大刀などが捧げもたれていた可能性がある。

5. 転換期の人物埴輪（第4期）

近畿地方では，人物埴輪の生産が縮小され，特定の古墳からしか出土を見ないが，関東地方では埴輪の生産規模が拡大し，群集墳にも供給されるようになる。東北地方南部，北陸地方，山陰地方，北九州地方にも該期の人物埴輪が存在する。技法的には，関東地方では大量生産の必要性によって，顔面の粘土板による成形，中実技法の腕の普及，眉の粘土紐貼り付けによる表現，耳朶の省略，服装表現の簡略化など省力的な工夫が見られる。その一方，抜刀スタイルの挂甲を着用した全身像が近畿の大王墓と関東地方で同時に出現する。近畿地方を始めとする各地に，関東地方の影響が現れるのもこの時期である。川西編年Ⅴ期の円筒埴輪を伴い，TK10型式前後の須恵器を出土するので，6世紀中葉に比定される。

(1) 盾持人

群馬県太田市塚廻り1号墳から頭部を別体製作とする大型品が出土しており[87]，盾面にも鋸歯文を施すなど古い特徴を留めている（図Ⅱ-10-1）。茨城県新治郡玉里村船塚古墳出土品[88]（図Ⅱ-10-2），千葉県成田市竜角寺101号墳出土品[89]（図Ⅱ-10-3），埼玉県行田市瓦塚古墳出土品[90]，福岡県朝倉町仙道古墳出土品（図Ⅱ-10-4）も該期に属する。これらは一体式の製作であり，竜角寺例と仙道例は頭に被りものを付け，盾面に文様が施されている。瓦塚例は無文で，笄帽を付けるが，同古墳出土の他の人物埴輪に比べて，頭部が著しく大きく製作されている。

(2) 巫 女

近畿地方では，奈良県生駒郡三郷町勢野茶臼山古墳から該期の数少ない資料が出土している[91]（図Ⅱ-10-5）。半身像であり，意須比，襷，帯を着用し，一目で巫女とわかる伝統的な表現様式はまったく退化を示していない。しかし，製作技法上大きく変わったのは，初めて中実の腕を採用した点である。両腕は前方につきだされ，甒が捧げられていたものと推定されよう。横穴式石室の前庭部の閉塞石上への特殊な配列であり，人物埴輪はただ一点であったことから見れば，巫女を象った埴輪の象徴性のほどが窺われる。

関東地方では女子埴輪の中に，身分性あるいは職階制上の分化が進行した

図Ⅱ-10　第4期の人物埴輪（1）

（1: 塚廻り1号墳／2・12: 舟塚古墳／3: 竜角寺101号墳／4: 仙洞古墳／5: 勢野
茶臼山古墳／6: 塚廻り3号墳／7・13: 上芝古墳／8: 矢田野エジリ古墳／9: 御前
田1号墳／10: 常楽寺古墳／11: 立山山13号墳／14: 蓼原古墳）

せいか，巫女の中にも，群馬県太田市塚廻り3号墳例のように椅座像として造形されるもの（図II-10-6）と，同箕郷町上芝古墳出土例のように半身像の立像として表現されるもの（図II-10-7）とが併存している。両者共，巫女像としては丁寧な製作であり，服装の検討に耐える。群馬県では，第3期の古海例が近畿地方と共通する祭服表現であったのにたいし，該期の2例では意須比が幅の狭い肩襷のようなものに変化し，襷が失われ，帯も前者の場合，角帯状の幅の広いものに変わるなど様相が大きく異なっている。一方，福島県相馬市神谷作101号墳例のように，鈴鏡を下げるのみで祭服の表現の行われないものも認められる。これは既に第2期の稲荷山古墳にみられた表現様式であり，象徴的な持ち物によって巫女であることを示そうとする東国特有の省略表現であろうと考えている。また，祭服を示す場合でも，千葉県匝瑳郡光町小川台第5号墳の例のように，赤彩で襷を示す程度の簡略なものも知られる[92]。腰部前面に突きでたエプロン状のものは裳の正面観を表しており，一地域性として注目される。

　人物埴輪の乏しい北陸地方では，石川県小松市の矢田野エジリ古墳から貴重な巫女像が出土している[93]（図II-10-8）。意須比を付け両手を合わせる姿態であるが，髻を前後2本の円筒で示す特殊な表現法や祭服の省略的な表現法，騎乗の男子像を伴う点などから関東地方の工人の影響を考えることも不自然ではない。このような髻を伴う女子像として埼玉県寄居町小前田1号墳[94]（図II-10-9）が知られている。

　山陰地方では，島根県仁多町の常楽寺古墳から両脇に張り出した袋状の意須比を着用し，甑を捧げる姿態の巫女の椅座像と推定されるもの[95]（図II-10-10）が出土している。同県松江市岩屋後古墳の巫女と共通する作風で，髻は長方形の平板なもので，頭頂部の大きな開口部を塞ぐように付けられている点や，顔面に小さな粘土板を用いる点など個性豊かな地域性が摘出される。

　東海地方にあっては，静岡県浜松市郷ヶ平6号墳からTK10型式の甑を忠実に模倣し，これを捧げ持つ姿態の須恵質の巫女が出土している[96]。

　北九州地方では，福岡県甘木市立山山8号墳[97]と13号墳[98]から巫女が出土している。13墳出土品は数少ない双脚の立像となる（図II-10-11）。体部の両脇にヒレ状の突起があり，意須比の退化的な表現であると見られる。8号墳からは襷を十文字にかけ，何かを捧げ持つ姿態の巫女の胴部が3点出土し

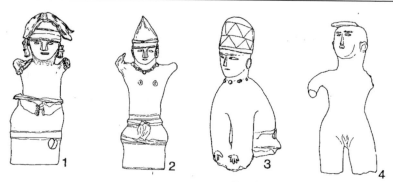

図Ⅱ-11　第4期の人物埴輪（2）
（1・2: 殿部田古墳／ 3: 不二内古墳／ 4: 鶏塚古墳）

ている。共に，腕の製作が中空式の連続成形であり，古い技法を踏襲している。

（3）歌舞群像

　関東地方では，弾琴像などを中核として，踊る男女の群像が配置される場合が多く，地域的特質と言える。千葉県山武郡芝山町殿部田古墳の場合，弾琴像（図Ⅱ-11-1）の付近に，頭に壺を載せて踊る女性，挂甲を着て踊る武人，烏帽子をかぶって踊る女子（図Ⅱ-11-2）などが配置されていた[99]。これらのうち，女子像は乳房の表現が粘土塊で行われている。烏帽子をかぶる女子は，いわば男装の麗人であり，白拍子を連想させるが，続日本紀，延喜式などから復元される袴を付けた女官の舞[100]や隋唐代の古墳壁画に見られる美人図と比較すれば興味深いものがある。

　栃木県真岡市鶏塚古墳の陰部を出す双脚の裸体像（図Ⅱ-11-4）なども，男根を屹立させる埴輪と対になって，歌舞の場で披露された真似事を反映したものであろう[101]。大阪府豊中市野畑[102]（134ページ図Ⅱ-31参照）と福岡県久留米市下馬場古墳[103]からも双脚の女子像が出土していて，前者には陰部が線刻されている。両者とも巫女の祭服の表現が見られるが，裳を着用しないのは芸能性が窺われ興味深い。野畑例は第3期に遡る可能性もある。

（4）武　人

　関東地方では挂甲と衝角付冑を着用した双脚の全身像が盛んに製作される。群馬県上芝古墳出土例（図Ⅱ-10-13）は該期の代表例であり，右手を大刀の柄にかけ今にも抜刀しようとする様を造形している。第5期のものと大きく異なる点は，脚部上半の袴の部分が細く，誇張が見られないことと，台

部が円筒形で，天井部がドーム状となっているため，靴先が地なりに下がることである。同様のスタイルの武人像は，神奈川県厚木市登山古墳[104]，栃木県佐野市中山古墳，福島県神谷作101号墳などに見られる。また，茨城県から栃木県東部にかけた地域には，下半身と上半身を別々に製作し，はめこみ式とするものが分布しており，工人集団の交流が窺われる。その一例である茨城県新治郡玉里村舟塚古墳出土品（図II-10-12）は，挂甲を付け蒙古鉢状の冑をかぶり，槍を構えている[105]。一方，千葉県の九十九里浜沿岸地域には，小川台5号墳出土例のように双脚を円筒状に製作し，台部を伴わないもの[106]や，殿部田古墳例のように台部を伴うものの，足の部分が表現されていないものがある。素朴な製作であることからも，独自の工人集団の活躍があったものと見られる。

こうした重装の武人とは別に，甲冑を付けない武人も製作されている。舟塚古墳からは背中に靫を背負う武人が出土している。埼玉県比企郡嵐山町の古里古墳群出土の靫を背負い弓を携える武人[107]もこの時期の製作であろう。近畿地方では奈良県天理市荒巻古墳から，盾と共に弓を担ぐ男子半身像が出土している。これについては楽器となる可能性があり，鳴弦と関係があるかもしれない。

なお，第3期から4期の過渡期となる大坂府高槻市今城塚古墳出土品は，挂甲を着用した抜刀スタイルの全身像としては最初期のものである。関東地方の工人が製作に関与した可能性がある。

(5) 弾 琴

関東地方には歌舞する群像の多いことは先に述べたとおりで，弾琴像も多数製作されている。該期のものは第3期のものと異なり，足が表現されている。埼玉県瓦塚古墳出土例は胡座像で，膝の上に小さな板状の4弦琴を載せ，バチを持った右手で弾奏している[108]。千葉県殿部田古墳出土例も同様の表現がなされている。群馬県前橋市朝倉出土と伝える相川考古館蔵品は，椅座像で，琴が大きく作られ，弦を粘土紐で表現するなど古い特徴を備えている。頭に双脚輪状文形の帽子をかぶり，大きな美豆良を下げ，大刀を帯びるなど弾奏者の身分の高いことが窺われる[109]。距離的には離れるが，神奈川県横須賀市蓼原古墳出土品（図II-10-14）には肩に達する大きな美豆良や衣服の彩色などに朝倉例の影響が看取される[110]。

(6) 鷹 匠

　関東地方では，全体の知られる良好な資料がない。近畿地方では，奈良県天理市星塚2号墳より本体から離脱した鷹が出土している。

(7) 馬 子

　群馬県塚廻り4号墳から，馬形埴輪に伴って左手を挙げる男子半身像が出土している。長い美豆良を結い烏帽子をかぶっているが，鎌は所持していない。同県富岡市富岡5号墳例では腰に鎌が表現されている。馬子という呼称は身分的，職能的に限定された意味で用いず，慣用的に馬廻り役くらいの意味で用いたい。ところで，馬子と踊る姿態の人物像は，やや見分けが困難である。このため，すべてが馬子であるという意見や，逆に踊る人物像が馬子として転用されているというような見解も聞かれる。やはり，両者は別個の目的で製作されたものであり，馬子は腕を伸ばしきりに挙げているが，踊る人物の場合，左右の手が連動してしなやかな動きが示されている場合が多い。馬に伴うのか，弾琴に伴うのかといった原位置の確認が重要である。

(8) 跪座像

　跪座像は関東地方では群馬県のほか，茨城県から福島県にかけて連続的な分布が知られている。それぞれ両手を付き身を挺して誄を奏上する様を示したものであろう。群馬県塚廻り4号墳出土品は長い美豆良を結った裸髪の人物で，手に籠手を差している点が注意される。福島県神谷作101号墳出土例も裸髪の人物である。被り物を付けた例として，茨城県鉾田町不二内古墳（図Ⅱ-11-3）では丸帽，福島県いわき市牛転1号墳では笄帽，茨城県岩瀬町出土品では鹿角と耳の付く帽子をかぶったものが知られている [111]。

(9) 騎馬人物像

　馬形埴輪に人物が騎乗する埴輪が知られている。関東地方では，群馬県太田市高林出土品が該期のものと推定される [112]。鞍のない裸馬に坊主頭の少年とも思える人物が乗っている。このほか現品は存在しないが，埼玉県大里郡大里村の甲塚古墳と茨城県玉里村舟塚古墳からも，かつて騎馬人物像が出土したといわれる。関東地方以外では，石川県矢田野エジリ古墳から胴が太

く首の短い馬に鞍を付け，手綱を執る姿勢の男子が乗る騎馬像が出土している[113]。また，福岡県立山山8号墳からも下げ美豆良の人物が壺鐙の付く馬に乗る騎馬像が出土している。

(10) 盛装男子の全身立像

　関東地方では武人の他に，衣服の表現が丁寧で，大刀を帯びる双脚の全身像が多数製作されている。関東以外でも，島根県常楽寺古墳から下げ美豆良を結い，鍔付き帽をかぶる全身像が出土している。文人というような性格的な規定は困難なので，盛装の男子とした。

6. 終焉期の人物埴輪（第5期）

　関東地方では，人物埴輪の供給対象古墳が増加し，盛んに各種の人物が製作される中で，突然製作が停止される。その時期は6世紀末ころであり，一斉に終焉を迎える。堂々とした全身像が製作されるなど，技術的には高揚した時期であり，退化的な消滅ではない。農夫像が最後の一員として加わる。

　他地方では，該期の資料は稀だが，近畿地方，北九州地方，山陰地方に少数の例がある。川西編年Ｖ期でも新しい特徴を備えた円筒埴輪を伴い，TK43ないしTK209型式の須恵器を出土するので，6世紀後葉に比定されよう。

(1) 巫　女

　関東地方では，女子像での祭服の表現が衰退し，積極的に巫女と規定できるものが極めて少ない。一般的な女子半身像では衣服の表現を一切省略し，乳房の高まりを粘土塊で示すものが多い。埼玉県生出塚埴輪窯跡出土品（図II-12-1）は腰に鈴鏡を表現する貴重な例[114]であるが，本来円盤の外側に付けるべき円形浮文を内側に付けているのは，既に鈴鏡の使用がすたれたことを反映するものであろう。また，千葉県山武郡芝山町山田宝馬127号墳の1例は襟が胸で交差する表現に混乱が窺える[115]。しかし，同古墳からは甑を捧げる腕や笏のようなものを捧げる腕が出土しているから，行為によって，巫女を示す場合もあったと考えられよう。

　ところで，一定規模以上の前方後円墳からは衣服の表現の丁寧な作品が出土することが多い。こうした中でも一際大きな作品は中心的な人物と見てよ

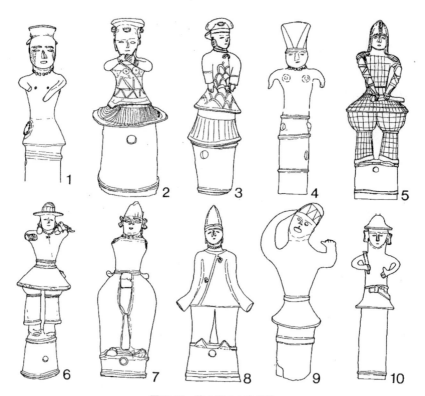

図 II-12　第 5 期の人物埴輪

（1・5: 生出塚埴輪窯跡／ 2: 綿貫観音山古墳／ 3: 権現塚古墳／ 4: 城山 1 号墳／ 6: オク
マン山古墳／ 7: 酒巻 14 号墳／ 8: 山倉 1 号墳／ 9: 伝群馬県／ 10: 東別府）

いだろう。千葉県山武郡横芝町姫塚古墳出土の女子は島田髷を結い 2 連の首
飾りをする堂々たる女子像であり，衣服の襟合わせ及び胸紐を忠実に表現す
るが，襷や意須比は示されていない [116]。

　群馬県伊勢崎市権現山古墳出土の女子（図II-12-3）は，希少な全身立像で，
製作も丁寧である。頭部には該期では稀な中空式の大きな髷が示され，青海
波文のある筒袖の上着と足の隠れる長い裳を着用している [117]。高松塚古墳
の壁画美女に通じる出で立ちである [118]。同様に，同県高崎市綿貫観音山古
墳の正座する女子像（図II-12-2）も縦縞模様の長い裳を着用している [119]。

この女子像はおそらく笏を持つ姿を示したものであり，その行為自体は巫女と異ならない。

ところで，中心人物と見られるこの男女2体のわきには，三人童女と通称されている，3体の稚児巫女を一体的に製作した

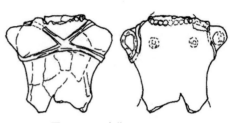

図 II-13 巫女像（烏土塚古墳）

像が置かれていた。衣服こそは左衽の上着と裳を着用していて，祭服の表現は認められないが，背中に2面の鏡を負い，衣服に取り付けられている弦を，肘を張ることによって緊張させ，指先で弾くという特殊な行為が示されている。これは鳴弦を示すものであって，背中の鏡と合わせて，道教的な辟邪の儀礼を表現しているものと見てよいだろう。これらの例から知られるように，該期には葬送儀礼の担い手であっても，祭服を着用しない場合が一般的になった可能性が考えられる。

近畿地方では，奈良県平群町烏土塚古墳出土品（図II-13）が，数少ない該期の資料である [120]。頭部は失われているが，体部に衣服の表現はなく，襷を掛けるのみである。胸に粘土塊を張付けて乳房の高まりを表現することは近畿地方ではこれまでになかったことであり，衣服表現の省略と合わせ考えると，関東地方の工人が招聘されて製作した可能性がある。

鳥取県西伯郡淀江町の福岡岩屋古墳出土品も，希少な該期の資料である [121]。十乂字に襷を掛けた巫女像で，出雲地方の影響を受けた在地的な作品である。

(2) 武 人

関東地方では，挂甲と衝角付冑を着用し，抜刀の姿勢を示す大型の立像が盛んに製作された。とくに，群馬県にすぐれた作品が多く，特定の工人集団からの供給と推定されている。重要文化財の伊勢崎市長柄神社出土品，国宝の太田市飯塚町出土品などが代表例で，甲冑の表現も写実的である。埼玉県では，鴻巣市生出塚埴輪窯跡から同じスタイルをとるもの（重要文化財）が出土している（図II-12-5・口絵I-1）。これらは，共通して，草摺の裾を大きく開き，褌の足結から上の部分を膨らませる誇張的な表現が認められる。台

部はこれに対応して，楕円筒の大型のものとなり，靴先は水平に示されている。これらの点は，第4期のものとの際立った相違点である。

　いっぽう，軽装の武人は半身像として製作されている。群馬県綿貫観音山古墳からは，挂甲を着けた全身像と共に，靱を背負い弓を持つ半身像が出土しているので，身分差が反映されているものと考えられる。関東地方以外では，鳥取県福岡岩屋古墳から腰に鞆と大刀をさげた胴部破片が，福岡県甘木市鬼の枕古墳から胡録と弓の破片，中実の腕が出土している[122]。

(3) 弾 琴

　該期の作品は多くないが，千葉県姫塚古墳から，膝に線刻表現の4弦琴を載せたものが出土している。

(4) 力 士

　これまた該期の資料は少ないが，埼玉県行田市酒巻14号墳から片手を挙げるスタイルのものが出土している（図II-12-7）。他の多くの資料と異なるのは，ズボンの上にまわしを締めていることと，靴をはいている点である[123]。

(5) 盛装の男子立像

　関東地方では，上着と褌を着け，帽子や冠をかぶった堂々たる全身像が多数製作されている。いくつかの例を挙げると，栃木県壬生町安塚出土品は，鍔付き帽子をかぶり，腰に頭椎大刀を佩き，籠手をさしている。埼玉県児玉郡美里町十条出土品は復元高155.5cmの大型品である。この人物は左衽の筒袖の上着を着，頭に丸い帽子をかぶっているが，やはり籠手を着けている。千葉県では，姫塚古墳から山高帽をかぶり，大きな下げ美豆良を結い，豊かな顎鬚を蓄えた全身像が多数出土している。茨城県にも天冠をかぶり顎鬚を蓄えた物が分布しているが，他地方にはほとんど例がないので，顎鬚は常総地方の一大特色といってよいだろう。

　ところで，埼玉県の生出塚埴輪窯跡と千葉県の市原市山倉1号墳からは極めて類似性の高い盛装の男子像が出土していることが知られている（図II-14）。それは振り分け髪の全身像と頭巾帽をかぶる全身像であり，その類似点は，被りものや髪型だけでなく，籠手をさした両手を腰にあてがうポーズ，台部の形状，扁平でタレ目の容貌にまで及んでいる。近年，報告書刊行を機

に胎土分析が行われ，埼玉県生出塚埴輪窯からの遠隔輸送であることが確定した[124]。また，在地性の強かった九十九里浜沿岸の人物埴輪の作風が大きく変わり，技術的にも飛躍があったのは，この時期に武蔵か上野の工人が埴輪製作に深く関与した結果とも考えられる。

さて，盛装の男子像中で目を引くのは，渡来系の人物を示したと考えられる例のあることである。山倉1号墳からは折風冠をかぶり，手の隠れる長い筒袖の上着を着，足結を用いずに褌をはく人物が出土している（図II-12-8)。とくに注目されるのは上着の襟の合わせ方が，右衽（右前）である点である。ちなみに，

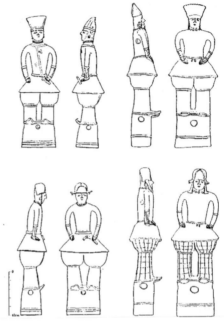

図 II-14　酷似する人物埴輪群
（左側2点は山倉1号墳／右側2点は生出塚埴輪窯跡）

人物埴輪のほとんどは左衽である[*6]。これとよく似た資料に酒巻14号墳例があるが，左衽であり，倭人またはわが国の風俗に馴染んだ渡来人二世の着用と推定できる。

(6) 跪座像

千葉県姫塚古墳から，大きな美豆良を結い，顎鬚を蓄えた人物の跪座像が出土している。該期の希少例である。

(7) 胡座像

群馬県綿貫観音山古墳の裳を着けた女子像に向かいあう男子像（図II-60左端）は，円座に胡座し，山高帽をかぶり両手を合わせている。腰に着けた

(＊6) 第②章で詳述するとおり，左衽は葬送の場及び喪に服する期間の襟合わせで，日常は右衽であったと若松は考えている。

鈴付きの大帯が観音山古墳の主体部に副葬されていたことから，この男子像を被葬者または首長権の継承者と見る意見がある[125]。葬祭の一過程で，酒を司祭者からすすめられる場面であり，杯を受ける前に，拍手を打って場を清める尸（ものまさ）の姿ではなかったかと筆者は考える。

(8) 鷹 匠

　群馬県太田市オクマン山古墳出土例（図Ⅱ-12-6）は，鍔付帽をかぶり，盛装する男子が左手に鷹を留める様子を示している。身分の高い人物であり，首長層の者が鷹狩を行う様子を示している[*7]。袴と台部の形状から該期と見てよい。

(9) 馬 子

　千葉県姫塚古墳から，菅笠をかぶり，左手を高く掲げた男子半身像が馬に伴って出土している。腰帯には鎌を差している。埼玉県酒巻14号墳からも馬に伴って右手を高く掲げる男子半身像が出土している。他の人物埴輪と比べて小さく製作されており，馬の大きさとのバランスが配慮されている。

(10) 農 夫

　関東地方独自の人物埴輪である。特に，群馬県から埼玉県にかけた地域で盛んに製作された。埼玉県熊谷市東別府出土例（図Ⅱ-12-10)は，菅笠をかぶり，労働に適した上げ美豆良を結い，右肩に鍬を担いでいる[126]。腰に小刀をさげ，耳環を付けることから農夫と見ることに疑問を示す意見もあるが，野良仕事の姿ではなく，首長の葬祭に参列した農民の代表者と見ることも可能である。また，鍬を手斧と見て，工人埴輪を提唱する人もある。しかし，東京国立博物館蔵の群馬県高崎市岩鼻出土の鉄製模造品などを参考にすれば，鍬と見て誤りないだろう。群馬県の出土品も被り物などに小異があるだけで，鍬を担ぐ姿態は共通している。

7. 結 語

　人物埴輪の発生の過程には，器材形埴輪に分類される盾の発展形としての盾持人と，甲冑に人面を加えたものがあった。この後に，巫女や男覡などの祭人と軽装の武人が現れ，人物埴輪としての形態の完成が見られた。これら初期の資料は近畿地方と北九州地方に集中しており，人物埴輪発生の候補地

となるが，資料的な厚みとその背景にある生産体制の面から見て，やはり，古市古墳群を造営したいわゆる河内王権の懐で人物埴輪が誕生したと見るのが妥当であろう。北九州地方にはほとんど時間を置かず，人物埴輪の製作が伝播し，粘土と石を用いた埴輪が並び行われたと考えたい。

第2期には，ほとんどの種類が出そろい，全国各地に人物埴輪の製作が波及した。力士(*8)，弾琴，跪座像など製作頻度の低いものも含めた各種の人物埴輪の祖形はすべて近畿地方にある。この段階の資料は，外観だけでなく製作技法の点でも近畿地方と近似するものが各地に認められる。このことは，導入の段階で，近畿地方の工人が派遣されて積極的な製作指導が行われたか，各地の工人が技術習得のために上番したことを示していよう。

ところで，近畿地方の人物埴輪は，巫女の姿態が示すように，定型化が顕著であり，保守性が強い。このため，第2期と第3期の資料の弁別は容易ではない。しかし，頭部の形態や髷・腕などの観察がそれを可能にしよう。北九州を含む西日本でもこうした傾向が強く，端的な例では腕の中空式連続成形の技法が第4期まで残る。付言するならば，関東地方の一部の地域を除けば，中空式から中実式への変化は第4期に現れると見てよいようである。

一方，関東地方では，人物埴輪が一部の首長層だけでなく，共同体内部に広く受け入れられ，大量生産がなされたこともあって，簡略化，省力化の傾向が著しい。このことは巫女の祭服のありかたなどに顕著である。また，製作技法に関しては，腕の中実技法の採用が早い。とくに群馬県と千葉県では第2期の段階で中実腕が出現する。

さて，関東地方はこのような背景のもとで，多数の工人を産みだし，特に大型の全身像などに技倆を発揮した。それは第4期から第5期の段階であり，既に近畿地方では人物埴輪製作は衰退に向かっていた。祭服を省き乳房の高まりを表現した奈良県烏土塚古墳の巫女や，北九州や北陸地方で出土した騎馬像などは，関東地方の工人の影響と思われる。その関東地方では，農夫埴輪が最後の人物埴輪として登場するが，他地方にはまったく見ることができない。

(*7)鷹匠とは中世以降に固定した職掌を連想させる用語であるが，古墳時代においては，古墳の被葬者の近親などによって鷹狩が行われた可能性がありうる。

(*8)執筆当時は力士としていたが，のちに相撲人と称するのが正しいと考えるに至った。第6章参照のこと。

③ 動物埴輪の種類と編年

1. 動物埴輪の種類とその分類

　動物埴輪の種類は豊富に見えるが，実は著しい片寄りを見せている。たとえば，哺乳類は古墳時代に現生していたもののうち，熊，兎，栗鼠，狼については埴輪の存在が明らかでない。また，蛇，蛙，亀などの爬虫類・両生類は製作されておらず，土器のモチーフや土製品に盛んにこれらを用いた縄文文化とは様相を異にしている。鳥類についても，鶏，水鳥，鷹に限定され，決して多様であるとはいえない。その理由は，実際に埴輪として製作された動物の属性からみて，人間にとって有益な動物のみを選択した結果と見てよいだろう。

　まず，馬形埴輪は動物埴輪総体の過半数を占める存在であるが，主に飾り馬として登場することより見て，乗馬用の役畜という特性が最も大きい。牛は馬と異なって，荷鞍や軛のような付属具を示した例はないが，群馬県宮下東遺跡で水田の中から足跡が検出されたことから，耕作に使われていたことは疑いなく，牛骨も相当数出土しているので，思いのほか役畜として普及していたものと推定される[127a]。しかし，牛の埴輪が出現した理由は主に死者への供犠であろう。

　鷹と犬は，狩猟用に訓練された役禽及び役獣である。前者の多くが鷹匠の腕に留まる状態で出土し，後者は必ず獲物と組み合わされて出土している。

　これらに対して，猪と鹿は基本的には野獣であり，狩猟の対象として登場し，犬に追いつめられる様が示される場合がある。この二者は，明治時代以前はわが国の代表的な動物性蛋白源であった。魚の埴輪も死者への供犠という点で，共通性がある[127b]。

　鳥類については，若干複雑である。最も起源が古く，盛んに製作された鶏は，二つの大きな特性を備えている。その一方は，食用の卵と肉であり，他方は長鳴き鳥，朝告げ鳥の名が示すようなすぐれて象徴的な鳴き声である。近畿地方では，雄鶏が一般的であることから，再生のためのシカケとして殯の場に置かれた鶏を表現している可能性がある。しかし，関東地方では雌鳥も多いので，繁殖力の象徴または犠牲として供えられた場合もあったのではない

かと思われる。ところが，白鳥や鴨などの水鳥の場合，事情は異なっている。白鳥については汚れを移す玩物としての性格もあるが，渡り鳥としての飛翔力から，霊を運ぶ役割が想定されており，そこから日本武尊の白鳥伝承が生まれたのではないかと考えられる。

　集約すると，動物埴輪には，役畜として，馬，犬，鷹があり，狩猟の対象としては，猪と鹿，供犠の対象として牛がある。古墳でのあり方から見れば，犬，鷹，猪，鹿は狩猟の様を再現するために配置されている。また，鶏と水鳥は復活及び鎮魂の儀礼に深く関与した象徴的な鳥と見られる。

　なお，馬は被葬者の生前の乗馬を葬祭の場にすべて引き出して権威を示したとの見方がある。しかし，馬の殉殺墓の知見から，供犠の対象であったことがわかってきている。

2. 鶏形埴輪

　鶏を象った土製品が集落内の祭祀に用いられるようになったのは，唐古遺跡出土品から見て弥生時代後期に遡る。集落からの出土例は，関東地方では，群馬県太田市石田川遺跡にあり，古墳時代前期でも早い段階のものと見られる[128]。

　墳墓からの出土例は，京都府与謝郡加悦町（現与謝野町）の蛭子山1号墳[129]（図II-15），同作山1号墳，石川県加賀市吸坂2号墳など日本海側に多い。これらの底部には穴のあく例があり，出土位置付近に，柱穴のある場合が知られているので，竿の上に取り付けられていた可能性が強く，朝鮮半島の鳥竿との類似性が注目される。関東地方では，群馬県高崎市元島名将軍塚古墳から本体の下に長い中空の円筒部の付く土製品出土しており[130]，これに竿を挿入して使用したと見てよいかも知れない。いずれも古墳時代前期を中心とする資料である。一方，土製品でも容器として製作されたものに，福岡県小郡市津古生掛古墳出土例がある[131]。体部は二重口縁の底部穿孔壺となっているが，鶏形の

図II-15　鶏形土製品
（蛭子山1号墳）（文献[129]より）

土器は半島では伽耶地域に知られており，その影響が考えられる。

埴輪として完成されたものは，京都区相楽郡平尾城山古墳に古墳時代前期の確例がある [132] が，この時期の資料は多くない。中期に入ると，近畿地方では鶏形埴輪の製作が盛んとなり，奈良県天理市纏向遺跡，同御所市掖上鑵子塚古墳 [133]，大阪府堺市ニサンザイ古墳 [134] などから実物大か，それを上回る規模の鶏形埴輪が出土している。これらは，止まり木に留まった状態の脚部を立体的に表現する点で共通しており，初期の1群と見てよい。年代的には人物埴輪出現期直前から第 1a 期に対応すると見られよう。

関東地方では，群馬県にこの時期の資料が集中しており，佐波郡赤堀町茶臼山古墳 [135]，藤岡市白石稲荷山古墳陪塚 [136]，太田市天神山古墳など該期の代表的な古墳からの出土が知られている。南関東では，今のところ東京都太田区野毛大塚古墳 [137] と神奈川県川崎市慶源寺古墳出土例が中期の数少ない資料である。

他の地方では，これらに並行する資料として静岡県磐田市堂山古墳 [138]，広島県東広島市三ツ城古墳 [139]，広島県金蔵山古墳 [140]，福岡県筑後市瑞王寺古墳 [141] などの出土例が知られている。これらは大きな鶏冠と肉垂を付け雄鳥であることをはっきり示したものが多い。しかし，三ツ城古墳と第 1b 期の人物埴輪を出土した大阪府大園古墳，同じく福島県天王壇古墳からは，親鳥とともに小型の雛鳥がセットで出土しており，注目される。雛鳥は奈良県新沢 107 号墳，群馬県藤岡市白石古墳群など後の資料にも受け継がれて製作されている。

中期でも年代の下がる資料として，近畿地方とその周辺では，奈良県橿原市四条古墳 [142]，大阪市長原 87 号墳，三重県松阪市常光坊谷 4 号墳例 [143] などが知られる。四条古墳のものは，尾羽を異常に強調した大型品で，一緒に並べられた犬や鹿よりも大きく製作されている。その他の例は脚部の表現が線刻であり，表現の粗雑化が看取される。

関東地方でも，群馬県を除く地域では，後期になってから，鶏形埴輪が盛んに製作されるようになる。その中には，栃木県真岡市鶏塚古墳のように写実的な作品 [144]（図II-16）もあるが，鶏と断定することに躊躇するほど簡略な表現になっているものも少なくない。たとえば，千葉県山武郡芝山町の宝馬 6 号墳の資料は，鶏冠と肉垂の表現を欠き，尾羽の立ち上がる特

徴や全体のフォルムから鶏と判断される状況
である[145]。このほか，千葉県流山市東深井
7号墳，埼玉県東松山市下道添古墳[146]，同
児玉郡神川町十二ケ谷戸15号墳出土例[147]
のように，鶏冠の表現が小さく，雌鳥を表現
したと見られるものが多いのも関東地方の特
徴である。関東地方では，群馬県高崎市綿貫
観音山古墳の鶏形埴輪から，埴輪消滅期の6
世紀末まで製作されつづけたことがわかる。

　近畿地方では，中期の資料に隠れがちだが，
奈良県荒蒔古墳に鶏の伴うことから，やはり，
埴輪消滅時期の直前まで製作されつづけてい
たと見てよいだろう。

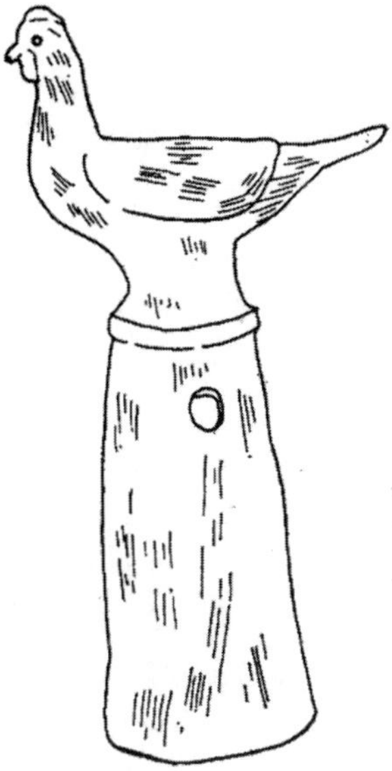

図II-16　鶏形埴輪（鶏塚古墳）

3.　水鳥形埴輪

　個々の種類を表さないで，水鳥形埴輪と広
く学界で総称されている理由は，断定することに対する躊躇のほかに，いく
つかの種が包括されていることによる配慮とがある。ところで，河内の古市
古墳群の造営開始と共に誕生し，古墳時代中期を中心として製作された水鳥
形埴輪の代表者は白鳥であったといってよいだろう。現在のところ最古の資
料は，津堂城山古墳の出土品[148]（図II-17-1）であって，全長，高さとも1m
前後の巨大な製作には驚かされる。これには主翼と尾翼が粘土板で立体的に
表現されているほか，ヒレの付いた脚部が写実的に表現されており，長い首
と，扁平で大きな嘴から見て白鳥を表現したものと断じて誤りないだろう。
このほか，5世紀前葉の野中宮山古墳[149]（図II-17-2），5世紀中葉でも早い
段階の誉田御廟山古墳，同期の奈良市平塚1号墳[150]などから写実的に白鳥
を象った埴輪が出土している。このうち，平塚1号墳の複数の資料中には，
長い首を水面に突っ込んで，魚を捕食する様を表現したと見られるものがあ
り，興味深い。

　関東地方では，初期の資料として，群馬県太田市天神山古墳出土例[151]を
挙げることができ，人物埴輪出現期以前に属する。埼玉県では，鴻巣市の生

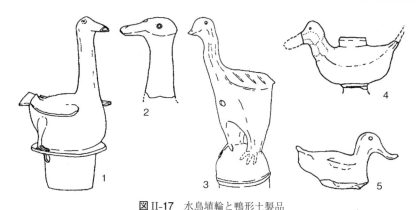

図Ⅱ-17　水鳥埴輪と鴨形土製品
（1: 津堂城山古墳／2: 野中宮山古墳／3: 埼玉古墳群／4: 十二天塚古墳／5: 生出塚埴輪窯跡）

出塚7号墳から，頭部を失っているものの，白鳥を象ったと見られる資料が出土している。これは6世紀のものだが，台部に張出し部を付設し，ヒレの付いた脚部を立体的に示す点に近畿地方の古い時期の製作手法の影響が看取できる。また，埼玉古墳群では代々の首長墓に白鳥の埴輪が立てられていた可能性が強く，最初の稲荷山古墳，5世紀末の二子山古墳，6世紀前半に比定される瓦塚古墳から資料の出土を見ている。このうち，瓦塚古墳のものは，体部の全面が白色に塗彩されており，白鳥であることが一目瞭然である。これには2本の円筒によって脚部が示され，台部の上に立ち上がるという独自の造形法が採用されており[152]，東京国立博物館に寄託されている埼玉古墳群出土品（図Ⅱ-17-3）と共に，関東の埴輪工人の新たな創意が発揮されている。

　白鳥以外では，鴨またはカイツブリなどの小型の水鳥を象ったものがある。近畿地方では，奈良県掖上鑵子塚古墳，滋賀県妙見山C-1号墳など中期の段階の資料が知られている。一方，関東地方では，5世紀中葉の群馬県藤岡市十二天塚古墳から鴨形の注口土器（図Ⅱ-17-4）が出土しており，韓半島洛東江流域の鳥形土器に対比されている[153]。このほか，埼玉県生出塚埴輪窯跡からは鴨を象った全長10cmほどの中実の土製品（図Ⅱ-17-5）が出土しているが，下端に本体からの脱落痕を残す同形品が複数あるので，円筒の口縁部に取り付けて，群れ遊ぶ様を表現したものではないかと思われる。長野県では中期の古墳から人形の土製品に伴って鳥形の土製品を出土する例がある。伝更埴市土口将軍塚古墳出土品と長野市長礼山2号墳出土品は小型の水鳥を象ったものと推定される。

雁鴨類に属さないものでは，茨城県東茨城郡内原町杉崎86号墳[154]（図II-18左）と千葉県成田市竜角寺101号墳から首が長く，頭が小さく，嘴のとがる大型の鳥を象った埴輪が出土している。これらはシンプルな作風ではあるが，報告者のいうように鶴を表現したものと見てよいだろう。両者とも6世紀代の資料である。

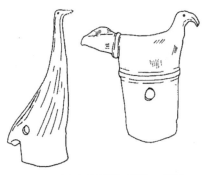

図II-18　左から鶴形埴輪（杉崎86号墳）・鷹形埴輪（原山1号墳）

このほかでは，群馬県保渡田八幡塚古墳から嘴の先端がくの字形に曲がった大型の鳥の出土があり，鵜を象ったものである。魚を咥えていることが確認されている。首に巻かれた緒の表現は東京国立博物館蔵の埼玉県児玉郡神川町出土品にも認められ，やはり鵜形埴輪となる可能性が高い。このように，関東地方では，多種類の水鳥が製作されており，近畿地方とのきわだった差を見せている。

4. 鷹形埴輪

鷹匠の腕に留まった状態の埴輪は，人物埴輪の項で既に紹介したところであり，近畿地方と関東地方での分布が濃厚であった。ここでは，鷹を独立して製作したものを紹介する。福島県原山1号墳（図II-18右）は円筒の上に鳥を表現するもので，鈎形の嘴に鷹もしくは隼の特徴が示されている。尾羽を紐でくくった表現があり，飛び立たないための配慮と推定される。第2期の人物埴輪を伴っており，この段階の鷹匠埴輪は未発見なので，鷹匠埴輪より古い造形法であった可能性がある。

5. 犬形埴輪と猪形埴輪

犬と猪の土製品が対になって古墳の上に置かれることは，それが埴輪として登場するかなり以前から行われていた。このことは，埴輪として表現されていなくても，殯に関連して狩猟が古くから執行されていたことを示すものであろう。最古の例は京都府蛭子山古墳（図II-19）で，4世紀後半代まで遡

図Ⅱ-19　猪と犬の土製品（蛭子山1号墳）

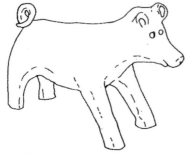

図Ⅱ-20　犬形埴輪（天王壇古墳）

図Ⅱ-21　猪形埴輪（青山4号墳）

る[155]。ともに長さ10cmほどの小型の中実土製品であり，共同体の成員に披露する目的もある埴輪とは異なり，死者に見せるために置かれたものであろう。類例は，中期の京都府綾部市野崎3号墳，香川県大川郡津田町神前八幡山古墳にも認められ，埴輪としての出現後もしばらくの間，並び行われていたものと考えられる。

　埴輪として完成されたものでは，現在のところ最古のものは，大阪府野中宮山古墳から出土した猪で，5世紀前葉まで遡る[156]。これに次ぐのは福島県天王壇古墳の出土品であり，大小2頭の猪と犬（図Ⅱ-20）が組み合わされていた。犬は耳が立ち，尾が巻く日本犬の特徴をよくつかんでいて，四肢を踏ん張って力をため，獲物に襲いかかろうとする様子が的確に表現されている。脚部が実物に即して，細く短いのは初期の作品に特有の写実性と見てよい。この古墳は第1b期の人物埴輪を出土し，ON46型式の須恵器を伴っている。

　近畿地方では，大阪府四条畷市忍ケ丘駅前遺跡出土の犬[157]と同堺市百舌鳥梅町埴輪窯跡出土の犬[158]が中期後半に比定されよう。前者は，頭部が丸みをおび，必ずしも習熟した作品とはいえないが，脚端部に蹄の表現があり，馬形埴輪の製作者の手になるものと推測される。後者は，牙の表現から猪と見る意見があるが，尾の特徴とたてがみのない点から，犬と見

てよいように思う。奈良県四条古墳出土品は，猪とそれより一回り小さい犬が組み合わされていた。このうち，猪は首が長く，たてがみの位置も適切でないことから，馬に似通っており，製作工人の置かれた状況が推察される。体部側面の前後に円形の透孔を穿孔する初期の例である。第2期の人物埴輪と共に出土している [159]。これらに対して，大阪府藤井寺市青山4号墳出土品（図Ⅱ-21）は鼻先の特徴的な形やいわゆる猪目，背中のたてがみ（鬣毛），太い体部と首の接続などあらゆる面で猪を正確に活写している。また，脚部に注目すると，先端が二又に割れ，後側に蹴爪をもつ偶蹄類の蹄が写実的に表現されている [160]。このことから，製作者は技倆が高いのみではなく，実物を十分に観察できる環境にあったものと思われる。

　これらに後続する資料として，6世紀前葉の大阪府高槻市昼神車塚古墳出土品 [161] と同守口市梶2号墳出土品 [162] がある。前者は3頭以上の犬と2頭以上の猪からなり，角笛を吹く勢子と推定される人物埴輪と共に，大がかりな巻狩の様子が再現されていた。猪と犬は共に製作に習熟の感があるが，体部に比して，脚部が太くて長いのは新しい特徴といえるであろう。これらの脚端部は裾広がりになっていて，蹄を表現すると共に，安定を保つための配慮がなされたものと見られる。犬には首輪が付けられ，歯が線刻，牙が粘土張付けによって示されている。梶2号墳例も犬と猪が対で確認されており，脚部が長すぎる点や側面に円形透孔を穿っている点で共通している。注目されるのは犬の4本の脚部の後側下端部がヘラによって三角形に切り取られていることである。これも蹄の簡略な表現と見られようが，関東地方や東海地方では馬形埴輪に従前からこのような手法が多く認められていた。本例がそのモデルの一つであったとすれば，大変興味深い。

　近畿地方で，最も新しい資料として，奈良県天理市荒蒔古墳の猪と犬のセットが挙げられる。これらも表現は的確で，退化的なところは脚部を別とすれば認められないので，伝統的な埴輪工人によって，その技倆が十分に伝修されたものと考えられよう。体部側面に円形の透孔を穿つことも約束事のように守られている [163]。

　一方，関東地方では，群馬県保渡田Ⅶ遺跡からは，体に矢が刺さり血を流す猪（図Ⅱ-22）と，腰に獲物の猪を付け，弓を引き絞る狩人（図Ⅱ-9-6・7），そして2頭の犬がセットで検出されている。極めて具体的な巻狩の様を示し

図Ⅱ-22 矢の刺さった猪形埴輪（保渡田Ⅶ遺跡）

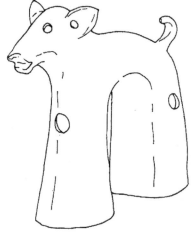

図Ⅱ-23 前後各一脚の犬形埴輪（殿塚古墳）

ており，貴重な資料である[164]。腰に猪を付けた狩人の埴輪は保渡田古墳群では，二子山古墳と八幡山古墳からも出土しているので，一定の埴輪祭式が踏襲された好例と見てよいであろう。Ⅶ遺跡例は5世紀末に比定されるが，既に蹄の表現が認められない。

後続する資料として，群馬県佐波郡境町剛志天神山古墳の猪と犬がある。ともに簡略ながらも特徴をつかんだ製作である。口先を閉塞しない点に新しい要素が認められるが，それを利して，犬が舌を出す表現に転換する点は，関東の工人の機智と評価してよいであろう[165]。猪の脚部には，先に梶2号墳で見たヘラ切りの蹄の表現が認められる。

関東地方では埼玉県の稲荷山古墳から第2期の人物埴輪と共に最古の猪が出土している[166]ほか，千葉県市原市御蓙目浅間神社古墳からは第3期の人物埴輪と共にたてがみを備え，猪の特徴をよくつかんだ作品が出土している[167]。これらは基本的には近畿地方のものとの差はほとんどない。しかし，千葉県の九十九里浜沿岸地方とこれに近い茨城県の一部にまたがる地域では，人物埴輪第4期並行期に近畿地方のものとは全く異なる独自の造形法を産みだした。それは動物埴輪の脚部を前後2本の楕円筒を用いて造形するもので，千葉県殿塚古墳には犬[168]（図Ⅱ-23），同竜角寺101号墳には2頭の犬と各1頭の猪，鹿がある[169]。製作を容易にするための苦肉の策と思われるが，動物埴輪の配置が側面を外側に向けることを逆手にとった省力化として評価することも

可能である。6世紀中葉に成立し，埴輪終焉までこの地域で存続した製作手法である。

　他の地方からは，中国地方では岡山県赤磐郡熊山町円光寺 [170] と鳥取県淀江町の福岡岩屋古墳から犬が [171]，北九州地方では佐賀県鳥栖市岡寺古墳 [172] と福岡県八女市立山山8号墳 [173] から猪が出土している。円光寺からは石見型の盾が一緒に出土しているので，近畿地方の工人の影響があったと見られ注目される。福岡岩屋古墳は山陰では最後の時期の人物埴輪（第5期）とTK43型式の須恵器が出土している。岡寺古墳の猪は偶蹄類の特徴を示す大きな蹄の表現があり，古い特徴を残しているが，人物埴輪は第3期に属するものである。

6. 鹿形埴輪

　鹿は，猪より遅れて埴輪の製作が開始された可能性がある。現在のところ第2期の人物埴輪と共に出土した奈良県四条古墳の資料が最も古い [174]。いわゆる「見返りの鹿」であり，犬や狩人の気配を警戒する様が活写されている。このスタイルは以後，関東や山陰地方でも模倣され，一つの様式として重要な位置を占めた。脚部は徐々に細くなった後に，端部で大きく開いて安定感のある蹄に移行している。胴の側面に円形の透孔が穿孔されているのは近畿と共通要素である。

　近畿地方で，これに続く資料として，大阪府東大阪市大賀世2号墳の出土品があり，第3期の人物埴輪を伴っている [175]。四条のものと同じく牝鹿で，頭部は正面を向いている。大きな蹄を示す点や体部側面に透孔を持つ点は共通点である。鼻先が大きく，やや角ばった印象を与える。

　鹿の頭部の形態を最も写実的に表現しているのは奈良県石見遺跡の牝鹿（図II-24-1）であろう [176]。鹿特有の大きな目のまわりの隆起や，細くとがり，先端の丸い鼻先など実に鋭い観察がそのまま生き生きと捉えられている。第3期の人物埴輪を伴っており，6世紀前葉に比定されるので，動物埴輪の製作については必ずしも初期の作品がすぐれているとはいえない。このことは，初めて製作する種類については一定期間の習熟期間を要したということかも知れない。

　ところで，近畿地方から遠く離れた島根県松江市の平所埴輪窯跡からは，

実に熟練の手になる「見返りの鹿」が出土している [177] (図II-24-2)。石見の牡鹿の頭部表現と優劣を競うものであり，類似度も高い。おそらく，平所には四条や石見の埴輪を製作した経験のある大和の工人（土師部）が派遣されて製作指導に当たったのではないか。この推測は，平所から出土した馬や人物埴輪の畿内色の強さと6世紀前葉という年代観からも補強されるものと考えている。

　関東地方に眼を転じても，やはり，「見返りの鹿」に巡り合える。千葉県御座目浅間神社古墳の牝鹿は首のひねりは小さいものの，左側に小首を向けまわりの気配に気を配る様が如実に示されている [178]。第3期の人物埴輪を伴うが，長さ36.9cmと小さい製作であることが注意される。

　茨城県八郷町西町古墳出土の鹿は子鹿を表現したものであり，体部には斑点状の彩色が施されている [179] (*9)。これらに対して，千葉県権竜角寺101号墳出土の鹿（図II-24-3）は角を備えており，牡鹿を表現したものである [180]。小首を左側に向ける点は御座目浅間神社古墳例と共通しているが，脚部を前後各1本の楕円筒で造形するのは，この地域独自の手法である。これと同一の技法を示すものに，千葉県匝瑳郡光町小川台5号墳 [181]，茨城県筑波郡谷田部町大字下横場字塚原出土品 [182] がある。前者は角の状態から3歳鹿と見

図II-24　鹿形埴輪（1: 石見遺跡／2: 平所埴輪窯跡／3: 竜角寺101号墳）

られているが，稚拙な作風である。後者は，背中に射込まれた矢の表現のあり，鹿が猪と共に狩猟の対象として埴輪祭式に登場していることを具体的に示す例といえる。

7. 魚形埴輪

南関東地方には，全国に例のない魚の埴輪が数例ある。その1例は千葉県流山市東深井7号墳出土品（図II-25）で，円筒形の台部の上に全長18.2cmの魚が表現されている。体部の形状や大きい口，尾びれの特徴から鮭を表しているとの意見がある。古墳の立地から見て，利根川を遡上する秋鮭を象ったものとすれば興味深い。類例はこのほかに，千葉県山武郡芝山町白桝遺跡出土品，伝茨城県真壁郡上野出土品，伝埼玉県舟塚古墳群出土品などがある。魚種の候補は多様であるが，いずれも6世紀に属するものである [183]。

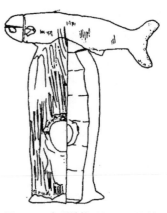

図 II-25　魚形埴輪（東深井7号墳）

8. 牛形埴輪

非常に希少な製作で，可能性のあるものも含めて全国に4例が知られるのみである。全体がわかる資料は，奈良県磯城郡田原本町の羽子田遺跡出土品（図II-26）が唯一である [184]。角は欠け落ちているが，頭部の形状のほか，のど肉がたるむ様や背中がとがる点に牛の特徴が十分示されている。

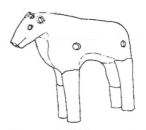

図 II-26　牛形埴輪（羽子田遺跡）

（＊9）茨城県では霞ケ浦町の富士見塚古墳（出島村遺跡調査会『富士見塚古墳群』1992）から雌雄の鹿形埴輪が出土しているので，補足しておきたい。頭部を扁平に製作する点に初期の馬型埴輪との共通性がある。文献[179]では三昧塚古墳に先行するとの見解を示している。

　大阪府守口市梶2号墳では頭部から体部にかけた部分が出土している。やはり角は欠けているが，丸く大きな目や鼻先の形状からみて牛の可能性は高い[185]。

　関東地方では千葉県印旛郡印西町小林1号墳[186]と同山武郡横芝町殿塚古墳[187]からその出土が報じられている。前者については遺存状態が良好でないが，梶2号墳のものに似ている。後者は短い角を備えている。製作年代は第5期の人物埴輪を伴い，6世紀後葉に比定される。

9. 猿形埴輪

　わが国唯一の資料が茨城県行方郡玉造町大日山古墳から出土している[188]。鼻下が長く，額のない面体と身を前かがみにして横の方を見遣る姿態は正に猿の特徴を遺憾なく再現したものであり，感心させられてしまう。発掘資料でないために，他の動物埴輪や人物埴輪との関係が不明なので，なぜ猿の埴輪が立てられたのかを知る術はないが，猿は古くから厩に飼われ，馬の守り神とされていた証左があるので，馬と共伴するようなら興味深い。

10. 馬形埴輪

　馬形埴輪は，わが国に，乗馬の風習が伝来し，古墳に馬具が副葬されるようになるとただちに製作されるようになったと見られる。現在のところ最古の例は，誉田御廟山古墳（応神陵古墳）の後円部側の二重濠の外側から出土した資料で，誉田八幡宮の所蔵となっている[189]。これは頭部の前半部であるが，口の側面に小型のS字形の鏡板が付いている（図Ⅱ-27-1）。幅の狭い鑣轡を表現したものであり，鏡板を伴う馬形埴輪の中では古く位置づけることが可能である。年代的には，円筒埴輪がすべて窖窯焼成で，ヨコハケ調整が古い特徴を持っているので，5世紀中葉でも前半に比定されよう。このような小型のS字形鏡板をしめす馬形埴輪は，関東地方では埼玉県児玉郡美里町生野山9号墳から出土している[190]。ここからは関東地方では最古級の人物埴輪が出土しており，5世紀後葉の早い段階に比定できよう。実物のS字形鏡板は例が少ないが，東京国立博物館蔵の群馬県藤岡市白石二子山古墳出土品が参考になる。

　さて，馬形埴輪の編年には，このように馬具を指標とする方法があるが，

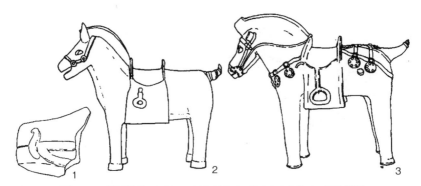

図 II-27 馬形埴輪（1: 誉田八幡山古墳／ 2: 陵南赤山古墳／ 3: 石見遺跡）

この方法のみでは全体の変化を見落とす場合が多くなる。近年，馬形埴輪の製作技法からのアプローチによって，編年や地域性に迫る研究が盛んになっている [191・192]。その視点は，馬形埴輪を構成するすべての部位にわたっているが，筆者が注目するのは脚部である。近畿地方では，初期の脚部は，実際の馬を写実的に表現した細いもので，蹄と腱が忠実に表現されている。断面形も前後に長く脛がとがっている（A類）。実例は奈良県北葛城郡新庄町の屋敷山古墳と同県奈良市平塚 1 号墳にある [193]。両者とも人物埴輪を伴っていない可能性が高く，円筒埴輪の特徴などから 5 世紀中葉でも前半に比定されよう。

　これに次ぐ段階の資料として，大阪府堺市陵南赤山古墳出土例（図 II-27-2）がある [194]。脚部は細い円筒形で，A類に比べると直線的であるが，段を伴って蹄が明瞭に表現されている（B類）。この資料は該期の全体の知られる希少な資料だが，プロポーション的に胴長短足であるのは，実際の馬を誇張なく表現しているためであろう。年代的には川西 IV 期の円筒埴輪を伴い，5 世紀中葉の後半期に比定されよう。大阪府高石市大園古墳の出土品も脚部の特徴が共通しており，年代的に近接する資料である [195]。これには剣菱形杏葉が示されている。大阪府四条畷市南山下遺跡出土品も，胴長短足の典型で，脚部の特徴も共通している [196]。

　奈良県四条古墳出土品は，馬装の表現が緻密であるばかりでなく，大きさの点でも，初期の例より二回りほど大きく，完成された馬形埴輪という印象が強い [197]。注目されるのは，脚部に太い円筒が用いられていることで，長

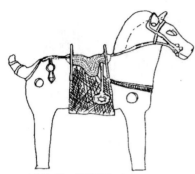

図Ⅱ-28　馬形埴輪（平所埴輪窯）

図Ⅱ-29　馬形土製品（天王壇古墳）

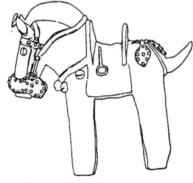

図Ⅱ-30　馬形埴輪（塚廻り4号墳）

さにも誇張が認められる。下端部はいくぶん広がるが蹄の表現はあいまいになっている（C類）。体部側面の脚部付けね付近には，今まで認められなかった円形透孔が穿たれている。年代的には，第2期の人物埴輪を伴い，5世紀後葉に比定される。

　これに後続する代表的な資料として，奈良県磯城郡三宅町石見遺跡出土の馬形埴輪[198]（図Ⅱ-27-3）を挙げることができる。プロポーションは四条古墳のものに近似し，脚部の形態も類似している。島根県平所埴輪窯跡出土品（図Ⅱ-28）は全体の特徴が石見例に酷似しており，体部側面に円形透孔を穿つ点も共通している[199]。奈良県荒蒔古墳からは飾馬と鞍を置かない裸馬が一緒に出土している[200]。脚部に注目すると，3体のうち1体にはわずかに蹄の表現が認められるが，2体には全く蹄の表現がない（D類）。また，2体の脚部には補強用の突帯が巡っており，写実表現からは大きく外れている。第4期の人物埴輪を伴い，6世紀中葉の前半期に比定されよう。

　ここで，近畿より西の資料に眼を向けてみることにしよう。まず，初期のものとしては，広島県東広島市三ツ城古墳からは鞍，雲珠などの破片が出土している[201]。川西Ⅳ期の円筒埴輪と陶質土器を伴出しており，5世紀中葉でも古い時期に比定されよう。また，北九州地方では，福岡県久留米市

木塚古墳[202]と同県筑後市瑞王寺古墳[203]から蹄の表現の明確な馬形埴輪が出土している。両者は5世紀中葉の資料であり，近畿地方での出現期と時間差はほとんどないものと思われる。これらに次ぐ資料として，北九州地方では，5世紀後葉の塚堂古墳[204]，6世紀前葉の岡寺古墳[205]などからの出土品が知られるが，馬装の表現は丁寧で，後者には蹄の表現が認められる。蹄の表現は，宮崎県下北方古墳群[206]，熊本県菊水町清原古墳群[207]など南端の古墳にも認められ，西国での必須要件であったともみられる。

東国に眼を転じると，東北地方では，福島県天王壇古墳から，小型で中実の土製品（図II-29）が出土している[208]。第1b期の人物埴輪を伴い，馬と共に東国最古の資料である。このような土製品は近畿地方でも京都府野崎3号墳に例がある[209]が，初期の段階にあっては，大型の馬形埴輪の製作が困難なため。代用品として用いられた可能性が考えられる。

馬形埴輪として初期のものに，千葉県木更津市畑沢埴輪窯跡から鞍部を中心とした極めて写実的な破片資料が出土している[210]。埼玉県稲荷山古墳からは断片的な資料しか出土していない[211]が，たてがみがT字縁であることは，四条古墳や陵南赤山古墳などと共通しており，近畿地方の工人の影響が推定される。群馬県古海松塚11号墳出土品[212]は頭部が扁平で両目が上についていて，脚が短い製作で，工人が不習熟な初期の作品であることが窺われる。群馬県保渡田VII遺跡出土品[213]は馬装の表現は比較的丁寧なものの，脚部は単純な円筒形で蹄が表現されておらず，近畿地方より早く省略が起こった可能性がある。

6世紀の資料では，群馬県上芝古墳と同県塚廻り4号墳[214]（図II-30）の出土品が全体の知られる良好な資料である。馬装の表現は共に丁寧で，大型のf字形鏡板を装着する様が表現されている。鼻先を閉塞していないのは省略技法で，新しい特徴である。脚部は下端部の後側が三角形にヘラ切りされており（E類），蹄を表現したものと見られよう。従来関東地方固有の技法と見られていたが，大阪府梶2号墳[215]や愛知県西尾市西山古墳などに類例があり，畿内系の技法と考えられる。

関東地方の馬形埴輪は，埴輪出土古墳の約半数から出土しており，莫大な数に上っている。大量生産の必要上から，近畿地方のものと比較すると，簡略的な表現が目立つ。しかし，埴輪終焉期にあっても，千葉県姫塚古墳の馬

形埴輪 [216] が高さ 133cm を計る堂々たるもので，強いハケメでたてがみの状態を示したり，鞍や壺鐙などの表現も忠実であったりすることは，大型の首長墓の場合，特別仕立ての埴輪が念入りに製作される場合のあったことを示していよう。埼玉県行田市酒巻 1 号墳出土品 [217] と共に，わが国最大の馬形埴輪といえるが，これらは，脚部が異常に長く製作されている点で近畿地方のものと大きく異なっている。古墳上への設置の際，一部を埋め立てたものと推測される。

　関東地方の馬形埴輪を総括すると，立体的な蹄の表現が見られないことや，体部側面に円形透孔を穿つ例はほとんど存在しないことなど，近畿地方以西のものと異なっている。このことは，近畿地方からの影響を受けた初期の段階では，それを模倣することがあったろうけども，早い段階にそれらを捨象し，大量生産体制に適合した独自性を発揮していったものと評価できよう。透孔については，動物埴輪の正面観が，側面にあるのだから，胸と尻にこれを穿孔したことは，関東の工人の合理的な選択であったと思われる。

　なお，馬形埴輪には，飾り馬，裸馬，騎馬（人物埴輪として前記した）の三態がある。

11. 結語

　動物埴輪の基本的な構成要素の原形はすべて近畿地方にあり，人物埴輪と同様に，古市古墳群に発生地が求められるのは，河内王権の主導によって埴輪祭式が整備されていったことを示すものだろう。それと共通するものが，九州から東北地方に分布しているのは，単に埴輪の風習が伝播したのではなく，背景に共通する葬送儀礼が存在していたためであろう。具体的には，モガリの場における復活鎮魂儀礼と密接に関係して，狩猟と川猟が執行され，その獲物が犠牲として神に供献され，鶏と白鳥による蘇生のための呪術が一体的に行われたと考えてみたい。

④ 人物埴輪の衣服の特殊表現から解釈を試みる
― 左衽と右衽：巫女と武人の襟合わせの違いから ―

1. はじめに

　古墳時代の衣生活を知る上で，もっとも手掛かりとなるのは，古墳に置かれた男女の人物埴輪像である。このほかに古墳壁画の人物像もあるが，高松塚古墳以前においては，衣服の表現はアウトラインの描写に留まるものが多い。いっぽう，実物資料のほとんどは腐朽して，部分的に布地やその附属装飾品が残存する程度である。このため，本稿では，人物埴輪の服飾表現を取扱うことになる。ここではとくに巫女と武人の襟合わせを中心に検討するとともに，左衽の意味についても考えてみたい。

2. 巫女

　近畿地方の巫女埴輪は，筒袖の上衣に重ねて，袈裟状の布を右肩から左脇にかけて纏い，さらに襷がけをし，平帯を緩やかに締め，その緒を前方に垂らすものが一般的である。これを記紀に登場する巫女の姿と見て，袈裟状の衣を意須比とする意見が後藤守一以来，主流となっていた [218] が，現在の服飾史研究者には意須比説を疑問視する意見がある。その代表者である増田美子は『延喜式』に記載された太神宮装束意須比の用尺 (*10) が二丈五尺 (7.5m)と長大にすぎることを主な論拠としている [219]。

　しかし，実際の意須比が一重であったとは言い切れない。写実的な表現がなされた大阪府豊中市野畑出土埴輪の袈裟状布 [220] (図II-31) をみると，布地の中心に刻み目が一直線に並んでいて，2枚の布地を矧ぎ合わせたことを示している。当時の布幅は狭いものであったろうが，かりに50cm幅前後の狭布 (*11) が生産されていたとすれば，この表現は，2枚の布地を袋縫いに仕立てて，縫い目を中心にして押しをかけ，折り重ねた表現のように思える。

(*10)『延喜式』巻四　神祇四　伊勢太神宮　太神宮装束条原文抜粋「帛意須比八條。長二丈五尺。廣二幅。」同度會宮装束条原文抜粋「帛絹忍比四條。長二丈五寸。」
(*11)律令時代に陸奥・出羽・越後で生産された幅の狭い布で，天平尺の一尺八寸（約53cm）。庸・調として都へ運ばれることはなく，浮囚と呼ばれた蝦夷の用に供された。

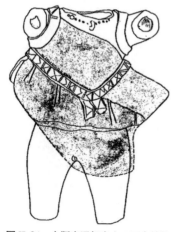

図Ⅱ-31　大阪府野畑出土の巫女埴輪

こうすれば，端部が綻ぶことを防止でき，同時に強度を高めることができる。端部と折り返し部が左右に突出する埴輪表現は布地が固いことを示しているので，芯の強い麻布を二重に仕立てたものであった可能性が高い。

　ところが，皇太神宮式年遷宮のおりに新調された意須比は，麻ではなく薄い絹である帛を素材としているので，さらに強度の問題が問われることになる。もちろん一重で用いたのでは，身にまとわりついて意須比の体裁を成さなかったと考えられる(*12)。麻布には及ぶべくもないが，一定の強度を保つためには，折り重ねて縫製する必要があったであろう。かりに，2回折り重ねた場合を想定すると，仕上がり寸法は6尺余りで，実用の大きさとなる。意須比の形状については，数詞に條を用いているので，細長いものであって袖などは付かないと考えてよい(*13)。

　いっぽう，延喜式巻二の神祇二　四時祭下　鎮魂祭　官人以下装束料条には，巫女の祭服として帛の帔が記載されており，御巫・御門巫・生嶋巫は用尺が各2丈，座摩巫女は1丈と，巫女によって差が設けてある。着用者が童女のため，2丈のものは2回折りして5尺に，1丈のものは1回折りして，同じく5尺に縫製して用いたのであろう。前者には巾であり被とも云うことを註し，一條公爵家本にはウチカケの訓がある。後者にも巾であることを註し，九條公爵家本にはチキリカウフリの訓が付されている。ウチカケは首から打ち掛けて着用することを意味するものであろうが，チキリカウフリについては，三省堂の『大辞林』では，老婦人が喪に際して用いたかぶり物であるとする。

　しかし，用いるのは婚姻前の童女であり，その機会は天皇の魂を賦活させる祭儀の場であって，喪とは関係がない。また，ウチカケと同種のものであるから，かぶり物とするのは誤りであろう。したがって，かみかざりと訓む漢字「幗」を当てることは正しくない。「かうふり」が一般に冠を意味していることにとらわれた解釈と思われるが，動詞形である「かがふる」には，万葉集892に「麻衾引きかがふる」などの用例があるので，うちかけと

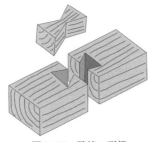 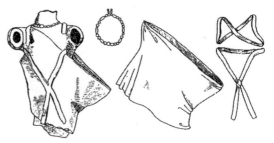

図 II-32　榺締の形態　　　　図 II-33　袈裟状衣 A1 類復原図（文献[221]より）

同じく，首からかぶる意とするのがよいだろう。それでは，チキリとは何か。織機の経糸を巻く杼がその原義であろう。転じて，木または石材などをつなぐ際，その合わせ目や割目にはめてかすがいにする物もチキリ「榺」と呼んでいる（『日本国語大辞典』）。後者には工字形・糸巻き形・臼形のものがある（図II-32）。このうち臼形に注目しておきたい。

　袈裟状衣の復原については，古くは末永雅雄[221]（図II-33）が，近年では塚田良道[222]が1条の布を右肩から左脇にかけて巻き付け，肩の部分で角を縫い付けるか結んだものとしている。これらは袈裟状衣の正面観が長方形を呈する野畑例と奈良県石見遺例に対応しているとみられるので袈裟状衣A1類に分類しておこう。しかし，奈良県貝吹黄金山古墳・同県勢野茶臼山古墳・三重県常光坊谷4号墳などの女子像に見られる袈裟状衣は正面観が長方形ではなく三角形（A2類）になっている。

　このように，単に長方形の布地をまとっただけでは，袈裟状衣としては，はなはだ不格好である。そこで，長方形生地の側面に三角形の切り込みを入れ，二つの台形が上底で連接する形状に仕上げ，その最も狭まった部位を肩にあて，前と後ろに垂らし，向かって右側の下端だけを縫製し，胴を入れるために，体の正面から右脇の部分は縫いつながないでおくという工夫がなされたものと考えられる(＊14)。これを展開すると，なんと，臼形チキリと全く

(＊12)『延喜式』巻四　神祇四　伊勢太神宮　太神宮装束条に記す絹の領巾でさえ，広さは二幅（132cm）あるので，縦方向に何回も折り畳んで用いていたことが了解される。

(＊13)『延喜式』では，袖を縫製した上着には領，裳には腰，巾には条の数詞を使い分けている。

(＊14)さらに，下端部は，胴を入れても，ひきつれが生じないように，中心から向かって左隅を三角形に内側に折り込んでいると考えられる。こうすることによって，袈裟状衣の裾全体が鈍角三角形をなす結果となる。

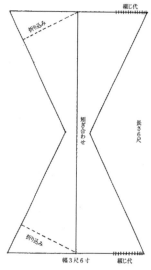

図II-34中の文字：
縦じ代
折り込み
剝ぎ合わせ
長さ6尺
折り込み
幅3尺6寸
縦じ代

図II-34 袈裟状衣 A2 類の復原展開図

同じ形状となる（図II-34）。このことから，チキリカウフリという呼び名は，布地の特徴的な形状によって名付けられた意須比の別称であったと考えることができる。

　以上の検討から，意須比は伊勢太神宮と度會宮の神衣であり，また宮中神二十三座に仕える巫女が用いた祭服であったことが確認される。これに対して，塚田良道は，増田説を援用して，意須比説を否定した上で，袈裟状衣は天武紀十一年三月条に膳夫・采女の着用が禁止されたことを記す肩巾のことであり，女子像は采女を表現したものであると主張している[223]。しかし，肩巾には「比例」の註が付されていることから，領巾のことを云い換えたにすぎないであろう。『祝詞』六月晦大祓にも「比禮挂伴男・手繦挂伴男」とあり，手拭きの便利のために布製の領巾を膳夫が用いていた可能性がある。また，塚田は，領巾が唐代の服飾の影響で伝播したものであるから，天武朝には存在していなかったはずであるとするが，増田美子が説くように，領巾はインド起源であり，中国国内でも，5 世紀代の敦煌壁画や各地の菩薩像に伴っている[224]ので，埴輪の時代と入れ替わるようにして，仏教文化とともに，わが国に将来されていたと考えても不思議ではない。以上の論証から，塚田の埴輪采女説（＊15）は，論拠を失ったものと思われる。

　ところで，意須比を着用する女子像には，飲食物を奉げ持つものが多い。巫女の重要な職掌として，朝夕の神饌奉仕があり，殯宮においては，亡き首長への枕膳の奉仕があって，その時身に着けるものこそが埴輪に表現された意須比であったと考えたい。さらに，私が埴輪を巫女像とするもう一つの理由は，拍手を打つ石川県矢田野エジリ古墳例[225]や，弓を持つ滋賀県狐塚古墳例[226]（＊16），女陰を露出する宮崎県百足塚古墳例[227]などがあり，所作に顕著なシャーマン性を見出すことができることによっている。

　こうした観点に立つと，群馬県綿貫観音山古墳出土の，背中に鏡を負って鳴弦する三人童女は，意須比表現を伴っていなくても，巫女としてよいだろ

う。したがって，意須比は巫女の絶対条件ではないかもしれないということも考慮に入れておく必要がある。全体の傾向として，西国では意須比表現を伴うのが一般的であるのに対し，東国では，早くも埼玉県稲荷山古墳の段階で，鈴鏡を腰に下げる巫女像に意須比を伴っていない[228]ことで知られるように，意須比の出現率は低い。

　意須比表現の有無を措くとしても，埴輪に表現された巫女は，すべてが物忌類型の専従巫女であったわけではないだろう。巫女の詳細については，紙数の関係で次の機会に譲らざるをえないが，古代におけるヒメヒコ制を念頭において考えれば[229・230]，巫女群像の中でも服飾の優越性が抽んでているものは，首長層の妻や娘を表現している可能性がある(＊17)。

　さて，埴輪表現での意須比は，肩から反対側の脇に向かって，斜めに布地(正面背面とも三角形をなす)を纏い，裾の一部だけを綴じ合わせて，背面へと折り返し，胴の部分は前後に分離している標準型のA類(図II-35-1～3・8)，関東地方に類例の多い，幅の狭い帯状の布地を片襷のようにして掛けるB類(図II-35-4・5)，体側に鰭状の突出部を表現するC類(図II-35-6・7)に分かつことができる。しかし，全国の意須比着用像を集成検討した川西宏幸は，後者には実在性のないものを含んでいると指摘している[231]ので，全部が実在していたと考えるのは危険であろうが，この3類型だけは実在と見てよい。埴輪表現では，意須比の多くは無文であるが，第2期(5世紀後葉)の三重県常光坊谷1号墳で鋸歯文を伴うほか，第3期(6世紀前葉)の井辺八幡山古墳には直弧文を線刻する例がある[232]。また，帯には彩色を伴う矢羽文や斜格子文などの例が関東地方にある[233]。

　意須比の時間的な変化について付言すると，古墳時代には，麻・楮皮・藤

(＊15)采女は大王家や出雲国造家における特殊な隷属的奉仕女官であるから，全国にあまねく分布し，小古墳からも出土する女子像を性格規定するにふさわしくない。
(＊16)塚田は弓と籠手は本体と別個体であるとするが，筆者の実見では，復原に不都合はない。
(＊17)『日本書紀』用明元年夏五月条に記すように，敏達天皇の殯宮に皇后(炊屋姫・のちの推古女帝)が籠っていたことが参考となる。聖俗二重首長制の時代から，首長を主に祭祀面で補佐する妃の時代に変化しても，また，身分的に家刀自の立場であっても，夫人や娘が家の神を奉祭し，主人と家族の死に際しては，葬祭執行の主導者であったことは確かであろう。

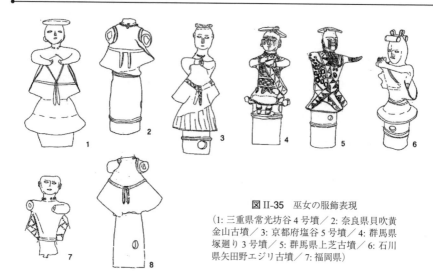

図Ⅱ-35　巫女の服飾表現
（1: 三重県常光坊谷4号墳／2: 奈良県貝吹黄
金山古墳／3: 京都府塩谷5号墳／4: 群馬県
塚廻り3号墳／5: 群馬県上芝古墳／6: 石川
県矢田野エジリ古墳／7: 福岡県）

皮などを原料とした堅い生地を用いて縫製していたらしいが，近畿地方では
平安時代前期までに，帛のような軟質な高級素材に変化したとみられる。し
かし，形態はチキリ形が踏襲されており，基本的な形制は不変であったらし
い。これに対し，関東地方では早くも古墳時代のうちに，片襷のような簡易
なものに変形し，意須比は巫女が必ず着用すべき祭服としての地位を失って
いたことが推察される。

　巫女の上衣は，意須比に覆い隠されているために，襟合わせの表現がある
ものは稀である。また，文様や彩色を施すものは客体的であるが，関東地方
ではかなりの割合を占めており，筆者の人物編年（第2章収録）第4期（6
世紀中葉）に編年される群馬県塚廻り3号墳では黒色地（図Ⅱ-35-4），同じ
く上芝古墳では赤色円文（図Ⅱ-35-5）の例がある。

　下衣については，着用していないことが明らかなⅠ類（図Ⅱ-31，図Ⅱ-35-
4・7），裳を着用するⅡ類（図Ⅱ-35-3）とがあり，これは階層差というよりも，
衣服制度の保守性が高いか否かという問題と捉えられ，関東や九州では裳が
加わる時期が遅かった可能性を考えたほうがよいように思う。像容について
は，半身像の割合が高いが，倚像，双脚立像もあり，倚像は階層的上位者が
表現されていよう。また双脚像には股間に性器を表現する例があり，復活に
関わる呪術的な意味が籠められているものと思料する。姿態については，両
手で壺や坏を捧げ持つものが主体的であるが，前述のように，他の器物を採

るもの，拍手を打つもの，両手を挙げて後方にそらすものなどがある。

　なお，装身具と採物について見ていくと，首飾（丸玉主体で勾玉も客体的に存在する），手玉，足玉，釧，鏡，鈴鏡，香袋，刀子，大刀，弓，笶などがある。

3. 武人

　武人には，短甲を着用するもの（A類），挂甲を着用するもの（B類），革製甲冑を着用するもの（C類），甲冑を着用しないもの（D類）の4類型がある。甲冑形埴輪は除外しておく。短甲着用の武人埴輪は埼玉県上中条例（図II-36-1）のように，早い時期には半身像が一般的である。しかし，6世紀前半代には埼玉県瓦塚古墳例のように双脚全身像として製作され，下衣に褌と脚帯が表現されている例がある[234]。挂甲着用埴輪のうち半身像は5世紀末ころから出現するが，双脚全身像の出現は6世紀中葉を待たなければならなかった。群馬県安塚古墳例（図II-36-2）では下衣に鋸歯文繋の文様がある褌を付け，脚帯を用いている。上衣は甲と籠手に隠れているため，表現されていない。革製甲冑を付けた代表例は，第3期（6世紀前葉）の和歌山県井辺八幡山古墳出土品（図II-36-3）である。甲は前合わせで，その上に腰を覆う草摺を巻き付けている。下衣は褌で，先端が尖る靴をはいている。非甲冑着用埴輪としては，群馬県今井神社2号墳から，弓を持ち靫を背負っ

図II-36　武人の服飾表現

た半身像（図Ⅱ-36-4）が出土しており，表現が同県綿貫観音山古墳のものと類似する。上衣は垂領衣で，左前（左衽）に襟を合わせ，2箇所に綴じつけられた紐で結び留めている。頭には頭巾をかぶり，鉢巻で固定している。こうした軽装の靫負埴輪として，近畿地方では5世紀後半代の奈良県池田9号墳出土例がある。着衣表現は省略が目立つが，線刻で垂領衣を左前（左衽）に襟合わせする表現がなされている。籠手を付け，長い下げ美豆良を結った頭には左右両端が尖る類例の少ない被り物を着けている[235]。

4．埴輪表現における左衽の意味について

　和歌山県井辺八幡山古墳出土の人物埴輪[236]には，襟合わせに左右の二者がある。左衽には布製の上着を着た半身像の2体（西造り出し13号〜15号の何れかに帰属）が，右衽には革製の甲冑を着た西造り出し人物1号と東造り出し13号が該当する。関東地方でも，観音山古墳を例に取ると，盛装する男子双脚全身像，革袋を捧げ持つ女子半身像，拍手を打つ男子坐像，何かを捧げ持つ女子坐像など，群像のほとんどが左衽（図Ⅱ-37-1〜4）であるのに対して，挂甲を着用した双脚全身像のみが右衽（図Ⅱ-37-5）になっている。

　通常は一定であるはずの襟合わせが，このように一定していないことには，なんらかの事情があるものと思われる。両古墳とも，甲冑は右衽であり，布製の上着は左衽となっているのである。このことは古墳時代の服制が胡俗を輸入したため，左衽に統一されていたという通説[237]に反するものである。筆者は，甲冑のあり方を重視して，古墳時代後期には，すでに右衽の制が導入されていた可能性が高いと考えている。

　この問題を考える上で手掛かりとなるのは，朝鮮半島からの渡来人を表現したと考えうる人物埴輪である。千葉県市原市山倉1号墳出土の男子全身像[238]には，手首の隠れる長い筒袖の上着を着用したもの（図Ⅱ-37-6）があり，襟合わせは右衽である。下半身は袴を着用するが，同古墳から出土した通常の筒袖を左衽で着用する男子人物埴輪全身像（図Ⅱ-37-7）と異なって脚帯を付けていない。また頭部には三角形の前立のある被り物を付けており，筆者は高句麗系統の折風冠に起源を持つものと指摘したことがある[239]。このような徹底した衣服制・冠制の遵守ぶりから，この人物埴輪は朝鮮半島（おそらく百済）から渡来して，関東地方に定住した人物を忠実に再現した可能性

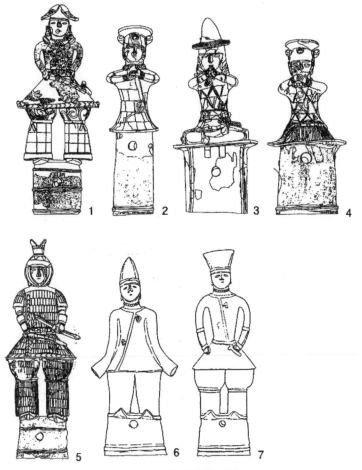

図 II-37 左衽と右衽の混在

が大きい。

　高句麗壁画古墳の人物像を通観すると，舞踊塚の射騎人物像や角觝塚奥壁の主人及び夫人図，安岳3号墳主人像などに襟合わせが確実に左衽である例を確認しうる[240]。このことは，集安付近に都のあった4世紀前後には，高句麗で左衽が行われた根拠となろう。しかるに，山倉1号墳の筒袖人物が右衽であるのは，どうした事情によるものであろうか。

　朝鮮の服飾史研究者である李如星は，高句麗の壁画古墳における人物像の

襟合わせ方向の統計を行って，輯安県所在の三室塚・舞踊塚・角觝塚では一部に右衽を含むが，圧倒的多数が左衽であることと，平壌付近にある四神塚・雙楹塚・鎧馬塚では逆に右衽が支配的であることを明らかにし，長寿王の平壌遷都（427 年）以前は，胡服の左衽制であったものが，平壌時代には一変して旧制を脱却し，漢服式の右衽制を採用するようになったと解釈している[241]。のちに，これを地域的な差異とする否定的見解も提出されている[242]が，古墳には年代差があるので，李説の方が当を得ているように思われる。筆者の検討では，胡服の左衽を改める第 1 の契機は，朝鮮三国の宋王朝（420〜479 年）への朝貢外交と考えられる。とくに，百済においては他に一歩先んじて，南朝との通好は東晋以来，連綿と続いていた。

これに続く第 2 の契機に，5 世紀末葉に北魏が推進した漢化政策があった。北魏は鮮卑系拓跋族の興した国であり，軍事的には大国であったが，制度や文化面においては漢民族の正系である南朝に後れを取っていた。このため，494 年に孝文帝が洛陽に遷都し，氏族分定，帰葬の禁止，通婚の奨励，胡服・胡語の禁止などの漢化政策を断行した。この時，朝服の制定に活躍した劉昶は南朝で迫害を受け，北に亡命した宋の王族であった。また太和末年（499 年）の官制や礼服改革の立役者であった王粛も北に亡命した南斉の名族であった。このように，胡服の最後の砦であった北魏においてさえ，5 世紀末までに，その民族固有文化であった胡服が否定され，宋・南斉で行われていた漢服制度が本格的に導入されたのである[243]。

このように，すでに 5 世紀代に，朝鮮半島で左衽の習俗がほぼ消滅したと考えられるにも関わらず，同じ東アジアメンバーの一員である日本だけが，胡服の左衽を 6 世紀に至るまで墨守したと考えるのは，不自然ではないだろうか。なぜならば，日本は高句麗と同じく，倭の五王が盛んに宋への遣使を行う過程で，その強い文化的影響を受けているはずであり，さらに百済への軍事支援のため，朝鮮半島へ渡って，かの地の習俗を十分に見分したり，百済からの外交使節や帰化を積極的に受け入れてきた歴史を有しているからである。こうした頻繁な政治的あるいは文化的交流が行われていたことから，右衽の制が採用されていた可能性は高い。それにもかかわらず，人物埴輪に示された襟合わせで，左衽が優越するのは，なぜであろうか。

ここで，想起すべきは日本の古くからの葬送習俗，左縄と左前である。凶

事において，常の慣習と逆の作法を行うことが日本列島において広く行われ
ており，喪服や死装束を左衽とすること，喪服に用いる縄帯や棺を墓壙に下
ろすための縄を左撚りとすること，酒の酌を左手で行うことなどが代表的で
ある。このほか左臼・左膳・左柄杓・左回りなどの習俗がある。これらは，
死霊や悪霊に対する不可逆的感染呪術として位置づけることができる。これ
らのうち，左縄は『日本書紀』神代上に「中臣の神，忌部の神，則ち，端出
之縄を界以し〈縄，亦た左縄の端出と云はく，此をば斯梨倶梅儺波と云ふ〉」
とあり，少なくとも書紀編纂時代まで遡る古い習俗である。いっぽう，左前
の習俗については，延宝6年（1678年）に崩御した後水尾天皇后徳川和子
の喪に服した，その子霊元天皇の錫紵が左前であったことを，東園基量が『基
量卿記』に詳細に書き留めていて[244]，左前が天皇家にまで及んだ習俗であっ
たことを知ることができる。原文を引用すると，「袍，闕腋，一重仕立て，
地貲布，濃鼠色，左衽。」「表袴，貲布，表は黒に近い濃鼠色，裏柑子色，ひ
だりまえに纏う。下袴，加賀絹，柑子色，ひだりまえ。」とあり，縄帯を伴っ
ている。撚りについて記載はないが，おそらく左縄であったであろう。凶礼
における有職故実が，他に比べて極めて保守的であることからすれば，喪服
を左衽着用する習俗は古代まで遡る可能性がある。

　一つだけ付言すれば，豊中市野畑出土例では意須比を二重に袋縫いした糸
が房のように垂れ下がっていて，一見，シデ状に見えるが，そうではなく，
これは縫い糸を最後に結ぶことをせず，余った部分をそのまま「縫い放し」
にしてある状態と観察される。死装束や喪服[245]を縫う場合，このように糸
を結ばぬ風習は，日本の葬送習俗中に知られており(*18)，すでに廃れたもの

（*18）柳田國男ほか『葬送習俗語彙』民間伝承の会，1937には次の2例を挙げる。
キノノ
　豊前築上郡東吉富村では，通夜がすむとキノノといふ帷子を着せるが，之は
家族全部で作るもので，絲は苧を用ゐ，絲の尻は結ばない。といふ（葬號）。多
分着布といふ古語がこの場合のみに残留したものであらう。
ヒッパリヌヒ
　近江高島郡西庄村では，引ぱり縫ひと称して，女の手伝人たちが，何人も寄
つて一枚の経帷子を縫ふ。苧糸を用ゐ，縫尻を矢張りとめない（葬號）。
　また，丸山久子『裁縫』『日本大百科全書』小学館，1994では，死装束や晒で
作る喪服は決して一人では縫わず，大勢の女性が集まって行い，糸尻を結ばな
いことを習慣として記している。

143

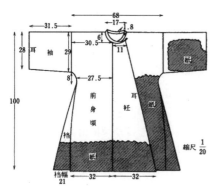

図Ⅱ-38　正倉院御物：左衽の女布袍

と思っていたところ，沖縄にはまだ細々と存続しているらしい[246]。これは凶礼に用いる服は，葬儀や服喪期間が明ければ，糸を抜くことによって，旧に復して日常の使用を可能とする目的から来ているらしい。ただし，糸を結ばないことによる不可逆的感染呪術が起源であろう。このような葬送習俗の淵源が古墳時代まで遡ることに驚きを禁じ得ない。

　ところで，『続日本紀』には，養老3年（719年）2月に，襟の合わせかたを右衽にするよう命じたことが記されている[*19]ので，この記事を根拠として，それまでわが国の服制が左衽であったと考える研究者がほとんどであろう。しかし，既に述べた理由で，これは凶礼における左衽を禁じた法令とみたほうがよいと考える。前月に帰朝した遣唐使多治比県守らが唐の服制を復命したことを契機として，平時は右衽であっても，凶時には左衽に変わる日本独自の習俗が，唐文化からすれば夷狄の習俗と見分けがつかず，見苦しいので，これを改めさせようとしたものにちがいない。

　しかしながら，その発令者たる天皇の葬送に際して，このことは遵守されなかった形跡がある。正倉院に伝存する女布袍に，左衽が多く，襟合わせのわかる6領中4領が左衽（図Ⅱ-38）であることが，その事情を物語っている。これらには手掛かりとなる墨書がなく，その道の権威である関根真隆でさえ，その原因を探りかねていたようである[247]が，正倉院宝物中には天平勝宝八歳五月二日の聖武帝崩御時用物と同年五月十九日の聖武帝御葬儀用物が含まれていることが墨書銘などから明らかになっている[248]ので，左衽の女布袍は，その時に女官が用いた可能性が最も高いであろう。用布の質が粗く，染色がなされていないことも，そのように解釈する上で，整合性を有している[*20]。

　なお，わが国における喪服の制度は，『隋書』倭国伝に「妻子兄弟は白布を以って服を製す」とあり，さらに『日本書紀』天智天皇即位前紀に「皇太子，

素服たてまつりて称制す。」とあることから，7世紀後半代には，大陸の風
習を受け入れて，白い麻の服が用いられ始めたことを類推することができる。
このような素服が古墳時代まで遡りうるかどうかといえば，井辺八幡山古墳
の人物埴輪の場合，夫人像と推定したものに三角繋ぎ文の上着と四角繋ぎ文
の裳があり，同様に夫人の巫女装束に直弧文の意須比がある。また，観音山
古墳でも，中心人物と目される胡座男子像と対向して正座する女子像には，
ともに過剰なまでの文飾がなされているので，素服は採用されていないと考
えたほうがよい。6世紀代の井辺八幡山古墳・観音山古墳段階では，このよ
うに，大陸系の喪服制度は導入されていなかったが，左前の襟合わせで葬儀
に臨むという固陋な習俗に従っていたことが窺われるのである。巫女の用い
る意須比が左前であるのも，その故であろう(＊21)。ただし，甲冑に限っては，
左前に改造することが無理なので例外扱いとなったのである。

　筆者は，埴輪表現に見られる左衽は，胡服を表現したものではなく，葬儀
参列者が，呪術的な慣習によって臨時に行った装い(＊22)であるとの証明を
試みた。このような視点での服飾研究が突破口となって，人物埴輪の性格を
めぐる論争に終止符が打たれる日が近いことを予感せずにいられない。

（＊19）『続日本紀』元正天皇 養老三年二月壬戌条「初令 天下百姓右 襟，職事主典
　　　 已上把 笏。」
（＊20）喪服に白色を用い，さらに死者との血縁が近いものほど粗い生地で仕立て
　　　 たものを着用するのは，唐から伝来した新しい喪服制度の影響によるものであ
　　　 ろう。
（＊21）京都府塩谷1号墳の意須比が右衽であるのは数少ない例外である。逆説的
　　　 に言えば，平常の祭祀には右衽の意須比を用いたことが類推される。
（＊22）左衽は葬儀だけに限られたわけではなく，服喪期間にも行われた。その期
　　　 間は古墳時代においては不明であるが，後世の例では，1から3年間の場合が
　　　 あり，父母など血縁の近いものほど長い。隋使を迎え出た官人中に服喪の者が
　　　 含まれていたと想定できる。相当の割合で父母やその他の親族を亡くした者が
　　　 いたはずである。また，親族の葬儀から一定期間（数日から1か月程度）は除
　　　 服出仕という忌引き制度も行われていたであろう。

⑤ 狩猟を再現した動物埴輪から解釈を試みる 「猪鹿埴輪論」

■ はじめに

　筆者は人物埴輪群像が総体として何を表現しているのかを，年来の研究主題としてきているが，それは，その個体表現や組み合わせから見て，葬送儀礼の中でもモガリを中心とする儀礼を表現したものであって，これを墳丘上に表現した理由は，死者の霊魂に向かって，誠心誠意の手厚い葬儀が滞りなく終了したことを明示し，この世への未練を捨てて，あの世へ旅立たせるためであったと考えている [249]。

　ところで，人物埴輪群像と一体となって，馬の列や猪，鹿，鶏，水鳥などの動物埴輪が古墳に配置される例は少なくない。馬については，近年，古墳の周堀やその外側に土壙を穿ち，馬を埋葬した例が広く知られるようになり，死者と共に冥界に赴かせるために，殉殺されたものを含んでいることが明らかになってきた [250・251]。また，鶏は古くから再生・復活を象徴する生き物，白鳥は霊魂の乗り物または霊魂の象徴として理解される向きが多い。これらの動物たちは葬送儀礼と深い関係を有していたことが想像されるのであるが，猪と鹿はどうであったのか。

　筆者はかつて，埼玉古墳群の瓦塚古墳出土埴輪の分析において，鹿と犬の埴輪（図II-39-12）に付いて考察し，鹿は死者のために供犠される動物であり，そのために狩猟が行われたことを推測した [252]。以来，機会あるごとに一貫して，埴輪で表現された狩の場面を，供犠との関係で説いてきたが [253〜255]，十分な賛意を得られるには至っていない。小論では，つい先頃に発表した「狩猟を表現した埴輪について」で明らかにできたか猪鹿埴輪の実態を提示した上で，東西文化における狩猟と供犠の多様なありかたを紹介し，つぎに考古学研究者から提出されている解釈の諸相を評価・批判しながら，わたくしの猪鹿埴輪論を提出したいと思う。

■ 猪鹿埴輪の考古学的データから

　筆者は，さきに全国の猪・鹿埴輪出土古墳 34 基を取り上げて，犬や狩人と目される人物埴輪も含めた上で，その組み合わせによる類型を設定し，編

年を行い，分布や地域的特色を検討し，猪・鹿埴輪の出現と伝播，地域性の出現を追究した [256]。ここでは，その要約を掲げることにする。

1. 分布

猪の埴輪は，北は岩手県胆沢町角塚古墳から南は福岡県八女市岩戸山古墳と立山山8号墳に及んでおり，埴輪分布圏のほぼ全域に分布している。これに対して，鹿の埴輪は現在のところ東北になく，関東地方と近畿地方の2極を中心として分布し，三重県，山陰，宮崎県などの副次的な小分布圏も認められるので，両者には少し差異がある。

2. 保有古墳の墳形と規模

全体のなかでは前方後円墳の割合が多く，帆立貝式古墳を加えた前方後円系古墳の大計では72.8％を占める。その中でも大型前方後円墳の比率が高い。しかし，前方後方墳を除く，代表的な墳形すべてに保有古墳があり，わけても最小規模13.25mの円墳にも保有古墳のあることは留意される。

3. 組成から見た狩猟表現の類型

狩猟表現は狩猟対象すなわち獲物である猪と鹿，狩猟者である射手（図II-39-1・2）や勢子，そしてその補助の役割を果たした犬とで構成される。しかし，この3要素を皆具する例は少数であり，獲物も二者の一方である場合が多い。そこで，大分類（主体）と小分類（客体）を組み合わせると9通りの組み合わせができ，取り上げた34例のうち，組成が判明している28例をこれに当てはめていくと，表II-1のとおりとなる。

関東地方では9類型すべてが確認されるのに対して，近畿地方ではA2，A3，B2の3類型が不在である。このことは近畿地方では犬を伴って鹿のみを狩る類型がなく，必ず猪と一緒に鹿が登場することを示している。おそらく，鹿が遅れて加わったという事情を反映するものであろう。つまり，猪狩の再現こそが起源が古く，鹿は時代が下降してからそこに加えられた脇役であると仮定することができる。次節での編年作業によって，その当否を検討してみたい。同様に，鹿のみを狩る関東地方のA2類とB2類の出現も遅れることが想定されるので，あわせて検討する必要がある。

いっぽう，C分類では2類が石見遺跡や三重県石薬師東26号墳など複数

表 II-1　狩猟表現の類型と該当古墳　　　　　　　（＊は牛を伴う）

類型	近畿・東海地方	東北・関東地方	九州地方
A 1	昼神車塚（前 56）	井出二子山（前 108）	
		保渡田Ⅶ（帆 40 ＋）	
A2		瓦塚（前 74）	
A3		八幡塚（前 96）	
B1	荒蒔（帆 30）	天王壇（円 38）	石人山（前 110）
	古村積神社（帆 30）	芳賀M-6（円 13.25）	
		剛志天神山（前 100）	
		埼玉稲荷山（前 120）	
		殿塚＊（前 88）	
B2		富士見塚（前 78）	
		若宮八幡北（帆 46.3）	
B3	大賀世 2 号（不明）	新屋敷 15 号（円 14.3）	
	四条（方 38）	小沼耕地（帆 39）	
	梶 2 号＊（帆 37）	竜角寺 101 号（円 24.1）	
C1	青山 4 号（方 20）	小林 1 号＊（円 17）	立山山 8 号（円 30）
C2	石見（帆 36.8）	小川台 5 号（前 31）	
C3	井辺八幡山（前 88）	女塚 2 号（円 21）	
		御蓙目浅間神社（帆 30.5）	

（大分類　A: 狩人と犬，B: 犬，C: 狩人も犬も伴わない／小分類　1: 猪，2: 鹿，3: 猪と鹿）

存在しており，鹿のみを保有する古墳は珍しくない。C3 類とも合わせて，犬が不在の理由を探ってみる必要があろう。

　　墳形との対応関係を見ていくと，A 類は前方後円墳と規模の大きい帆立貝式古墳，B 類は前方後円墳，帆立貝式古墳，中小規模の円墳，中規模の方墳，C 類は前方後円墳，帆立貝式古墳，中小規模の円墳，中規模の方墳がある。このことは狩人と犬を伴う組成である A 類は前方後円墳を中心とする優位な古墳に限られるが，犬を伴う B 類と，これを伴わない C 類はともに各墳形の古墳を含んでおり，ほとんど差異がないということになる。A 類から B 類へそして C 類へと組成が貧しくなるにしたがって，古墳の墳形も下位のものになることを想定していたが，意外な結果であった。このことは C 類を犬の省略と安易に判断することを躊躇させる。換言すれば，C 類は狩の場面と断定できないのではないかということになる。

4．形式変化と編年

（1）猪形埴輪（表 II-2）

　　猪形埴輪は大阪府藤井寺市野中宮山古墳例を最古として登場する。第 I 期（5 世紀前葉）は猪形埴輪の河内における出現期とすることができる。第 II 期

（5世紀中葉）には近畿地方のほかに
東北地方南部にも猪形埴輪が伝播す
る。この時期は畿内から地方への第
1次波及期とすることができる。第
Ⅲ期（5世紀後葉）には関東・東北地
方北部に伝播し，例数を増す。この
時期は畿内から関東への第2次波及
期であるとともに，上野や武蔵で地
域性（頭部円筒成形技法など）が出
現する時期であったといえる。第Ⅳ
期（6世紀前葉）は畿内では保守的な
製作が保持され，関東では上野から
各地へ製作技法が伝播される一方
で，北武蔵でも技法の定着化を見る
時期であり，畿内の影響が弱くなる
時期とすることができる。第Ⅴ期（6世紀中葉）は近畿地方では埴輪製作がほ
ぼ終了する時期にあたるが，関東地方では猪形埴輪が各地に定着し，工人集
団ごとに地方色を顕在化させた時期ということができる。第Ⅵ期（6世紀後葉）
は猪のみならず，埴輪全体の終末期であり，関東地方でも北関東では猪の製
作が減り，埼玉県生出塚埴輪窯とその影響を受けた工人集団が南関東でその
製作を維持していた時期といえる。

（2）鹿形埴輪（表Ⅱ-3）

鹿形埴輪は猪形埴輪と一緒に出土
する場合が多いので，猪形埴輪の編年
を利用することができる。編年の画
期も猪形埴輪と共通のものを用いる。

鹿形埴輪の出現期は今のところ，
須恵器ではTK23ないしTK47型式
古段階併行期に求められ，猪形埴輪
よりもかなり遅れて出現したことが

表Ⅱ-2 猪形埴輪編年表

	近畿地方	東北・関東地方
Ⅰ	1 野中宮山	
Ⅱ	2 平塚2号	
	3 青山4号	4 天王壇
		5 井出二子山
Ⅲ	6 大賀世2号	9 角塚
	7 四条	10 保渡田Ⅶ
	8 鳴神	11 保渡田八幡塚
		12 芳賀M-6
		13 稲荷山
Ⅳ	14 梶2号	17 女塚2号
	15 昼神車塚	18 新屋敷15号
	16 井辺八幡山	19 御蓙目浅間神社
Ⅴ	20 荒蒔	21 剛志天神山
		22 竜角寺101号
		23 小林1号
Ⅵ		24 小沼耕地
		25 殿塚

表Ⅱ-3 鹿形埴輪編年表

	近畿地方	関東地方
Ⅲ	1 大賀世2号	3 若宮八幡北
	2 四条	4 保渡田八幡塚
Ⅳ	5 梶2号	8 富士見塚
	6 石見	9 三昧塚
	7 井辺八幡山	10 新屋敷15号
		11 女塚2号
		12 御蓙目浅間神社
		13 小川台5号
Ⅴ		14 瓦塚
		15 愛宕山
		16 竜角寺101号
Ⅵ		17 小沼耕地1号

わかる。若宮八幡北古墳以外の3基からは猪形埴輪と犬が出土しているので，第Ⅲ期（5世紀後葉）は鹿形埴輪が河内と大和で登場し，猪と共に鹿を狩る類型が成立し，これが上野に伝播し，鹿のみを狩る類型が登場した時期といえよう。第Ⅳ期（6世紀前葉）は関東地方でまとまった量が生産される一方で，正面観を度外視した省力技法（鼻先の開放・2本脚）の萌芽が見られ，組成の上では鹿のみを配置するC2類が出現する。第Ⅲ期と打って変わって，牡鹿の割合が高くなることも指摘できる。第Ⅴ期（6世紀中葉）は畿内では製作が行われなくなり，関東地方でも埼玉古墳群や房総半島の北部で局地的な製作が細々と行われた時期である。第Ⅵ期（6世紀後葉）は生出塚埴輪窯の生産品が1例知られるのみである。

③ 埴輪に先行する狩猟表現 —動物型土製品— から（図Ⅱ-39）

筆者は動物埴輪の編年を『古墳時代の研究』に分担執筆したおりに，犬形埴輪と猪形埴輪の項で「犬と猪の土製品が対になって古墳の上に置かれることは，それが埴輪として登場するだいぶ以前から行われていた。（中略）最古の例は京都府蛭子山1号墳で，4世紀後半まで遡る。猪と犬はともに長さ10cmほどの小型で中実の土製品（図Ⅱ-39-6・7）であり，共同体の成員に披露するための埴輪とは異なった意識で置かれたものであろう。」と記した[257]。類例が増えたこんにちでも，その見通しは変わっていないので，代表的な例をいくつか掲げた上で，これらの資料から指摘できることを要約しておこう。

　（1）京都府加悦町蛭子山1号墳（前期後半の前方後円墳）鶏・猪・犬
　（2）香川県寒川町神前八幡山古墳（中期）犬2？
　（3）岡山県棚原町月の輪古墳（中期前半）四足動物4・鳥2
　（4）群馬県藤岡市白石稲荷山古墳（中期中葉の前方後円墳）猪
　（5）千葉県木更津市畑沢埴輪生産遺跡（中期中葉）犬・猪・鳥 ※円筒埴輪
　　　に取り付けられていた可能性がある。
　（6）群馬県前橋市舞台1号墳（中期後半の帆立貝式古墳）人・鳥・猪・供
　　　物を盛り付けた高杯
　（7）三重県松阪市草山遺跡[258]（中期後葉の方形台状遺構）人・犬・猪・
　　　土製円盤・土玉・ミニュチュア土器
　（8）千葉県木更津市清見台A-8号墳（中期末）猪

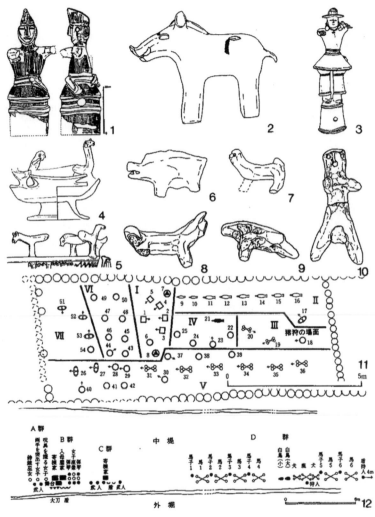

図 II-39　猪・犬・狩人の埴輪と土製品と配置復元図

（1: 保渡田Ⅶ遺跡出土弓を引く狩人埴輪／ 2: 保渡田Ⅶ遺跡出土鏃の刺さった猪埴輪／
3: オクマン山古墳出土鷹狩をする人物埴輪／ 4・5: 井辺八幡山古墳出土装飾付須恵器
／ 6・7: 蛭子山古墳出土土製猪・犬／ 8・9・10: 草山古墳出土土製犬・猪・人形／ 11: 保
渡田八幡塚古墳形象埴輪配置復原図／ 12: 瓦塚古墳形象埴輪配置復原図）

(9) 群馬県前橋市上縄引４号墳（後期前半）四足動物

(10)群馬県前橋市後二子古墳（後期中葉の前方後円墳）円筒埴輪に付く犬・猿

指摘できること

① 近畿地方では前期後半の古墳上において，猪と犬の土製品が組み合わされて置かれ，狩猟表現が出現する。

② 連続性から見て，猪形土製品はその後，猪形埴輪へ発展した可能性が考えられる。ただし，猪形埴輪出現以降も存続するので，製作に手間の掛かる埴輪に代えて土製品を用いる場合があったと考えられる。

なお，鹿形土製品の存在は明瞭でない。

③ (1)と(3)は主体部付近に配置されていたが，(6)と(9)は造り出しないし周堀内からの出土であって，配置箇所の時間的な変化が見て取れる。動物埴輪の配置箇所との関係で着目すべき点である。

④ 土製品は独立造形のものと円筒埴輪に取り付けたものの２種に分類できる。中期前葉の岡山県金蔵山古墳から円筒口縁部に付けた水鳥が出土していることを参考にすると，猪と犬を円筒埴輪に取り付けたものもその頃に出現した可能性が考えられる。

⑤ (6)と(7)（図Ⅱ-39-8～10）では人形土製品を伴っており，供犠の意識がとくに強いとみられる。(7)は方形で低い盛土を持つ祭祀遺構であるが，墓域内にあり，北側には同時期の円墳がある。裾部に接して木棺直葬墓があり，殉葬墓の可能性も検討する必要があろう。

4 東西古代文化における狩猟祭祀と供犠 （図Ⅱ-40）

狩猟と供犠には多義性がある。それは民族のよって立つ歴史や風土，生産様式や宗教の問題とも密接な関わりを持っている。そこで，古代の西洋，中国，朝鮮，日本における狩猟と供犠を対象とした論考，歳時記等を取り上げ，猪鹿埴輪の持つ意味を考える上での参考に供したい。

紙幅の関係で引用は割愛し，著者・題名と註のみ記しておく。

(1) 西洋

A　井本英一「狩猟考」[259]

B　田辺勝美「ガンダーラ仏教彫刻騎馬狩猟図考」[260]

図 II-40 日本の古墳壁画と中国の画像石における狩猟図
（1: 五郎山古墳装飾壁画／2: 泉崎4号横穴装飾壁画／3: 中国山東嘉祥宋山画像石（樹木射鳥図）／4: 中国山東嘉祥五老窪画像石（庖厨図）／5: 中国山東嘉祥紙紡鎮敬老院画像石（狩猟図））

（2）中国

C　岡村秀典「殷代における畜産の変革」[261]

D　林 巳奈夫「殷周時代における死者の祭祀」[262]

E　小南一郎「石鼓文製作の時代背景」[263]

F　信 立祥『中国漢代画像石の研究』[264]

G　宗 懍『荊楚歳時記』[265]

（3）朝鮮

H　洪 錫謨『東国歳時記』[266]

I　金 邁淳『洌陽歳時記』[267]

（4）日本

J　杉山二郎「薬獵考」[268]

K　平林章仁『鹿と鳥の文化史』[269]

L　平林章仁『三輪山の古代史』[270]

M　桜井秀夫「牛と馬と猪と鹿と」[271]

N　中村生雄『祭祀と供犠』[272]

O　三原康之「山猪考 ―崇峻殺害の背景としての初尾ニヒナへ―」[273]

5 猪鹿埴輪解釈の諸相

　考古学研究者は猪鹿埴輪のどのような点に着目し，その主題をどう理解しているのか，代表的な論説を取り上げ，批判を加えた上で，その成果を参考にさせて頂こうと思う。

（1）森 浩一ほか『井辺八幡山古墳』[274]

　岩橋千塚古墳群にある井辺八幡山古墳は和歌山県おいては大型の前方後円墳で，墳丘主軸長は88mある。左右のくびれ部付近に造り出しを備えている。同志社大学による発掘調査は埴輪の全貌解明を目的とするもので，この両造り出し部を悉皆調査し，詳細な報告書が刊行されている。本論と関係するのは，東造り出しから出土した猪形埴輪（鼻面部3個体分と胴部，脚部破片）と西造り出しから出土した猪鹿等の小像を付した装飾付須恵器群（装飾付有脚耳坏西1・2号装飾付器台1・2・3〜5号）である。後者のうち2例に付いて説明を加えておく。

　装飾付有脚耳坏西1号（図II-39-4）の口縁部の一辺には鹿の後ろに人が付く。鹿は左右の耳のほかに角を突起で表現している。対向する一辺には首を失っている動物があり，犬の可能性がある。人は猿のようにも見えるが，おそらく人物の座像であろう。右手を上げ，左手を少し下げる。失われているが，弓を引く姿であった可能性も考えられる。

　装飾付器台西1号（図II-39-5）は口縁部に13個の小像が付いていたらしいが，現存するのは7個で，すべて右向きである。犬→猪→？→犬→？→鳥→？→水鳥→水鳥→？→鳥→？→？の順から，犬に挟み撃ちされた猪の表現は巻狩の表現と見なしうる。

　森は報告書の考察編において，猪甘部の問題を提起し，滝川政次郎が「猪甘部を朝鮮系の帰化人ではなく，肥人すなわち隼人であるとし，また彼らが飼育していた猪は日本原産のキノシシではなく（隼人族・阿曇族がその現住地である華南の地から）舶載した家猪すなわち豚である」と説くが，括弧書き部分以外には賛意を表することができ，猪を豚とみることによって埴輪のいわゆる猪の持つ意味が理解されるとする。傍証として『古事記』安康天皇段の山代の面黥ける老人がいて，山代の猪甘となのり，逃走中の意祁王と袁祁王の糧を奪ったとする説話，『播磨国風土記』賀毛郡の条に記す播磨の国の猪養野というのは，仁徳天皇の時，日向の肥人である朝戸君が猪をもって来て飼う土地を求めたので，この土地を賜り，猪を放ち飼いにしたので，その地名になったと言う説話を挙げる。

　また，顔に入れ墨をほどこしている集団を古典から求めると，隼人・阿曇・久米の三つを挙げることができるが，山城の刈羽井は京都府南部の綴喜郡内で，そこには畿内における隼人集団の最大の居住地として知られる大住郷がある。したがって，これは隼人集団を描いたものであって，阿曇氏ではなかろうと説く。

　埴輪としてあらわれた猪は豚と考えているが，最も古いのは大山古墳（仁徳陵）の周辺から出土した例で，中期古墳文化と共に出現するものであろう。また岩戸山古墳の石製猪も注目されるとして，『筑後国風土記』逸文には解部の前に偸人が裸形で伏しており，側に石猪四頭があって，盗んだ物であるとする。この猪が野生のものであれば，話は成立しないが，豚であれば，家畜を盗んだことになる。その犯罪の処置が被葬者の政治権力を象徴する最大

のテーマとなっていることは日本の古代社会の基礎構造にも関係することで
あると分析する。

　しかし，猪甘部の記述から古墳時代に豚の飼養が一般化しているとし，埴
輪のいわゆる猪は豚であると見ることについては，「必要に応じて野猪を捕
らえて餌を与え，一代限りの用に供したと考えられ，これがいわゆる猪飼の
任務とするところであったものと思われる。」とする千葉徳爾の異なった見
解[275]もあり，現実に埴輪の世界においても犬や狩人を伴って狩猟を行う
様が表現された例があるので，賛成することができない。また，同古墳では
装飾付須恵器の表現においては猪や鹿と犬を組み合わせた例が存在した。け
れども，同古墳での埴輪は犬や狩人と組み合わされていないという問題があ
る。埴輪のほうがより実態に近いものであるとしたならば，それが豚を表現
したものであった可能性も十分ありうる。また西本豊弘は南九州では弥生時
代中期以来豚の飼養が行われていた事実を動物学的な根拠をもって論じてい
る[276]。猪鹿埴輪を考究する上で，すべてが野生獣を対象とした狩猟表現で
あるとする既成概念に対する警鐘として尊重したいと考える。

(2) 須藤 宏　A「人物埴輪のもつ意味─群馬県井出二子山古墳別区出土の形象埴輪からの検討─」[277] ／ B「古墳出土の土製品と土製小像─人物埴輪の成立に関連して─」[278]

　Aでは保渡田Ⅶ遺跡出土の猪，犬，狩人の埴輪の組成を狩猟表現と認定し
た上で，古墳上に再現された狩猟の表現はウケイ狩であり，亡き首長の後を
継承する者が神意に適う者であるかどうかを狩の結果で占うものとする。す
でに筆者はその解釈の問題点を指摘したことがある[279]が，首長権継承儀
礼を前提として，ウケイ狩を引き出した点に第一の問題がある。また，橋本
博文は猪の負価値性からみて埴輪での猪狩表現は不都合ではないかと批判す
る。橋本説は猪形埴輪の存在価値を否定するものではなく，ウケイ狩をもっ
て解釈するには不都合と指摘するものである。

　Bは独立造形と円筒埴輪に付く2種の小像，それに装飾付須恵器に付く小
像を扱い，分類と簡単な編年を行ったものであり，人物・動物埴輪の成立の
契機を探る上で重要な論文と言える。また，魚形土製品がウワナベ古墳や瓦
塚1号墳から供物を盛り付けた高坏の土製品と共に出土していることから，
供献された贄（筆者は死者への生け贄として理解する）のひとつではないか

と指摘したことも当を得ている。しかし，動物形土製品をして，家形埴輪に伴って，そこで飼われる家畜を表現し，生活の場たる家の具体性が一層確かに示されたと理解することには疑問が生じる。猪と犬の組み合わせはやはり狩猟表現と見るべきであり，猪のみの場合は犬の省略か贄としての猪を想定するべきであろう。

(3) 杉山晋作「東国の人物埴輪と死者儀礼」[280]

人物埴輪群は死者が生前に活躍した情景を表現したものであり，埋葬に先立つ古墳での最後の儀式として死者の功績を称える場面で，埴輪群像が視覚的効果を生み，その後も顕彰碑的な効用を持ち続けたと説く。したがって，狩の模様も生前の最も生彩ある生活の一齣であると見る。しかし，狩の主催者を首長とみることについては千賀久の反論[281]があり，「鷹狩りについてはあてはまるが，その他の狩りでは，狩人と弓を持つ人は足を表現しない半身像であり，少なくとも古墳の主自身が狩りの場面に表現されているとは考えにくい」と指摘する。筆者も異なった観点から批判を行った[282]ところであるが，群像中に必ず主人公の生前の姿があるとしなければならないこの解釈においては，巫女像が1体しか出土していない場合に，被葬者は巫女となり，同様に盾持ち人となるケースも存在することになり，埴輪群像全体についての体系的かつ一貫的な評価が不可能という問題がある。

(4) 日高 慎「大阪府守口市梶2号墳出土の狩猟場面を表現した埴輪群」[283]

古墳から出土した動物埴輪の種類及び人物埴輪との組み合わせから，狩猟を表現する例が凡日本的に分布することを明らかにした点で重要な論考である。犬や狩人を伴わない例も含めて狩猟表現であった可能性が高いとし，狩猟表現は被葬者が生前に行った一種の薬狩（鹿や猪の霊力を体内に取り込むことを目的とする）を再現したものと見る。

また，狩人が半身像として表現される例のあることを認めながらも，多くが首長像を欠くのは，別の場面（もっと中枢的な位置）に配置してあるため，重複しては表現しないためであろうとする。

ここで，埴輪造形において，被葬者像が①中枢部に唯1体置かれるのか，②場面ごとに重複して複数置かれるのか，はたまた③被葬者像そのものが，ある種のタブーゆえに置かれることがないのかは論者によって意見の分かれるところであり，筆者は第三の立場を取る。いずれにしても，狩人の表現さ

れたケース（保渡田Ⅶ遺跡）では，その像容からして身分の低い人物と見ざ
るを得ないのであって，狩の実行者を首長，それも被葬者に特定することは
困難と考える。また，鹿が正，猪が負の存在であるとする平林章仁の説を採
りながらも，予想に反して，両者がほぼ同数出土していることを，正負がセッ
トとして必要不可欠であったためと理解し，猪狩を負の価値の駆逐と捉えて
いるのは，薬狩としての統一的な理解とはいいがたい。そして，墳墓上で行
われていた儀礼を埴輪が再現しているという日高の指摘は，原野を主な舞台
とする狩猟を再現した埴輪群から見る限り，無理があるのではなかろうか。

(5) 若狭 徹「人物埴輪再考 ―保渡田八幡塚古墳形象埴輪の実態とその意義を通じて」[284]

　若狭は国指定史跡保渡田八幡塚古墳の史跡整備を目的とする発掘調査の過
程で，昭和4年（1929年）に調査された中堤上の形象埴輪配列区であるA・
B両区の再調査を実施し，過去の出土品と今回の出土品を併せて徹底した検
討を行って，精細なA区における形象埴輪配列復原案（図Ⅱ-39-11）を提示
した。同古墳は東国における大首長墓に人物埴輪を含む新しい様式の埴輪祭
祀が導入された時期の画期的な古墳であり，原位置を留める資料が多かった
ことから，この報告書は今後，埴輪研究の最重要テキストとして尊重される
に違いない。

　ところで，水野正好は戦前の調査報告書[285]を参考に，このA区の埴輪
配列を整理改作し，自説の首長権継承儀礼説[286]を展開した。その論旨は，
埴輪が表現するのは首長機構に属する様々な職能者と文武百官が首長権の継
承儀礼の場において忠誠を誓うために諸芸能を行ったとするものであり，本
論と関係する部分では，第1区は鷹飼と猪飼，第4区は鶏・水鳥に代表され
る鳥飼と見ている。しかし，若狭はその第1区が再編成されて，猪飼と裸馬
とされたものは実は狩人・猪・犬による猪狩の場面とみられることなど，逐
一，水野の復原案が事実とは異なっていることを明示した上で，埴輪芸能論
が成立しがたいことを結論づける。そして，本論と関わる動物群については，
A区の東側に集中配置されるのは，猪狩，鵜飼い，鷹狩？が本来は野外で実
修される行為であり，中枢部に配置される飲食儀礼を表現した場とは時間軸
と空間軸が異なっていることを指摘した上で，両者を包括するA群全体と

して「有力者が占有的に行いうる権威的な諸行事の表現」に他ならず，列状
配置をなすB群と併せて形象埴輪の根底は「有力者の墓を表飾し，被葬者
およびその氏族の権能・権威・財力を誇示するための造形物」であると理解
する。

　大きい括りでの解釈であり，狩猟表現については個別的な意義を提示して
いないが，鵜飼いを表現した埴輪を扱った他の論考 [287] でも「特化した鵜飼
は王権儀礼や地方首長の儀礼のなかに強く根付いていたと考えられる。ゆえ
に有力層の権力を誇示する装置の一つとして人物埴輪様式の中にも組み込ま
れたのである。」とすることから，一種の王権儀礼の誇示と認識されている
ようである。しかし，猪狩の場面に登場する狩人が首長像とは見がたいこと
をどう考えておられるのか。また，狩猟の意義については民俗学，歴史学な
どからの典拠がなく，今後の踏み込んだ議論に期待したい。

⑥ 多様な解釈の中から狩猟と供犠の意味を探る ―猪鹿埴輪論―

1．埴輪資料に即して

　第❷節で行った猪鹿埴輪の考古学的な検討を通して，指摘しえた主な事実
を箇条書きで取り上げ，解釈上のポイントとして掲げる。

　①　近畿地方と九州では狩人と犬を伴わないC類は狩猟の場面ではなく，
　　飼育されていた猪または豚を示している可能性があり，鹿も囲い飼い
　　を想定してみる必要がある。したがってすべてが狩猟表現ではなく，
　　家畜の供献や供犠の表現も含まれていた可能性がある。

　②　猪と鹿の埴輪を保有する古墳には前方後円墳の占める割合が多いも
　　の，小古墳における保有例も少なくない。具体的には青山4号墳（方
　　20），新屋敷15号墳（円14.3），小林1号墳（円17），女塚2号（円
　　21），芳賀M-6号墳（円13.25）などである。また，保渡田Ⅶ遺跡出
　　土の狩人像は半身像で，着衣の表現も粗末であり，首長を表現したも
　　のとは見られない。このことは狩猟等の表現が王権または首長権の占
　　有的な儀礼と仮定することに問題があることを示している。埴輪の組
　　成と樹立個体数に著しい制限のある小古墳において第一義的に狩猟等
　　の表現が行われた背景として，より一般的で基層的な習俗を考えた方
　　がよいであろう。

③猪と鹿の埴輪の出現時期は大きく異なっている。猪型埴輪は第Ⅰ期（5世紀前葉）に古市古墳群で出現する。また，猪の場合，第**3**節①〜②に示したように，小型の土製品として造形され，犬と組み合わせて古墳上に置かれることが古墳時代前期後半まで遡り，埴輪の先行形態としての連続性を認めうる。これに対して，鹿形埴輪は第Ⅲ期（5世紀後葉）に出現し，従来の犬と猪の組み合わせに付加されたものである。したがって，猪形埴輪こそが狩猟等の表現においては伝統的かつ代表的な存在といえる。このことから，猪を負の価値を負った獣とする論説は古墳時代においては該当せず，後世の価値観であった可能性が考えられる。

④鹿形埴輪は出現期においては牝の割合が高く，後になって，牡の逆転が起こる。また，牡鹿の場合，角は枝分かれした角を表現する場合がほとんどであり，袋角を表現した例はない。このことから埴輪での鹿猟が鹿茸の採取を目的とする薬猟を表現したものである旨の論説は成立しがたい。

2. 先行研究からの吸収

　第**4**節で紹介した狩猟祭祀と供犠を扱った諸研究成果から猪鹿埴輪の性格を考究する上で，参考となる点を箇条書きで掲げる。

（1）Aではイラン，ターケ・ボスターンや高句麗舞踊塚の墓壁画の狩猟図は獲物の魂を死者に移植させて，死者をよみがえらせようとした意図があったと考えられるとする。この論説は狩猟と葬送儀礼の密接な関係を説く視点が注目される。

（2）Bではターケ・ボスターンの壁画をゾロアスター教の春の農穣祈願祭と秋の収穫感謝祭に相当するとし，害獣駆除の意味があるとした。また，第一研究対象のガンダーラ仏教彫刻の狩猟図においては，狩人は極楽往生をした貴霜系仏教徒であり，獲物はこの世における仮の死であって，死を克服して極楽に再生往生した状態を具体的に示したものとする。やはり狩猟を死と再生との関係において意義付けた点が注目される。この場合，狩の主体者は被葬者である。

（3）CとEでは古代中国における犠牲には2種があり，天帝祭祀には帝牛・

郊牛などの飼育された牛が用いられたが, 田猟による獲物の供献も合わせ行われたとし, Cでは甲骨卜辞から殷墟周辺には鹿・麋・豕などの野生動物を狩猟対象とした田猟地が150箇所を下らないことを, Eでは田猟が土地神に属する獲物を獲ることによって土地領有を確認する儀礼であったことを説く。また, 巡狩は実際に帝王が自分の守る国の四周を狩猟しながら巡ることであったことと解釈する。しかし, 筆者がみるところでは, 田猟は祖先祭祀が第一義であり, 土地神の支配や軍事演習などの政治的な意味合いを強調しすぎるきらいがある。

(4) Dでは廟の前身建物が殷代から行われていたことと, 祖先祭祀に用いる青銅器が墓室に持ち込まれたのは, 死後も主人や祖先の祭祀を引き続いて行う例のあったことを明らかにする。

(5) Fでは漢代画像石には樹木射鳥図, 狩猟図, 庖厨図 (図II-40-3〜5) があり, 礼制に基づいて, 孝行な子孫が鳥や野獣を狩猟して先祖祭祀用の生け贄を用意し, それを調理するという主題のあったことを説く。

(6) Gでは6世紀中葉の揚子江中流域では12月8日を臘日と定め, 豚肉と酒を供えて先祖を象徴する竈神を祭っていたことが知られる。また, 『隋書』東夷伝倭国には「毎至正月一日, 必射戯飲酒」とあり, 先祖祭祀との関係が想定される。清国の藩国であった李朝でも冬至後第三の未の日を臘日と定め, 宗廟で大祭を行い, 臘亨には猪や山兎の肉を用いたことと, 民間でも雀を老弱者に食させ, 歳末には屠牛禁止を弛め牛肉を食させたことが知られる。

(7) Jでは推古天皇紀十九年五月五日を初出とする薬狩が鹿茸の採取を目的とする4・5月に限定される狩猟であったことと, その起源が『三国史記』に示す3月3日の高句麗楽浪の丘での会獵と目されることを説く。しかし, 緯度が日本より高く日本より春の訪れの遅い高句麗で3月3日に薬狩が可能であったことには疑問があり, Aにおいて3月3日は古来, 禊の行われる日で, 中国の清明節にあたり, 供物の肉を用意するために狩猟をしなければならないとする指摘をより重視すべきであろう。また, 高句麗では祭天の犠牲獣として豕が清潔に飼育されたのに対して, 日本では猪や豕が不潔な穢れの対象とされ, 鹿だけを受容したとする推論は根拠がなく, いたずらに鹿に正の, 猪に負の評価を与える弊害を生み出

した。

(8) Mでは牛馬を用いるわが国の供犠は外来の例外的な存在であると説き，LとNでは『古語集遺』の御歳神神話の分析と考古学的な証拠から殺牛祭祀が広く普及していたことを説く。また，Lではわが国古代の狩猟には正月一日の祖霊供養，薬狩，播種または田植祭，祈狩，贄の貢進と天皇がこれを食し儀礼的に地方支配を確認する儀礼などと関わり多義性のあったことを説く。しかし，鹿が霊獣視された良き獣であることと猪がその対極にある不価値の獣とする見解はJと同様に再考の必要がある。また，喪葬儀礼との関係においては耳裂け鹿と百舌鳥の儀礼，陵守が白鹿となって逃げた説話を取り上げるのみであり，後者については「被葬者の霊が白鹿となって冥界へ旅立つことを願って古墳完成後に行われた白鹿を放つ儀礼を反映したもの」で，「鹿形埴輪や鹿を線刻した円筒埴輪も参考となるかもしれない」とするのは埴輪への理解が不十分であり，儀礼の復原も信頼性を欠く。

(9) Nでは供犠の類型化を試み，破壊＝殺す文化の代表を牧畜文化・一神教とし，これに対立するのが共食＝食べる文化で，その代表を農耕社会・多神教とする。また，在地首長が人民からの贄を神に捧げることを任務とし，祭祀の終わりに共食（直礼）するのは神・首長・人民の間における食物の分配システムであると説くことは古代首長制の構造や神祀りのための狩猟の役割を考える上で有益であろう。Oでは新嘗の初尾儀礼は王自らが猪・鹿を狩り，その宍を鮮にして野饗することが本来の姿であり，首長が豊穣を祈り，神に捧げるマツリが首長の領有権を承認する儀礼でもあったことを説く。こうした祭祀構造の理解はNとも共通しており，古代首長制下で恒例化した農穣祭祀と狩猟の関係を本質的に指摘したものとして評価される。

3. 壁画研究を参考にして

わが国の古墳壁画において狩猟を表現したものとして下記の4例がある。それぞれの特徴と解釈を記す。

(1) 福島県双葉郡双葉町清戸迫76号横穴墓

　　赤単彩で7世紀に属する。四足動物4頭が描かれるが，右端の1頭は

狩の場面から外れている。配列は弓を射る人物→犬→小鹿→牡鹿の順
である。中心画題は一際大きく描かれた冑を付けた男子像と大きな渦
巻き文である。狩の情景は生前か死の世界においてかは見解が分かれ
るが、ここに葬られた人物の活動を表したものとされるが、果たして
そうであろうか。

(2) 福島県原町市中太田羽山1号横穴墓

赤白2彩で、7世紀に属する。白彩の牡鹿が中央の高い位置にあり、
重要な画題であろう。主題は結び付けられた二つの大きな渦文と大刀
を付けた人物2人及び馬と人物のリフレイン表現である。弓の表現は
認められないが、2人の男が鹿を追い込む様子かとも見うる。赤い長
方形は人物より大きいので盾ではないであろう。なお、天井は赤い珠
文で埋め尽くされている。星の表現であろうか。

(3) 福島県西白河郡泉崎村泉崎4号横穴墓（図II-40-2）

赤の単彩で7世紀に属する。鹿を後方から弓で射る人。その後方に4
人の手を繋いだ男、さらに両手を合わせるような仕草の女子3人が続
く。いくつかの解釈が提出されているが、筆者は牡鹿を射る人と4人
の手を繋いで鹿を追う勢子、そして3人のシャーマンと見る。シャー
マンは狩猟の成功を祈る姿とも、鹿の肉を供物として捧げる姿とも見
える。絵の下方に小円文、天井部にも小円文と大渦文が散らされてい
る。獲物の魂よ、冥界へ届けという祈りが込められているものであろ
うか。構図と登場人物の上で（4）との共通点が認められる。

(4) 福岡県筑紫野市五郎山古墳（図II-40-1）

赤・黒・緑の3彩で6世紀に属する。後室奥壁下部には、靫に接して
飾り付き帽子を被る男子立像、その斜め下に猪があり、赤い槍が刺さっ
ている。おそらく槍で獲物を仕留めた状態を示すものであろう。中央
の靫の左側にも飾り帽子を付け弓を引く男子立像が左向きに立ち、矢
の向いた方向に四足獣らしき絵（だいぶ薄れている）があり、赤い三
角形が四足獣の腰とさらに人物との中間部との2箇所にあるのは矢の
飛んでいく様子を分かち書きしたものであろう。

　左端の家付近には両手を開く人と天上を見て両手を合わせる姿の女
子の立像があり、祈りを捧げている様子と見られる。画面中央の下段

には構造船が大きく描かれていて主題を表すものであろう。なお，星とも言われる小円文4個が散らされている。

　奥壁の上部には大きな馬に乗って弓を引く人物と2頭の四足獣，2人の立像を描く。青い方形図は馬に付く旗か。二重円文は太陽か。2人の人物は勢子であろう。2頭の四足獣は首から血を流しており，狩られたことを示しているのであろう。

　壁画の解釈に付いて，白石太一郎は葬られた人物の生前の狩や戦いなどの活動を表したものと考えることもできるとする[288]。また，辰巳和弘は左右壁の三艘の船上には長方形の図形があって，棺を描いたものと見て誤りなく，霊船であるとする。周囲に星を表す多数の小さな黒点が描かれ，空を翔ける霊船が他界に向かっていることを示すと見る。そして，奥壁の下段に描かれた船には棺の絵がないことから，被葬者の霊魂は他界にたどり着いたのだとする。したがって，船の上に展開する情景は他界とそこに生きる被葬者の姿を現わしたものと推察が付き，そこには狩猟の情景が描かれているとする[289]。辰巳は狩猟図に付いて，「狩猟は古代首長にとって重要な王権儀礼のひとつ」であるから，「被葬者が他界で首長として生きていくことを祈念することが主題であった」と説き，さらに，古墳壁画と形象埴輪の両世界に，同じ主題を表現しようとする古代人の意図が見出せると付け加える。

　いっぽう，小田富士雄は報告書の考察編[290]において，埼玉県瓦塚古墳における筆者の埴輪配置復原とその解釈を詳しく取り上げ，五郎山古墳の彩色壁画を考える上に多くのヒントが与えられるとし，「筆者はさきにみた瓦塚埴輪群の示す殯の復原と照合することによって，五郎山古墳の壁画が示す内容は，被葬者再生を願う殯行事から，常世に航行する行程までを描いて被葬者の辟邪鎮魂を祈念した絵画であることの妥当性を提起したいと思う。」という見込を持った上で，具体的な観察を行い，「奥壁の左半分に描かれた図像群は一つのまとまりを示している。すなわち殯屋（喪屋）に礼拝する巫女。旗を帯して乗馬し，さらに諸獣（馬？犬？など）を率いて参加する人物。また犠牲獣を仕止める所作図像など一連のまとまった群像はまさに殯儀礼に参加している状況を再現しているというべきであろう。（中略）上段の弓射乗馬男子像は馬の尻上に緑色の旗をなびかせた旗竿をつけていて，死者の再生

を願う犠牲獣を得るための狩猟図と見られる。」と解釈し、「かくして本古墳の主題をなす奥壁彩色画は、被葬者の殯儀礼の始終を記録したと解釈することによって、全体を一幅の絵画と見ることが可能となるであろう。」と結んだ。そして埴輪祭儀が採用されなかった代りに石室内にそれが詳しく再現されたのではないかと両者の関係を明示した。

　これらの解釈の内、小田説が最も優れており、説得力がある。その理由は埴輪祭祀と壁画表現の連続性を踏まえた上で、その主題を解明する研究姿勢をとったからであり、解釈においても王権儀礼や個人の顕彰といった個別的な解釈ではなく、もっとも葬送儀礼と関係性が高く、基層習俗たる殯の場面であることを明らかにしたからである。筆者の埴輪祭祀論が援用されたことは名誉に思っているが、同時に壁画解釈の論拠を請け負う必要も生じたことになる。

4. 『日本書紀』狩猟記事からの発見

　筆者は日本書紀において狩猟がいつどのような状況で行われているのかを検討してみた。その際、天皇の崩御及び皇后の薨去との関係に着目してみた。殯期間中または葬の直後に行われた狩猟6件を掲げ、解説を付す。

　A　仲哀天皇

　　　九年（庚辰）春三月癸卯朔丁未。天皇忽有痛身。而明日崩。…………
　　　而殯于豊浦宮為无火殯斂。
　　　是年。由新羅役以不得葬天皇也。
　　　神功皇后摂政前紀〇十二月戊戌…………明年春二月皇后群卿及百寮移
　　　于穴門豊浦宮即収天皇之喪。従海路以向京。**時…………麛坂王忍熊王
　　　共出菟餓野而祈狩之曰。若有成事必得良獣也。二王各居假庪赤猪忽出
　　　之登假庪咋麛坂王而殺焉。**
　　　神功皇后摂政前紀二年（壬午）冬十一月丁亥甲午。葬天皇於河内国長
　　　野陵

　B　履中天皇

　　　四年（癸卯）〇秋九月乙酉朔壬寅。**天皇狩于淡路嶋**
　　　〇癸卯《翌日》…………皇后薨。
　　　〇冬十月甲寅朔甲子。葬皇妃。

C　安康天皇

　　三年（丙申）秋八月甲申朔壬辰。天皇為眉輪王見弑。三年ノ後。乃葬
　　菅原伏見陵

　　雄略即位前紀〇冬十月癸未朔**天皇恨**…………**市辺押磐皇子陽期狡猟勤**
　　遊郊野日……**而陽呼曰猪有。即射殺。**

　　雄略即位前紀〇十一月壬子朔甲子。天皇…………即天皇位。

　　二年(戊戌)冬十月〇丙子。幸御于馬瀬命虞人縦猟。…………毎猟大獲。

D　用明天皇

　　二年（丁未）〇夏四月癸丑天皇崩于大殿

　　崇峻即位前紀〇五月……**及至於今望因遊猟而謀替立**（物部大連が穴穂
　　部皇子を立てて天皇としようと欲し，淡路で遊猟に誘い出して替立て
　　ることを謀ったが，洩れて，六月に皇子らは）誅殺された。

　　用明紀二年〇秋七月甲戌朔甲午于磐余池上陵

E　推古天皇

　　廿年〇二月辛亥朔庚午。改葬皇太夫人堅塩媛於桧隈大陵。（第一に軽
　　街で誄し，……）

　　〇夏五月五日。**薬猟之。**集于羽田以相連参趣於朝其装束如菟田之猟。

F　舒明天皇

　　十三年（辛丑）冬十月己丑朔丁酉。天皇崩于百済宮。〇丙午殯於宮北。
　　是謂百済大殯。皇極天皇元年（壬寅）二月。（百済・高麗の弔使が来
　　る。）三月（新羅弔喪使が来る。）五月乙卯朔己未。**河内国依網屯倉前。**
　　召翹 岐等。令観射猟。

　　十二月甲午。初発息長足日廣額天皇喪。壬寅。葬長足日廣額天皇于滑
　　谷崗。天皇遷移小墾田宮。

解　説

　Aは仲哀天皇が3月に突然筑紫橿日宮にて崩御したが，新羅征討のために
葬儀を営むことができず，翌年2月に天皇の喪が京に向かう時に，麛坂王と
忍熊王が天皇の崩御と皇后の新羅征伐，皇子（応神）の誕生を聞きつけ，蜜
謀して弟が擁立されることを阻止するために，いつわって天皇のために陵を
作り，人々に武器を取らせ，将軍を定め，東国の兵を興させて，皇后を待ち

受けた。この時に麛坂王と忍熊王は菟餓野に出て祈狩して，もしことが成就するならば良い獣を得るであろうといって，桟敷にいたところ，赤い猪が突然出現して，桟敷に登って麛坂王を食い殺してしまったという話である。

　しかし，この祈狩は父である仲哀の崩御後1年以内に行われており，遺体が京に到着する前なので，正式な殯以前に行われていることになる。ちなみに埋葬は1年9ヶ月後であった。肉親の殯の期間中は喪に服する時期であり，父のために陵を作ったとすることも参酌すれば，麛坂王と忍熊王の行った狩は死者に供えるための犠牲獣を狩るためのものであり，葬送儀礼の一端ではなかったか。従来，字面の如く祈狩として解釈されてきているが，狩猟の実行された状況と時期からすれば，そのように理解した方がよかろう。2人の王は大中姫の子であり，いわゆる脇腹の兄たちであった。敗者の歴史は祈狩によって潤色され，為政者によって滅びる運命を強調されたに違いない。なお，猪は一般に2から3月が交尾の時期であり，牡の気が荒くなる[291]ことが知られているので，赤猪が暴れ出したのは天啓ではなく，そうした時期の狩であったからである。

　Bは履中天皇の淡路島における狩の翌日に皇后が薨去したという記事である。皇后は病気中であり，不予の状態であったことが想定される。したがって，天皇の狩は皇后の助命を神に求めるために生け贄を獲ることが目的であったのではなかろうか。

　Cは雄略が安康の殺された年の冬10月に市辺押磐皇子を近江来田綿蚊屋野の狩に誘い出し謀殺したとする記事である。雄略は皇位に就いた翌年にも大規模な狩を行って多くの獲物を獲っている。共に安康の殯期間中の狩猟であり，葬送儀礼における供犠の可能性が考えられる。

　Dは用明天皇崩御の翌月に起こった事件で，秋7月の葬の前であった。したがって殯期間中の狩が行われたことになる。物部守屋大連の軍はことごとく黒衣を付け狩の真似をしたとある。黒衣は罪人の服装とする意見もあるが，喪服と考えた方が文意が採りやすい。

　Eは堅塩媛の改葬後まもなくの狩で，薬狩とされる。5月5日は端午の節日であり，第4節のJで引くように推古朝に3回，天智朝に1回同日の狩猟記事があるので年中行事化した可能性がある。装束を菟田之猟の如くしたというのは推古十九年夏五月五日条に諸臣が服色を冠色に従ったことを示す。

Ｆの射猟は舒明天皇崩御の7ヶ月後であり，12月に行われる喪の初発より前である。こうした期間の5月に通常の薬狩に類するような狩が行われたとは考えられない。朝鮮三国の弔使が来朝する中で，百済大使翹岐を召して射猟を見せしめたというのは葬送儀礼への参加を意味し，死者への犠牲獣を得るための特別な狩猟であったことを示していよう。

5. 結 語

猪鹿埴輪を理解する上で，古代の狩猟等の意義に付いて検討を重ねてきたが，その包括的な位置付けにはまず，生業としての狩猟・遊興としての狩猟・儀礼的な狩猟の三者があり，このうち，埴輪ともっとも関連の深いことが想定される儀礼的な狩猟は引用した諸研究等を整理・分類すると，次の通りになろう。

 (1) 王権儀礼としての狩猟と供犠
  ① 土地占め・巡狩
  ② 薬猟
  ③ 動物霊（マナ）の扶植
  ④ 軍事演習
  ⑤ 誓約狩（狩占い）
  ⑥ 贄の献上
 (2) 農耕儀礼としての狩猟と供犠
  ① 害獣駆除
  ② 農耕はじめの神狩
  ③ 播種祭・田植祭に先立つ狩と血の呪術
  ④ 農穣感謝祭での供犠
  ⑤ 狩猟神・山の神への生贄
  ⑥ 御歳神への供犠（白猪・白馬・白鶏）
 (3) 死者儀礼としての狩猟と供犠
  ① 先祖祭祀（臘日・臘祭・仏正月）
  ② 中元節（盆にくる霊を饗する）台湾では豚を用いる。
  ③ 宗廟祭祀
  ④ 死者への供犠

　　　⑤ 死者の身代わりとしての贖い物
　　　⑥ 極楽往生する為の功徳としての狩

　以上の類型の内，（1）の王権儀礼に属する狩は，大型首長墓においては候補となしうるものの，前述したように小規模古墳にも猪鹿埴輪を伴う例があることから，両者に共通した一貫性のある解釈が不可能である。②③⑤は必ずしも王権や首長権にのみ占有されるものではないが，前述したように，②については起源が新しく，埴輪の時代には実在しなかったことを，⑤については麛坂王・忍熊王の祈狩記事の分析から後に架上された可能性の高いことを説いた。また，これらは③も含めて，本人のためにする狩であることを前提とするが，実際に発見されている狩人の埴輪を被葬者本人の像と見なすことができないので，候補外とせざるをえない。（2）の農耕儀礼に属する狩については，古墳の被葬者が農耕社会に生き，農耕祭祀にも関わったであろうことから，形式的には候補となりうるが，分類したそれぞれのケースに特定できる具体的な埴輪表現という状況証拠がなく，それらが埴輪として造形されなければならなかったとする根拠も希薄である。

　これらに対して，（3）の死者儀礼に属する狩は埴輪の造像背景として十分に候補としうるので，個々の検討を試みたい。まず①から③は祖先祭祀の諸相であり，③は中国の礼制に基づくものであり，わが国の古代には存在していなかった。①は中国のみならず，日本も含めた東アジアの基層習俗に属する年中行事的な祖霊祭祀であり，ひとまず候補としうる。しかし，日本書紀の中で皇祖の祭祀が確認されるのは天武朝であり，民間で暮から正月に祖霊を迎えて供物を捧げる記事は奈良時代まで下降する。隋書東伝倭人の射戯飲酒記事もこれを反映する可能性があるが，埴輪の時代にまで遡る証拠がない。②は盆行事との関連が推測されるが，やはり古墳時代まで遡及する習俗とはなし得ない。また⑥は被葬者本人の狩猟を意味するものであり，狩人の像容との関係から候補となしえない。

　残りの④と⑤はどうであろうか。まず，⑤については，浜田泰子が「南島の動物供犠」[292]で奄美喜界島のユタからの聞き書きを録したものを掲げる。（事例1）ウフェワーエーは牛を病人の寝ている庭先に引き出し，左縄で牛の足をくくり，この縄を病人に握らせる。牛の首を切って殺す。ガジマルの枝七本の上に芭蕉の葉を広げ，牛の内臓を置き，ナナキンジシという肉七切

れをあつい汁をかけて包み，これらをそっくりむしろに括って，南の海岸に行き，シュバナ神（海の神，潮花神，海上事故で死体の上がらない者の死霊）への呪詞を唱えながら，海岸線に直角になげて，後を振り向かないで帰ってくる。

（事例2） リュウキュウニガイは溺死者を発見したり，溺れた人を助けた時，あるいは海で遭難し，フカに襲われたなど海難事故にあいながらも奇跡的に助かったというような時に，豚を殺して神ニガイ（願い）をする。先祖神の加護によって他人にその災厄が移ったので，感謝して儀礼をするものだという。「ドッオガーリお願」（＝自分と豚の命を交換して欲しいと願う儀礼）と呼ばれている。

　同様の事例は千葉徳爾も『狩猟伝承の研究』中で引いており，南西諸島では病気の時や変死者がある場合，その死に代用品を提供する目的で，豚，牛などが犠牲とされ，それによって死に瀕した者の生命をあがなうという場合がある。これは主としてユタなどの指示によって行われると説く。

　これらの事例は，第**6**節4項にBとして掲げた『日本書紀』履中四年の淡路島での天皇の狩と翌日に皇后が薨去したとする一連の記事の意味を考える上で，まことに有益である。病人の命と引き換えに神に対して動物供犠を行うケースであり，千葉は牛や豚などの家畜を用いる以前は狩猟によって獲物を得て，これを神に捧げる場合のあったことを想定している。しかし，仏教受容以降のわが国（とくに天武朝以降）では，殺生戒との関係で，天皇や皇后の不予の際には病気平癒を祈願して逆に猪（飼育されていたもの）などを放生するという正反対の宗教儀礼が採用されることとなり，社会上層部から始まった供犠の排除が順次，民間にも及び，わずかに南西諸島にその遺制を留める状況となったのであろう。

　⑤については，④とおなじく，やはり南西諸島にその遺風が残っている。千葉徳爾は『狩猟伝承の研究』で「宮古島ではWa（筆者註：泣き声からの豚の呼び方）を旧正月，冬至，七日盆およびトシビに殺し，黒色にそめて用いた。同じ島ではぶたの肉は死者の葬儀に必ずなくてはならぬものであるが，同時に変死者があったとき，それを最初に発見した人も，すぐにぶたを屠ってその場で料理し，その死者の死体を始末する人々が共食する。（中略）身代わりはぶたのほか鶏でもよいというが，昔はぶたを用いることが多かった

と伝えているから，その以前は人の代用として猪を供用することがあり得たろうとも考えられる。」とし，「なお，老人の中には葬儀のとき Wa を食うのは参列者のみで，近親者はこれに加わらないというものもあ」るとも述べている。後段の近親者が Wa を食わないというのは，『魏書』東夷伝倭人条に「始死停喪十余日當時不肉食喪主哭泣他人就歌舞飲酒」と記されていることを想起させる。この場合，肉を食わないのは喪主であり，他人は歌舞飲酒し，肉を食べたとの解釈も可能であろう。

　また，『日本書紀』神代下には天稚彦の殯の様子を「便造喪屋而殯之。即以川雁為持傾頭者及持箒者。又以雀為舂女。而八日八夜哭泣悲歌。」と記すが，割書きして，ある本には「以烏為宍人」とあることを示す。この宍人は肉の解体と調理の担当者であろう。このことは南西諸島の遺例と同じく，わが国の古代においても葬儀に肉が付き物であったことを物語っている。ここで，宍人を理解する為に，日本では既に消滅した殯の習俗が残存する中国雲南省元陽県新寨のハニ族の曽紅による調査報告 [293] を見てみよう。

　死者を納棺する際に，鶏を棺の中に納め，夜，玄関の脇に招魂幡を掲げ，牛の頭を傍らに供える。何頭かの牛を生贄としないと，正式なモツォツォ（莫搓搓）とならないため，通常 7，8 頭の牛が殺されるが，「牛の頭を死者に捧げないと，年長者や身分の高い人であっても，死後祖先神として再生することができないのだ」という。この夜，娘や嫁たちは葬式用の帽子を被って棺のまわりを右回りに廻って踊ったり歌ったりするが，大昔には鳥の羽を飾って踊ったという。この点について筆者は，殯に歌舞が伴うことは，わが国との同一性を示し，踊り手がかつて頭に羽根を付けていたことも天稚彦の殯に奉仕する鳥たちと共通の根を持っていると考える。死者の葬送に奉仕するシャーマンや親族が鳥の装束を付けていたことを示すものであろう。

　翌日は出棺の日で，別火で飯を炊き村人全員に御馳走する。料理は牛肉，豚肉，羊肉，魚，つけものなどである。親戚たちは死者に牛頭などの供え物をして，死者の最後の食事とする。曽紅はこの肉の料理人こそがわが国の天稚彦の殯に登場する宍人であることを強調する。

　このように葬送に動物供犠を行う例は，わが国の南西諸島，中国南部，東南アジアにひろく現存しているほか，古くは隣国の韓国でも，馬韓では牛馬に乗ることを知らずに，ただ死を送るのに尽したことが『魏書』東夷伝に記

されている。馬韓は朝鮮半島西南部で後に百済に併合された地域であるが，実際にこの地域では葬送に牛馬を用いたことが古墳出土の動物遺体から確認できる。わが国でも宮崎県から青森県におよぶ 81 基の古墳から 100 頭分を超える牛馬骨（牛は 2 例のみ）が出土していることを桃崎佑輔が明らかにしているので，半島から 5 世紀頃に渡来した人々を中心とした牛馬飼育集団が死者への牛馬殉殺の風をわが国に持ち込み，のちに在来集団にも受容されたものである。奈良県田原本町羽子田遺跡，大阪府守口市梶 2 号墳，千葉県横芝町殿塚古墳，千葉県印旛市小林古墳出土の 4 例の牛形埴輪はこのような葬送での供犠獣を埴輪として再現した数少ない遺品である。また，馬形埴輪も殉殺を象徴するものとして造形された可能性がありうる。

　ところで，四足獣の埴輪が盛んに製作された 5・6 世紀においては牛の牧畜はごく一部の先進地にかぎられ，供犠に供されることが稀であったことを牛形埴輪の希少性は物語っている。これに対して猪鹿埴輪は全国 47 基の古墳から 100 例を超える数が確認されている。この数量比から見る限り，当時，葬送儀礼に供犠されたのは一般的に猪と鹿であったと見てよいであろう。本節第 4 項では『日本書紀』の狩猟記事の分析から，天皇や皇后の死に近接した日時に猪鹿を対象とした狩猟が行われた例を抽出して，それらに①不予の場合，死の代償として狩を行って神に供犠する場合と②殯の期間中に同様に狩を行って供犠する例とが想定できることを示した。②の場合，未だ死が確定しない時期には前者と同様の意義が想定できるが，死後 1 週間ほどが経過し，既に蘇生が現実的に不可能な段階においては，死者の霊魂が無事に他界に赴けるように祈願して，神に供犠したものであって，一種の霊送りであったことが想定される。そして，その肉は殯屋内の死者の最後の食事として供えられ，直礼の段階で，そのお下がりを親族以外の参列者が頂き，飲酒しつつ，そのエネルギーを以って長期間にわたる霊振りの舞に奉仕したのであろう。

　このような殯における供犠という猪と鹿の役割は，古墳上の埴輪配置において中心部に喪屋と推定される家形埴輪が置かれ，その前で巫女が死者に対して酒食の奉仕をしたり神へ祈りを捧げる姿が示され，その脇には酒食を振る舞われる参列者（まれに尸を含む）や琴弾きに合わせて踊る群像が立てられ，その外側に猪や鹿の埴輪が狩の情景として配置されていることから，立体的かつ包括的に理解することが可能である。狩猟は当然ながら，殯の場から離れ

た原野で挙行され，獲物は解体調理されて喪屋の死者に供えられ，最終的には殯の参加者たちに振る舞われたのである。このような狩猟表現を含む殯の情景は埴輪祭祀に見られるだけでなく，福岡県五郎山古墳や福島県泉崎4号横穴にも描かれており，墓室内の装飾壁画にも受け継がれたことを知りうる。

　小稿では，古代における狩猟と供犠の多義性を多くの研究者の成果によって通覧しながらも，埴輪と古代史料の分析結果を主な根拠として，猪鹿埴輪は犬形埴輪と組み合わされて，殯屋の死者に供えるための供犠を目的とした狩猟を再現したものであるとの結論を提示した。また，大型前方後円墳での犬を欠く組成の実在から囲い飼いなどの猪と鹿の飼養の可能性を措定し，牛と同様に飼育獣として猪と鹿が殯の場に供献されたことも想定しておいた。両者の相違は動物飼養の後進地と先進地との違いを示すとも理解されるが，牧畜文化が十分に及んでいても，中国の殷代や朝鮮の李朝の宗廟祭祀には田猟が重んじられていた点を参酌すれば，宗教的な意味では家畜の供献よりも狩が正式のものであった可能性が考えられる。

　なお，牛や馬と異なって，猪や鹿の遺体は古墳から発見されることは極めて稀である。前者には墓への殉葬とそれに先立つ屠殺儀礼があったのに対して，後者は墓ではなく，殯の場で供犠されたという違いによるものであろう。殯の遺構が発掘調査で確実に把握された例はないが，群馬県三ツ寺遺跡の濠底付近からは猪，鹿，人などの骨がまとまって発見されており，殯の場として利用されたことがあったのではないかと注目している。日本書紀によれば，殯は宮の南庭などのいわば屋敷内に営まれた例が多く，宮跡や豪族居館などの遺構を分析する上での留意点と考えている。猪や鹿の遺体という状況証拠の収集と殯の遺構の追究を今後の課題に設定した上で，稿を閉じたいと思う。

　なお鷹狩（図II-39-3）も猪鹿狩と同じ目的で，小鳥や小獣を狩ったものと考えられるが，本稿では触れることができなかった。

謝　辞
　本稿をまとめるにあたっては，筑波大学教授の川西宏幸さんに構想を聴いていただいた上で，多義的な狩猟の意味について種々御教示を得，さらに古今東西の文献の提供を受けました。多年に亘る御厚誼に，こころより感謝申し上げます。

⑥ いわゆる力士埴輪から解釈を試みる
— 鎮魂の芸能者 相撲人 —

1. はじめに

　国技といわれるほどに伝統性を重んじ，日本人が愛してやまない相撲。その起源はどこにあり，どれほど前のことであったのか。その問いに答えられるのは日本最古の相撲資料である埴輪をおいてほかにない。一般に力士埴輪（筆者は相撲人埴輪を用いる）と総称されるものを俎上に上げると，その姿態や髪型，着装品にもバリエーションが認められる。また，入墨や顔面彩色などの古い習俗も印されている。こうしたデータは細分すれば，時間差や地域差,系統差を知る手掛かりとなる。さらに本質的な共通性を抽出できれば，相撲の根源的な意味を掬い取ることも可能かもしれない。相撲人埴輪が語る豊穣な情報に刮目してみよう。

　そこで，筆者は相撲人埴輪の頭部表現の違いに着目してみた。扁平な鰭状表現をもつものを髪型として捉えることに納得がいかなかったことがその動機である。まずは保存状態が優れ，考古学的検討に耐えうる資料の中から，四つの類型を取り上げ，詳しく観察してみたい。

2. 井辺八幡山古墳の相撲人埴輪 （図 II-41）

　和歌山市岩橋千塚中の前方後円墳である井辺八幡山古墳の東造り出しから出土した東人物 10 号 [294] はほぼ全形が復原され，高さは 113.5cm ある。わが国最大の相撲人埴輪である。少し前傾姿勢をとっており，左足に重心を懸け，右半身となり，左手を前に突出して肱から先を内側に曲げているため，報告者は相手を抱きかかえる姿とし，他の力士像と向き合って取り組んでいた姿勢と推定している。腹部の太いあんこ型の体形を示し，裸体にはふんどしを着け，臍穴の表現がある。

　ふんどしは紐状の横帯とやや幅の広い竪帯を組み合わせたものだが縫製の表現はない。膝の下の位置に脚結の紐がある。左右に緒があったと推定するが，欠失している。足は素足で履物の表現は伴っていない。頭部には帯状のものを着用している。報告では鉢巻としているが，結び目の表現がなく，端

部が垂れることなく突出する表現から
楮の甘皮を巻いた木綿蔓（ゆかずら）
かと思われる。髪型は頭頂部に前後方
向の溝があり，報告者は剃髪とみてい
る。しかし，髪を左右に分けた状態を
誇張表現したものかもしれない。耳を
隠す状態で垂下する鬢は束ねた様子に
見えるが，美豆良と呼ぶには短い。後
髪は背中まで長く伸ばして束ね，垂髪
にしている。また，小さな顎鬚があり，
先端は内側に反り返っている。顔面に
は入墨の表現があり，鼻の上から両目
の下に及ぶ翼形を呈している。外郭線
の中には約40本の斜行沈線を充填し
ており，具象的な表現と見られる。こ
の入墨部分には黒ずんだ赤色顔料が塗
られている。これを相撲人埴輪の第1
型式とする。頭部に髪の表現があるこ
とを指標とする。

　同形の相撲人埴輪は西造り出しにも
1体あったことが推定される。西人物
4号は，素足の付く台部であり，周囲
から顎鬚が出土している。

　出土古墳は主軸長88mの前方後円墳
で，和歌山県下最大である。前方部の

図 II-41　井辺八幡山古墳の相撲人埴輪
（文献［294］より）

両側に造り出しが付き，その二つの方形埴輪列中に多種多量の形象埴輪群が
配置されていた。供献された須恵器から6世紀初頭に比定されている。

　なお，この古墳には相撲人埴輪が合計5体もしくは6体存在している。東
造り出しには人物10号・11号・12号が直列で並んでいた。この3体のうち
2体は保存状態が悪く，全体像はわからないが，11号にはわらじとされる足
と復原直径22cmのふんどしが，12号には素足とふんどし（10号と同規模）

が付く可能性が高い。また，11 号付近から出土した「形象ヘ」は人物の帽
の庇と推定されているが，いわゆる横髷である。

　3 体の正面方向は報告されていないが，他の人物埴輪と同じく南西のくび
れ部方向へ向いていたのであろうか。もし，そうでないとしても，11 号に
いわゆる横髷が付くのであれば，向い合って取り組んでいた可能性は低いで
あろう。理由は後述する。

　いっぽう，西造り出しに設置されていた 2 体の相撲人埴輪（西人物 2 号と
同 4 号）は正面の方向が判明しており，向き合ってはいない。この 2 体のう
ち 4 号には，前述したように顎鬚を伴い，2 号にはいわゆる横髷「西形象ニ」
を伴う可能性が高い。後者について報告者が「大谷山 22 号墳出土の女子人
物埴輪頭部に立てられている弧状のものと同じものかもしれない」との指摘
を行ったのは慧眼であるが，女子とするのは誤りである。その原因は当該報
告書 [295] に「島田の退化した鰭状のものが付いている」という誤認記載がな
されていたためである。これこそ次に第 2 型式として取り上げる相撲人埴輪
なのである。

3. 原山 1 号墳の相撲人埴輪 (図 Ⅱ-42)

　福島県西白河郡泉崎村の原山 1 号墳 [296] の土取り断面から出土した相撲人
埴輪はほぼ完存しており，高さは 62cm ある。双脚像であるが，台部を伴わ
ない形式である。両足をやや開いて直立し，腹部は太く作られている。右手
を斜め上に挙げ，左手を腰にあてがう。臍穴はないが，裸体であり，ふんど
しを着用している。ふんどしの横帯は紐状であるが，竪帯は剥離してしまっ
ている。横帯より幅広い布状の表現であったようである。また，膝下の位置
に凸帯が水平に巡っており，緒の表現がないので，脚結を表現したものか補
強用の凸帯か定かでない。美豆良や垂髪などの結髪表現はなく，頭頂部に三
日月形のいわゆる横髷が付く。耳の位置には円孔が穿たれている。また，赤
色彩色痕跡が髷，顔面，首，右手に残る。これを相撲人埴輪の第 2 型式とす
る。頭頂部の鰭状突起を指標とする。

　隣接した位置からもう 1 体の相撲人埴輪が出土しており，共通する左手（腰
にあてがうという意味であろう），髷，脚部とみられる小型円筒が残存して
いるという。

　結語として，報告者は「頭に髷を結っており，衣
服の表現がなく，褌をしめており，ふんばった足，
太めの胴体などから見て力士を表現している可能性
が強いと思われる」と記している。これは大筋では
正しいのだが，傍点部分は十分な検証を欠いている。
それにもかかわらず，その後に出土した同種の相撲
人埴輪の報告書や埴輪を扱った研究書[297]にもこと
ごとく踏襲されてきた。いわゆる横髷の問題につい
ては後に検討を加える。

　なお，出土古墳は後円部径 12.5m の小型前方後円
墳であるが，当該地方の同時期にあっては最大級の
古墳であるという。人物埴輪は墳丘くびれ部付近か
ら前方部側面にかけて，琴弾き，女子などが一列に

図 II-42　原山 1 号墳出
土の相撲人埴輪（文献
[296] の写真をトレース）

並べられており，盾持ちと相撲は外部からの入口と
なる位置に置かれていたために墓守の性格が推定されている。古墳の年代は
円筒埴輪の特徴，須恵器，土師器などから 5 世紀末に比定されている。

4.　登山 1 号墳の相撲人埴輪 （図 II-43）

　神奈川県厚木市の登山 1 号墳[298] から出土した相撲人埴輪は，大腿部か
ら腹部と左手を失っているが，全体の特徴を知る上では差し支えがなく，高
さは 85.7cm ある。やや足を開き直立して立つ。裸体にふんどしを付けるが，
その横帯は幅が広く厚みもあって，今日の力士の用いるまわしに近い。股間
を覆う竪帯の部分は欠損している。右手を斜め上方に挙げ，左手も付根の開
口部から見て，同様に推定されるので，両手で万歳をするような姿勢となろ
う。頭部には頭髪の表現が一切なく，いわゆる坊主頭である。顔面に眉・目・
鼻・口が表現されているところは通常の人物埴輪と変わるところがない。耳
は中心に小円孔を穿ち，その周囲に環状の粘土を貼って表現する。耳の下に
接して耳環が付く。両頬の部分には赤色彩色を施す。脚部の現存部（膝から
下）にも赤色彩色が残る。顎には黒色彩色があり，無精鬚の痕かとされている。
足には甲に 5 個の円錐形の突起が付く履物を履いているが，爪先には 5 本の
指が粘土紐で 1 本ずつ表現されている。後述するように本埴輪については相

図 II-43 登山 1 号墳出土の相撲人
埴輪（文献[298]より）

撲人埴輪の認定に否定的な見解もあるが，筆者は相撲人埴輪の第 3 型式とする。坊主頭を指標とする。

　同古墳は直径 20m の円墳で，墳丘は削平されていたが，周堀中へ転落した状態で相撲人埴輪は円筒埴輪，寄棟造り家形，甲冑着用武人，2 個体の男子，3 個体の女子，飾り馬，3 個体の鳥などの形象埴輪と共に出土した。古墳の築造年代については，今津節生は円筒埴輪と坊主頭の人物埴輪を出土した川崎市末長久保台遺跡と同一系譜の，後続時期との位置付けから，6 世紀中葉に比定している。筆者は埼玉古墳群の瓦塚古墳[299] から出土した人物埴輪及び円筒埴輪との近似性から鴻巣市生出塚埴輪窯跡の工人の関与を想定するものであり，瓦塚古墳造り出し出土の須恵器によって MT15 型式から TK10 型式への過渡期に相当する時期，実年代としては 6 世紀第 2 四半期を比定している。

　ところで，この坊主頭で双脚の人物埴輪はかつて赤星直忠によって行脚僧を表したものという独創的な解釈が行われてきた。それは「頭に毛の表現がないから僧であるとしか理解できない」というところから出発していた。股間部が残存していないために，ふんどしを付けているとは考えず，帯の上には上着を，帯の下にはズボンを着けていると推定した上で，脚部の赤色彩色を脚伴，突起のある履物をわらじと理解し，行脚僧の姿を想定したのであった。また，後に再整理を行った際の報告者である今津節生もふんどしの着用は想定しておらず，横に偏平な力士に特有な髷がなく，腰に手を置く定形化した姿と異なることを理由として，類例がなく，その性格は明確でないとした[300]。

　いずれにしても，頭髪表現のないことがこの埴輪の最大の特徴であり，そ

のことがこの埴輪の性格を解明する上での重要
な手掛かりとなってこよう。また両手を挙げる
仕草の意味も問われなければならないであろう。
ともに検討課題として設定しておこう。

5. 三昧塚古墳の相撲人埴輪《割愛》[*23]

6. 相撲人埴輪の頭部表現による型式分類

　前章までに頭部の表現様式が異なる代表的な
資料を取り上げて，類型を設定した。ここでは，
他の資料を含めて，有意な型式分類を試みたい。
筆者は第1分類に頭部の表現，第2分類に姿態
の表現を取り揚げ，着衣・履物・着装品を参考
とした。

（1）甲類

　第1型式のように，頭部表現において露頂（被
りものを着けない）で頭髪の表現を伴うものを甲
類とする。該当するのは下記の3遺跡3点である。
　　①井辺八幡山古墳東造り出し10号埴輪（1点）
　　②埼玉県行田市酒巻14号墳（1点）（図II-44）
　②は両手の二の腕の部分を失っているだけで

図II-44　酒巻14号墳出土の
相撲人埴輪（文献[301]より）

完形に近い。全高は93.3cm ある。頭髪は鬢を上げ美豆良に結い，頭頂部に
も髪を結った痕跡がある。垂髪を伴わないことから竪髻とみてよいだろう。
姿態は右手を斜め上に挙げており，左手は下ろしているようである。この資
料の最大の特徴は衣服を付けている点にある。襟のない貫頭衣とおもわれる
上着と大口袴を着用し，その上にふんどしを着けている。ふんどしは横帯が
紐状に細いのに対して，竪帯は幅が広く，前後ともに先端部を折り返して重

（＊23）第II部第⑥章は拙著「鎮魂の芸能者 ―相撲人―」『力士の考古学』（かみ
　　　つけの里博物館，2008）を一部割愛・改訂して収録したものだが，原著の小見
　　　出しは本稿の理解を深める上で有効と考え，そのまま掲載することとし，解説
　　　部分のみ《割愛》と記載して削除した。以下，本章では同様の記述方法をとった。

ねる表現が採られている。したがって1本の布を用いたものでなく，紐と布を組み合わせて着用したものであり，おそらく両者は縫い付けられていなかったのであろう。足には指の表現はなく，先端が尖り，かつ甲の上に3箇所の突起のある履を着けている。また，両腰には大きな鈴を，首には丸玉を連ねた首飾を着け，美豆良の下には耳環を下げている。非裸体の相撲人埴輪は現在のところ唯一の例となる。出土古墳は復原直径42mの円墳で，築造年代は6世紀後葉である[301]。

　③茨城県土浦市高津天神山古墳（1点）《割愛》

（2）乙類

　第2型式のように頭頂部に偏平な三日月形の鰭を持つものを乙類とする。類例は以下に掲げる15遺跡22点がある。

　①福島県原山1号墳（2点）
　②和歌山県和歌山市井辺八幡山古墳（2点）
　③和歌山県和歌山市大谷山22号墳（1点）（図II-45）

　③の頭部は現存高22cm，最大幅も22cmある。やや大きめの製作で，顔面は逆三角形を呈する[302]。一見してSF小説に出てくる火星人のような奇怪な面相である。その原因はおもに鼻がないことによっている。熟覧させていただいたところ，初めから鼻はなかったと見てよいようである。また，目を円形に穿孔することも人物埴輪としては異例であり，奇怪さを増す要因となっている。眉の表現がないことも加えることができるが，近畿地方の人物埴輪の特徴として眉の表現が曖昧なことを挙げうるので，ひとまず論点から外して置く。耳については，ないと報告されている。頭髪の表現はなく，頭頂部に厚さ2cm前後の板が横方向に取り付けられていて，その付根は側頭部に及んでいる，正面から見ると鍔を横から見たような形を呈している。報告の時点では「島田髷の退化した鰭状のものがついている」とされ，女子像と考えられていたが，今日では多くの類

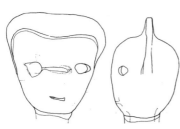

図II-45　大谷山22号墳出土の相撲人埴輪（文献[302]より）

例から相撲人埴輪との判断がつく。付近から足の付く台部が出土していることも傍証となる。

さて，この奇怪な頭部は結論から言うと覆面である。覆面は上部両角を丸くした2枚の同形布を合わせて縫製したものと推定される。立体的にバイアスを取って縫ったものではないので，上部が余って立っているのだが，このことは紙袋をかぶって遊ぶ子供の姿を想起すれば，ただちに了解してもらえるであろう。素材を布と推定したのは，頭部の中央が窪んでいるためである。これは布地が溝状剃髪と呼ばれる男子の髪型にそって撓んでいる状態を写実的に表現したものとみられる。鰭の頂部が僅かに窪むのもこの撓みと連動するものであろう。しかし，柔らかすぎては垂直に立たないから，やはり，腰の強い麻布がその候補となろう。覆面を前提とすれば，丸い目は布に穿たれた覗き孔であることがただちに理解される。なお，覆面に鼻を描かなかったことは特別な理由があったものと思われる。

大谷山22号墳は墳丘主軸長80mの前方後円墳で，石棚と石梁を持つ古式の横穴石室を擁している。出土須恵器から6世紀前葉の築造と推定され，井辺八幡山古墳に近い時期となる。

④熊本県山鹿市中村双子塚古墳（1点）《割愛》

⑤群馬県高崎市保渡田Ⅶ遺跡（2例）

（図Ⅱ-46）

⑤は報告された人物12で，胴部から頭部が残存しており，頭部の復元長は17cmである[303]。頭部の上に板状に直立する頭部装飾は耳の前から始まり，正面から見ると鞍の輪形をしている。その狭い端面が赤色彩色されていることは，髪でないことを示しており，覆面と推定する一根拠となる。顔面には複雑な赤色彩色が施されているが，わたしは覆面上に施されたものとみる。注目されるのは木葉形の覗穴の下に接して別の目玉が描かれていることである。周囲の余白を含めて，全体が大きな目に見える効

図Ⅱ-46 保渡田Ⅶ遺跡出土の相撲人埴輪（グレーは赤色彩色部分）（文献[303]より）

果を持っているので，辟邪の意味が込められているとみられる。相撲人でない人物4・5・8・10にも同タイプの目を強調する赤色の隈取りがあるが，これらには目玉状の彩色を伴っていない。このことは，覗き穴は他人が見た場合，目とは認識されなかったことを示している可能性がある。そう考えてよければ，別の目の表示が必要となった事情を理解することができる。

　覆面の素材や製作法を示す表現は乏しいが，鰭が異例の大きさであることや頭部のアンバランスな大きさからすると木製の仮面を表現している可能性がある。その場合，頭部の鰭は元の意味が忘れられたルジメントということになる。しかし，埴輪の写実性には限界があるので，確定的な見方は避けておくことにしたい。姿態は右手を挙げ，左手を下げている。また，首の前面と腕に赤色彩色があり，前者はべた塗り，後者は縞状に施文されている。

　人物13も同じ形態と赤色彩色を持つが，後頭部から鰭の一部が残存するのみである。60は唯一の全身像に伴う足であり，台部から剥離した状態である。指の表現があるので，相撲人に伴うものかもしれない。

　なお，保渡田Ⅶ遺跡は保渡田古墳群中で最初に築造された二子山古墳の埴輪配列区とする見方と破壊された40m級の帆立貝形古墳とする見方がある。報告者は資料の時期を5世紀第4四半期に比定している。

　⑥大阪府高槻市昼神車塚古墳（1点）《写真は割愛》

　⑥は頭部から腰部までが復元されており，現存高は50cmある。髪の表現はなく，頭頂部に馬蹄形の鰭が付く。面相は通常の人物埴輪と異なるところがない。耳は鰭の付根に跨るように環状の粘土貼り付けで表現している。体部は大きく，特に腹部が太い。ふんどしは横帯の一部が残存しているが，竪帯の部分はない。姿態は左手を上げ，右手を下げている。右の掌を失っているが腰にあてがっていた可能性がある。左手は腕の付根だけであるが，上向きに開口している。首には大きな平玉が1個だけ付く首飾り，右腕には鈴釧が付く。同一個体の脚部から台部が別にあり，復元総高は113cmとなる。足には五指が表現されており，素足である。内股気味に直立して立つ。昼神車塚古墳は主軸長56mの前方後円墳で，築造時期は今城塚古墳とほぼ同時期の6世紀第2四半期頃と推定されるが，図録[304]の説明文に「今城塚古墳の力士の伝統を引く」とあり，6世紀中頃とされているので，わずかに後出すると考えられている。

⑦ 大阪府高槻市今城塚古墳（4点）《割愛》

⑧ 奈良県橿原市四条1号墳（2点）《割愛》

⑨ 福井県三方郡美浜町帝釈寺4号墳（1点）《割愛》

このほか乙類の類例として左記のものがある。

⑩ 大阪府堺市舳松高田遺跡（1点）

⑪ 京都府福知山市稲葉山古墳（1点）

⑫ 奈良県桜井市能登遺跡（1点）

⑬ 長瀞綜合博物館所蔵品（1点）

⑭ 宮崎県新富町百足塚古墳（2点）

⑮ 福岡県八女市岩戸山古墳出土石人（1点）※久留米市篠山神社所蔵

（3）丙類

第3型式のように坊主頭のものを丙類とする。類例は左に掲げる2古墳3点がある。

① 神奈川県厚木市登山1号墳（1点）

② 神奈川県川崎市末長久保台採集品（2点）《割愛》

③ 國学院大学所蔵品（1点）《割愛》

（4）丁類

頭巾をかぶり頭髪表現のないものを丁類とする。現在のところ，下記の例しか確認できない。

① 茨城県行方郡玉造町三昧塚古墳出土品（2点）

7. 頭部表現類型相互の関係について

（1）分布と所属時期

前節では頭部表現の違いに着目し，四つの類型に分類を行った。本節では各類型の分布と所属時期，出土古墳の墳形と規模を整理した上で相互の関係を推定してみたい。

時期区分をⅠ期（5世紀後葉），Ⅱ期（6世紀前葉），Ⅲ期（6世紀中葉），Ⅳ期（6世紀後葉）とした上で，表にまとめる（表Ⅱ-4）と，次のことが指摘できる。

甲類は近畿と関東に少数が分布し，時期はⅡ期とⅣ期であり，後出的で存

表Ⅱ-4　頭部分類による相撲人埴輪編年表　（[稲荷山]は推定）

	分類	I	II	III	IV
九州	乙類		岩戸山(前138)	中村双子(前70)	
近畿・北陸	甲類		井辺八幡山(前88)		
	乙類	四条1号(方29)	井辺八幡山(前88)	昼神車塚(前56)	
			大谷山22号(前80)	帝釈寺4号(前40)	
			今城塚(前190)		
関東・東北	甲類				酒巻14号(円42)
	乙類	保渡田Ⅳ(帆40)	登山1号(円20)		
		原1号(前20)			
	丙類	[稲荷山(前120)]	末長久保台	登山1号(円20)	
	丁類	三昧塚(前85)			

括弧内の前は前方後円墳，帆は帆立貝形古墳，方は方墳，円は円墳。数字は墳丘主軸長を示す。

続時期が長い。

　乙類は近畿を中心に東は関東・東北，西は九州に分布が及んでおり，類例も多く主流をなしている。時期はⅠ期からⅢ期に連続しており，出現時期が早い。

　丙類は関東地方にのみ分布し，地方色と把握される。Ⅱ期とⅢ期の例がある。後述するように埼玉稲荷山古墳にⅠ期の例が存在するかもしれない。

　丁類も関東地方にわずかな例があるだけで地方色として把握される。出現時期は早い。

　なお，相撲人埴輪を保有する古墳は大王陵を含み，各地域を代表する前方後円墳が主体である。最小規模は登山1号墳で直径20mの円墳である。

（2）覆面・坊主頭・露髪の相関関係

　主流をなしているのは覆面を付けた相撲人である，一体何のために覆面を付けなければならなかったのかを探ってみたい。

　覆面は変身または偽装の手段であり，人が神や鬼に，また男が女に，女が男に変わることを可能にする。ところが乙類にみられた覆面の面相は一部を除いて一般の人物埴輪と変わるところが少なかった。最大の特徴は，髪の表現がなされていないことであり，外見上，坊主頭に見えることである。

　その意味は，丙類の坊主頭の存在に着目するとみえてくる。すなわち，髪を切って坊主頭にすべきところを覆面で偽装を行ったと仮定することが許されよう。丁類の頭巾も半覆面であり，髪を隠す機能は覆面に準じている。ただし，覆面に比べると不完全なため，美豆良を解いて立髻に結い直し，垂髪

も立髷にまとめる工夫が必要となったであろう。これらに対し，髪を露出す
る甲類は髪を見せないというルールから外れた存在として位置づけられる。
甲類は出現が遅れることから，時間の推移と共にこのルールは徹底されなく
なった可能性がある。Ⅱ期の井辺八幡山古墳には甲類と乙類が共存している
ので，過渡期に位置づけることも一方法だが，乙類はⅢ期まで存続するので
この仮説は不完全である。むしろ，相撲人としての役割の違いを示している
とみたほうがよいだろう。

　全体の方向性は，相撲人は髪を切らなければならなかった時代が始めに存
在し，次に覆面や頭巾で髪を切ったように見せかける時代が続き，最後は髪
を隠す必要がなくなったとすることが合理的である。しかし，坊主頭の埴輪
が関東にのみ遅くまで残ったことは東国社会の保守性，または伝統性を反映
したものであろう。また，現状ではⅠ期に乙類と丙類がすでに出現しており，
丙類の確例がないが，丙類の先行資料が関東か近畿で発見されることが予想
される。

8. 髪を切ることの意味 —哀悼断髪の習俗—

　『日本書紀』孝徳天皇大化二年三月甲申の薄葬の詔には次の記事がある。
　　　　凡そ人死亡ぬる時に，若しは自を経きて殉い，或いは人を絞
　　　りて殉わしめ，強に亡人の馬を殉わしめ，或いは亡人の為に
　　　宝を墓に蔵め，或いは亡人の為に，髪を断り股を刺して，誄す。
　　　　此の如き旧俗，一らに皆悉く断めよ。（或本略）縦し詔に違
　　　いて，禁むる所を犯すこと有らば，必ず其の族を罪せむ。

　これは殉死の禁令であるが，考古学サイドでは，殉死の存在を否定する意
見が強く，従来なおざりにされてきた経緯がある。しかし，近年，馬の殉殺
の実例が次から次へと明らかになるに連れて，史料の再評価が求められてい
る。この中に，「髪を断り，股を刺す」とある部分は，死者のために親族や
従者が行う哀悼断髪及び哀悼傷身と呼ばれる習俗を示すものである。

　具体的な例を挙げると，ヘロドトスは，スキタイ族の王が薨すると，その
柩を受取った者達は，異種族であってもスキタイ人と同じく，自分の耳を少
し削ぎ，頭髪は丸く刈り落とし，腕一面に切り傷を作り，額と鼻に裂傷を与え，
左手に矢を貫いたと記している。大林太良はこうした習俗の分布が世界的な

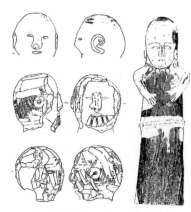

図Ⅱ-47　男子埴輪
（左縦2列：稲荷山古墳出土の坊主頭の埴輪
／右側：御手長山古墳出土の男子埴輪）（文
献[306〜308] より）

ものであることを論じながら，日本への伝播ルートを検証し，ポリネシアから中国東南部を経由するルートと内陸アジア遊牧民文化のうち，とくに匈奴や女真などから朝鮮半島を経由するルートの双方を候補としたが，近年は後者の説に傾いている。その根拠に馬の殉殺または供犠との結合がある[305]。

　筆者は相撲人の坊主頭を哀悼断髪の発露と捉えている。古代人は髪を魂の宿るところと考えていたから，髪を切ることは重大な行為であった。このために覆面や頭巾で哀悼断髪を装う便法が早くに現れたのであろう。ここで，確認しておきたいことは，相撲人は亡き主の従者とみられ，その葬儀に臨んで哀悼の意を，身を以って体現していることである。このことは人物埴輪が葬儀のうち，モガリの場面を再現していることを実証しているものであって，首長権交代の儀礼や生前または来世の生活の様子を再現したものではありえないことを示している。

　ところで，関東地方には坊主頭の人物埴輪は少なからず存在している。埼玉県を例に挙げれば，本庄市御手長山古墳から出土した2体の男子埴輪[306]の場合，半身像で，胸に両手を当てる姿態を示している（図Ⅱ-47右）。衣服の表現が無いので，裸体と見てよければ相撲人埴輪となる可能性がある。しかし，半身像の相撲人埴輪は例がない。背中の帯に鎌を差しているので，農夫か馬子と見るのがよかろう。

　また，酒巻14号古墳の馬を引く人物4体のうち，2体は坊主頭，1体は頭巾を着用し美豆良が付かない。前者は面相が奇怪なうえに，目を円形に穿孔しているから覆面の着用者であろう。この覆面には鰭が伴っていないので，顔面のみを覆う木製の半面と推定される。

　時期の遡る例では埼玉稲荷山古墳から4個体の坊主頭の頭部が出土している[307・308]（図Ⅱ-47左）。体部が不明で，ふんどしの破片も出土していない現在，確かなことは言えないが，唯一の足の付く台部がこれらの頭部のいずれかに

伴う可能性があり，Ⅰ期に遡る丙類となるかもしれない。

　このように，関東地方では哀悼断髪を行う階層が相撲人だけに留まらず，馬子や農夫にまで及んでいたことを知ることができる。

9.　相撲人の仕草と赤色彩色の起源

　相撲人埴輪のいくつかの仕草と顔面や裸体に塗られた赤色彩色の意味を探るのに有益と思われる伝承が『日本書紀』の一書に記されている。

　　　　是に於て，兄著犢鼻，赭をもって掌を塗り，面を塗り，其
　　　弟に告げて曰く，吾身を汚すことかくの如し，永汝俳優者と
　　　為って乃ち足を挙げ踏行，其溺苦之状を学ふ，初潮足を漬け
　　　し時には則足占と為り，膝に至る時は則ち足を挙げ，股に至
　　　る時は即ち走廻る，腰に至る時には則ち腰を抱き，腋に至る
　　　時は則ち手を胸に置き，頚に至る時は則ち挙手飄掌，爾より
　　　今に至るまで，曽廃絶なし

『古事記』に語る海幸山幸と呼ばれる火照命の俳優起源譚には，兄弟が釣針と弓矢を交換してみたところ，弟の方は釣果がさっぱりの上に，兄から借りた大切な釣針を失ってしまう。兄はこれを強く責めて許さなかったため，弟は海神の宮へ行き，その娘と結婚して3年を過ごし，ついに鯛の喉から釣針を発見し，兄に返すことができたが，このときに海神から教えられた呪言を唱えながら後ろ手で釣針を返したのであった。それからというもの兄は没落して，悪心をもって弟を攻めたので，弟は海神から授かった鹽盈珠を用いて兄を溺れさせ，最後に鹽乾珠を使って救ったので，兄を屈服させることができた。その後，兄は弟の守護人として昼夜に仕え奉ることを誓い，今に至るまで「其の溺れし時の種々の態，絶えず仕え奉る」のだという。冒頭に引用したのは，その具体的な内容を示しており，これが隼人舞であるという。

　ここで，隼人舞の支度と仕草を見ていくと，相撲人埴輪との多くの共通点を見出すことができる。

　その1は，犢鼻褌すなわち，ふんどしを着けて裸体で踊ることであり，その2は顔に赤土を塗り付けることである。前者はすべての資料に，後者は井辺八幡山古墳・原山1号墳・保渡田Ⅶ遺跡・登山1号墳・三昧塚古墳に一致する [309]。

その3は足を挙げ踏み，その4は手を挙げてひらひらと動かすことである。前者はいわゆる四股踏みの姿であり，原山1号墳・三昧塚古墳・昼神車塚古墳・酒巻14号墳・保渡田Ⅶ遺跡・國学院大学所蔵品の各埴輪に対応する。もちろん埴輪では足を挙げた状態を造形することは困難なので，足を踏んだ状態を選択して表現している。その際，踏み足と逆の手を挙げるのはバランスを取るためである。右手を挙げるものと左手を挙げるものとがあるのは左右交互に足踏みが行われたことを推測させる。これを相撲人埴輪の姿態分類A型としておこう。後者は両手を挙げる姿が推定され，登山1号墳のみが該当する。頭部を欠いているので本稿では取り上げなかった千葉県市原市御蔵目浅間神社古墳例 [310] も加えた上で相撲人埴輪の姿態分類B型としておこう。

相撲人埴輪の内，両手を前に出す井辺八幡塚古墳甲類・本稿では取り上げなかった愛知県一宮町念仏塚5号墳・静岡県細江町陣内平3号墳例の各埴輪は取組を示すとする意見が強いが，井辺八幡塚古墳では2体が組み合っていなかったと思われるので，あるいは「腰を抱く」という所作を示したものかもしれない。いずれが正しいかは今後の検討課題とし，当面，相撲人埴輪の姿態分類C型としておこう。

10. 結 語

本稿では頭部表現を指標とした相撲人埴輪の分析から，鰭状突起を持つ乙類が覆面をかぶった相撲人であることを考証した。この鰭は極めて薄い板状の表現であり，どのような結髪法や刈込を行っても実現不可能なものと思われる。それにもかかわらず，力士特有の髪型とすることが通説化しかかっていた。しかし，誰も自信を持ってそう信じていた人はいなかったのではなかろうか。筆者もその一人であったが，ああでもない，こうでもないと埴輪と何度も対話するうちに，大谷山22号墳の例から覆面であることを発見することができた。また中村双子塚古墳の例では髪とされる部分に存在してはいけない竹管文があることを知り，確信に変わった。こうして，いわゆる通説を乗り越えることによって，坊主頭が先行する葬送習俗＝哀悼断髪であったことを導き出すことができた。このことは，はからずも，相撲人埴輪が葬送の場に臨んで相撲を行った人々を表したものであることをも鮮明にした。

また，埴輪のふんどしと赤色彩色，所作表現に隼人舞との強い共通性を見

出すことができた。『古事記』では隼人舞は溺れる状態を再現した歌舞と説明されているが，これは物語的な付会である。四股踏み，足占などの呪術的な所作を含み，顔に赤土を塗ることも同様の効果を期待したものであるから，辟邪と鎮魂の効能の際だって高い舞であったにちがいない。隼人が大和王権に帰属，出仕するに及んで，隼人司では歌舞の教習を一職務とし，大嘗祭や外国使節の饗応などの際に，隼人舞を披露した。

　隼人が大和王権に服属した時期は履中即位前紀に登場する近習隼人刺領巾，清寧天皇紀元年十月条に記す雄略天皇の陵墓に昼夜哀号し，食を食らわず7日目に死んだ隼人の記事などから5世紀代のこととされる[311]。したがって，隼人舞は古墳時代中期には伝わっていたことになるかもしれない。しかし，このような条件が揃っていても，埴輪に表現された相撲人が隼人そのものだとすることは畿内にはありえても，関東や東北の資料を考えた場合，困難であろう。それでも，隼人舞を舞う人々であったとの仮定は検討に値するのではなかろうか。

　筆者が力士埴輪の用語を用いずに相撲人埴輪を使用したのは，埴輪の大多数が格闘の場面を再現するのではなく，舞姿であると考えたからに他ならない。その根拠としてまず覆面の着用がある。覆面は視野が狭く，五感も鈍るので，とうてい格闘を為すことは不可能である。第2の根拠として耳飾・首飾・鈴釧・鈴などの装身具の着装が挙げられる。これも格闘の障害となるのは疑いない。逆に，鈴を着けるのは舞踏に合わせて妙なる音を発することを期待したものであり，緒の長い脚結や手巻を装束に加えたのも舞踏に合わせて緒のひらひらと揺れ動く視覚的な効果を図ったものであろう。

　このように，相撲人埴輪の主流を為しているのは舞う人々である。そもそも相撲の語源は相舞であり，素舞であるという[312]。相舞は番舞であり，2人が組み合う舞，素舞は面を付けない舞のことである。古墳時代にあっては哀悼断髪の習俗のために顔を隠すことを余儀なくされた相撲人達が，完全に覆面から開放され，素舞を舞うことができたのは大化薄葬令以後の7世紀代のことと思われるが，6世紀後半に属する酒巻14号古墳には露頭の素舞埴輪があるので，この頃には既に哀悼断髪の習俗は廃れ始めていたのであろう[313]。

　相撲人埴輪の分布は，九州から東北に至る日本列島の広い範囲に認められ，それを墳丘に樹立した古墳の墓制が多くは前方後円墳で，大王陵を含んでい

たことは，隼人舞がまず大和王権によって呪能の優れた特別な舞踏として受容され，保存・育成され，次に地方の首長層にこの舞が教習，模倣されていって普及したことを示すものであろう。

　大王だけでなく，各首長も様々な神事や葬儀を含む儀礼の場で，隼人舞を舞う芸能者＝俳優（わざおぎ）を召抱えていたことが想像される。それはおそらく隼人と同様に宮門を守る武人の一集団に編成されていたと思われる。古代の武人は敵に対しては武術を，目に見えぬ邪霊に対しては呪術をもって闘う任を帯びていたにちがいない。『日本書紀』皇極天皇元年七月条に記すとおり，百済の使人，大左平智積らを朝に饗たまうた時，健児に命じて百済の大使翹岐の前で相撲を行った。森浩一が説くように，翹岐の子の頓死に応じたもの[314]であり，邪霊に対する辟邪と死者の霊魂に対する鎮魂が目的であったと理解することができる。このとき相撲を命ぜられた健児は兵士の中の体躯肥満，闘技に長けるとともに呪能優れて隼人舞に長じた者であったであろう。隼人そのものであった可能性もある。相撲とらしむと訓点が付くが，この時には隼人舞と取組が合わせ行われたと推察する。また，古墳における相撲人埴輪の配置は今城塚古墳では柵列4の外側で外界と接する祭祀場4区，原山1号墳でも外界と接し，盾持ち人埴輪と並んでいたことが宮門の衛守の立場を示していよう。

　首長の死に臨んでは殯宮の門衛として，髪を切り，または覆面をかぶって，四股を踏み，辟邪・鎮魂の舞を舞ったことは言うまでもない。死者と相撲との関係の深さは，律令時代になって，宮廷儀礼としての相撲節会が7月7日に定例化し，野見宿禰と當麻蹴速の天覧相撲が7月7日のこととされたことにも示されている。この日は和歌森太郎氏が説くように，先祖の霊を迎える盆前の節目の日であった[315]。相撲が行われたのは先祖の魂を慰めるためであったとみて誤りないであろう。戊辰戦争が終わると，明治2年（1869年）に九段坂上の招魂社で相撲が奉納された目的も死者の鎮魂に他ならない。

　最後になりましたが，本稿を執筆するに当たって，駒宮史郎氏，中村幸四郎氏，山口健剛氏，浜田晋介氏に資料の提供を受けました，記して感謝申し上げます。

7 前方後円墳の埴輪体系を把握する
― 井辺八幡山古墳の形象埴輪体系とその解釈 ―

1. はじめに

　井辺八幡山古墳は和歌山市の特別史跡岩橋千塚古墳群に属する盟主墳クラスの前方後円墳で，主体部は横穴式石室と推定されている。地場産業である蜜柑栽培のために，墳丘の一部が階段状に整地され，残りの部分も整地工事が予定されていた。

　このため，同志社大学考古学研究室は和歌山県の委嘱を受けて，森浩一教授が担当者，白石太一郎，大野左千夫，伊藤雄輔，そして辰巳和弘が調査員として，昭和44年（1969年）2月20日から4月5日までの33日間，学生を動員して発掘調査を行った。この井辺八幡山古墳の発掘調査は，一古墳の形象埴輪群をほぼ悉皆的に調査した点で画期的なものであった。

　戦前においても，福島武雄らによる群馬県保渡田八幡塚古墳の意欲的な発掘成果があったが，おしいかな，資料の全点報告はなされていない[316]。したがって，井辺八幡山古墳こそが，はじめて埴輪の全体像を解明しようとする本格的な取り組みであった。また，資料整理，復元作業には忍耐と集中力を要し，のべ354日，延べ人員1,440人に達したという。

　こうして刊行された血と汗の結晶である『井辺八幡山古墳発掘調査報告書』には埴輪の原位置が詳細に記録され，一つ一つに番号を付して取り上げられたほぼすべての埴輪の実測図が掲げられている。さらに，それぞれに周到な観察記録がなされ，巻末には埴輪が提起する様々な観点からの考察も収録されている。当時の埴輪研究の最高水準を示すものであり，約30年を経た今日でも，その価値を保っている[317]。まさに，他者の再検証を可能ならしめている点こそ，この報告の命といえよう。

　筆者も，井辺八幡山古墳の形象埴輪群について，強い関心を抱く埴輪研究者の一人であり，様々な視点で，八幡山古墳の埴輪を取り上げ，検討の対象としてきた[318]。本稿では，八幡山古墳を出発点として，筆者が進めてきた埴輪研究の一端を紹介するとともに，近年の佐藤純一らの再検討[319]を踏まえた自分なりの検証を試みて，八幡山古墳の形象埴輪体系の分析に取り組み，

その解読に及ぼうとするものである。

　なお，原位置の復原記載については詳細を極めたものであり，文量が多いので割愛し，検証図（図Ⅱ-49・50）のみを掲げることにしたい。

2. 形象埴輪体系が再現する主題の解読

　井辺八幡山古墳の形象埴輪群は東西の造り出しと東西のくびれ部という四つの場所に分割して配置されていたが，それぞれが全く独立した情景を再現しているのではなく，共通する登場人物の存在から，同じ場所における時間的な連続性を反映したものであることが判明した。それは，一つの芝居における幕の違いに譬えることができる。

　まず，第1幕は西造り出し（図Ⅱ-51上段）に舞台があり，そのテーマは被葬者の喪がある主殿前で挙行された葬送の儀礼であった。主役たる喪主は主殿前に金属製の甲を着けて倚坐し，その眼前で死者へ手向ける蓮の花托（図Ⅱ-48）が意須比を着けた巫女から盛装の貴婦人へ進上されている。脇役たる力士達は四股踏みや独特な舞いによって邪気を払い，弓を携えた兵士達は武力によって外敵に備えている。

　第1幕の花道は西くびれ部にあり，蘇生呪術をもってしても生き返ることのかなわなかった被葬者の御魂を載せた愛馬が宰領に導かれて霊界へ赴こうとしている。鶏には鶏鳴による蘇生呪術の役割が負わされている。

　第1幕に続く第2幕は，東造り出し（図Ⅱ-51下段）に舞台を移している。背景は新たに建てられた喪屋であり，主殿が脇に転じている。それらの前方には五つの場面が設けられていた。第1の場面は中央部にあり，主殿において，死者への酒食を準備する祭主補佐役の巫女を外部に引き出して再現している。その奥には祭主の役割を帯びた未亡人が，それを受け取るべく佇立している。

　第2の場面は右手にあり，新たに喪屋

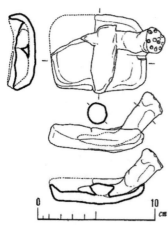

図Ⅱ-48　孔のある円棒を付着した方形の皿

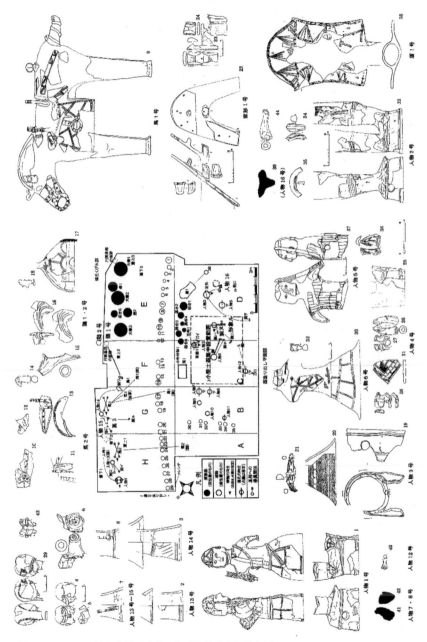

図 II-49 井辺八幡山古墳西造出し部形象埴輪配置検証図（文献[317・319]を利用して作図）

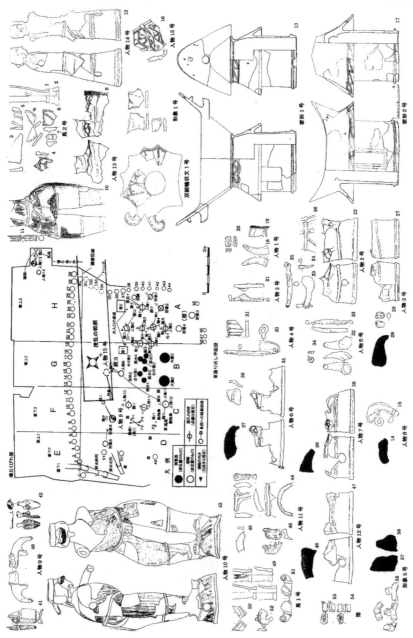

図Ⅱ-50 井辺八幡山古墳東造出し部形象埴輪配置検証図（文献[317・319]を利用して作図）

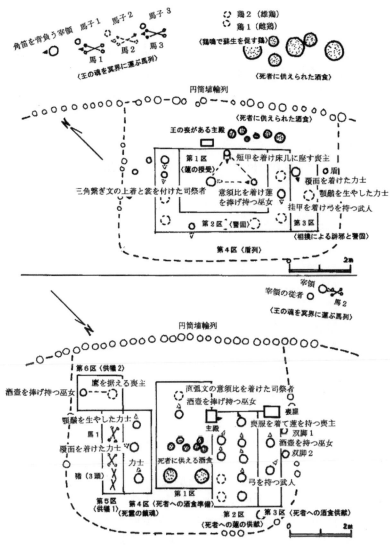

図Ⅱ-51 井辺八幡山古墳形象埴輪配置復原図（上：西造り出し／下：東造り出し）

が建てられ，先王の喪はそこに移されている。喪主は蓮の花托を両手に携えて，喪屋に入り，死者に手向けようとしている。背後には脇役である武人達が，喪屋の外で，先王に悪霊が取り付かないよう，懸命に弓の弦を鳴らし続けている。

　第3の場面は，喪屋の前にあり，酒壺を捧げ直弧文のある意須比を付けた司祭者とその後ろに従う巫女からなる。この2人は，第1区にいた2人であり，喪屋に入って酒食を供えようとしている。

　喪屋の近くには，二つの蓮形の帽子鍔が柱に架けられて飾られている。これは生前から浄土への転生を願っていた先王の遺物である。

　第4の場面は前庭の左側にあり，3人の力士たちが今度は，独特な所作と四股踏みによって，死者の鎮魂（たましずめの意）を図ろうとしている。

　第5・6の場面は，殯庭の左端にあり，死者の鎮魂に不可欠な供犠を行うために，鷹狩に出かけた孝子，すなわち喪主が戻り，巫女から酒を饗されている。そこには先王の愛馬1頭と3頭の猪（または豚）も供犠のために集められている。

　なお，一つの舞台に，2人の喪主が登場しているのは，古代絵画に多い異時同図法と共通するものであり，単線的な辻褄関係と異なるものであることを踏まえておく必要がある。

　第2幕の花道は東くびれ部であり，そこには被葬者の魂送りを済ませた愛馬が宰領に導かれて殯庭に帰還する様子が示されている。この愛馬は殯庭で殉殺されることが予め決められていた。

3．形象埴輪体系の主題の要約

　主題には死者への酒食の供献，葬儀参加者への酒食の振る舞い，狩猟による供犠，相撲人による辟邪・鎮魂の舞，霊魂を乗せて冥界へ向かう馬列という五つの柱が立てられている。このような構成法は，関東地方では，群馬県高崎市保渡田古墳群の八幡塚古墳 [320] とⅦ遺跡 [321] にも存在する。ただし，蓮を供物とする点は他に例のない，井辺八幡山古墳だけの独自性といえる。

　さて，筆者は井辺八幡山古墳の形象埴輪の配置復原を行って，その表象構造を以上のように理解してみた。これらの埴輪群像が物語る究極の意味合いは，被葬者の葬儀の再現であり，その前半は生前からの住居である正殿が，後半は新たに建造された喪屋が舞台となっていた。これは著者が従来から唱えていたモガリ再現説が，紀伊の最高首長墓にも当てはまり，東国と共通する主題を有していたことを証明している。また，駒引きの表示は死者の霊魂が霊界へ移動する表現であるとの理解は，民俗学における松山光秀氏 [322]，

古代史における増田精一氏[323]，考古学における桃崎祐輔氏と神谷正弘氏そして動物学における枚対章氏の研究成果に負うところが大きい。

　ところで，造り出しと言えば，従来，葬送儀礼に伴う飲食儀礼が行われた場所と考えられがちであった。しかし，井辺八幡山古墳の造り出しには埴輪設置と同時に計画的な供献用須恵器群の一括設置がなされたことが確認されている。その位置は東造り出しでは全体の中心部，西造り出しでは墳丘よりの中央部であった。この事実は，造り出しの上で葬送に伴う大規模な飲食儀礼が行われたとする仮説や，埋葬後に繰り返し死者に対する飲食物の供献が行われたとする仮説[324]が成立しないことを示している。

　モガリの場で実用に供された容器類は，出棺と同時か，直後に古墳に運び込まれ，殯期間中に製作された埴輪を設置する際，同時に造り出し上に据え置かれた可能性が最も高い。棺の搬入路確保を前提とすると，その時期は埋葬完了後としか考えられない。このことは別処渡しの習俗と合致するものであり，造り出しの性格を端的に反映したものと言えよう。

　また，甕の底部が穿孔されている事実は，多くの民俗事例からみて，葬送用の器の一回性を示すものとみてよいであろう。用済みの須恵器をことさらに，ここに据え置いたことは，死者のために盛大な葬儀が営まれたことを表示するためであった。

4. 形象埴輪体系の効果

　最後に，形象埴輪の効果について付言しておきたい。筆者が唱えるモガリ説は高橋克寿氏によって，既に終わっている葬儀の場面を再現することは無意味であり，現在から未来へ及ぶ供養説こそが正しい旨の批判を受けている[325]。また，杉山晋作氏は，埴輪が最大の効果を発揮するのは故人の生前における功績の顕彰であるという仮説を提唱されている[326]。さらに，塚田良道氏は，来世へ続く被葬者一族の生活振りを再現しており，女子像は地方豪族の間にも置かれた采女を表現したものであるという見解を提出されている[327]。

　しかし，これらの説は埴輪を人に見せる上で有効なのは何かと言う現代的な功利主義から導き出されたものであって，方法的に問題が多い。やはり，埴輪の構成要素ごとの性格を古代史や民俗学的な観点から認識した上で，その統合的な解釈に整合性を貫き，さらに階層差や地域性を超えた普遍性を立

証できないことには，これらの諸説が定説として認められることは困難であろう。この問題についての詳細な批判は他日に期することとして，ここでは，埴輪は誰に見せることを期待して置かれたのかという問題を，井辺八幡山古墳に即して考えてみたい。

井辺八幡山古墳は岩橋古墳群中の井辺前山支群に属し，その小山塊の中で一つのピークを形成している八幡山の大部分を占有する形で南北方向に横たわっている。このため平地に立地する古墳と異なって，埴輪を見るためには急斜面上を見上げなくてはならない。それならば，古墳間近まで墓参に来る遺族や共同体の者たちに形象埴輪群が訴え続けたものは何だったのであろうか。

埴輪が示す内容は生前の輝かしい場面とは見なしがたく，実直にモガリ儀礼を中心とする葬送の場面を再現しているとみられる。こうした埴輪の全貌を毎日，確認しえたのは，実は被葬者の霊魂だけではなかったのではないだろうか。そうであれば，埴輪を立てた目的は，子弟たちが孝養を尽した盛大な葬儀を営んだことを被葬者の霊魂に示し，満足してもらうことが目的だったと理解される。そして，そのことによってのみ，真の意味での死者の鎮魂（荒御霊とならず和御霊となる意味）がもたらされたのであろう。

もちろん，墓参した共同体の者たちは，この埴輪群像を見て，自分たちの亡きクニオサが荒ぶることなく，墓に鎮まり，クニを見守っていると安堵したに違いない。

5. 八幡山古墳埴輪体系の特殊性
―蓮華を用いた葬送儀礼の意義―

筆者は，かつて井辺八幡山古墳などから出土した双脚輪状文埴輪を取り上げ，その意匠が，北九州の壁画古墳に見られる双脚輪状文（図Ⅱ-52）と同じく，わが国最古の蓮華文であることを論じたことがあった[328]。その中で，双脚輪状文埴輪は，従来，翳といわれてきたが，そのように認定することは困難であり，蓮華を象った帽子の鍔とするべきであることを人物埴輪の実例から証明しようとした。近年，八幡山古墳と同じく岩橋千塚古墳に属する大日山35号墳から双脚輪状形の鍔の付く帽子を表現した人物埴輪が出土した[*24]ので，自説が資料によって追認されるに至った。韓国天馬塚古墳出土の白樺製帽子鍔にも蓮弁が描かれていることから，朝鮮半島で行われていた最新の

図 II-52 1: 松林山古墳出土スイジガイ釧／2: 王塚古墳の双脚輪状文／3: 蓮華文の諸相 （a: 舞踊塚古墳／b: 長川1号墳／c: 天寿国繡帳／d: 徳興里壁画古墳）

モードを輸入したものといえよう。

　関東地方で翳形埴輪とされているものも，多くは関東型の双脚輪状文埴輪とみなされるので，わが国最古の蓮華文は筑紫，紀伊，上毛野の支配者によって齎されたことが知られる。彼らは共通して朝鮮半島との外交・軍事に活躍した有力氏族であり，文化摂取にも積極的であったことが文献からも知られている。

　しかし，注意しなければならないのは，蓮華文の将来が仏教そのものの伝来を意味するとはなしえないことである。筆者は，埴輪群像中に僧侶を表現したものがないことから，仏教の教理を伴ったものと見るより，むしろ道教的信仰や神仙思想と結びついて導入されたことを想定している。高句麗古墳の壁画の多くが，四神図と星宿を天井部に配置し，その下に天空を浮遊する形で蓮華文が描かれていることからも，神仙界に再生する生天の思想を反映したものであろう。

　ところで，今回の検討で，蓮の花托 (＊25) を死者に供える仏教儀礼の発見があったので，その濫觴について検討しておく必要がある。井辺八幡山古墳の築造年代が，百済から仏教が公式に伝えられた西暦538年に近接しているという事情もあり，この時期の日本と隣国，朝鮮・中国の仏教交流史を把握しておくことが不可欠である。その手掛かりとさせていただいた吉村怜氏の『天人誕生図の研究-東アジアの仏教美術史論集』には示唆されることが多かった [329]。本論と関係する部分を取り上げることにしたい。

　日本仏教の源泉地である百済における武寧王陵には，西暦525年8月に王

（＊24）和歌山県立紀伊風土記の丘の平成20年度特別展「岩橋千塚」で初公開され，図録（丹野拓2008『岩橋千塚』p18）に掲載された。

（＊25）蓮は夏季の開花が終わると，花托がそのまま残り，冬期に立ち枯れてから，自然に種子が零れ落ちて，春に再び発芽する。

　が，529年2月に王妃が埋葬されたことが墓誌から判明している。その副葬
品の武寧王冠飾には，中央に蓮華と蕾の図柄に炎のような忍冬文様を配し
ている。王妃の冠飾にも中央に大きな蓮華があり，蓮台上には満開の蓮華を
挿した広口の水瓶が置かれている。吉村氏によれば，これらは石室の文様磚
と同じく南朝系のものと断定できるという。このように蓮を頭に戴く習俗の
存在は，わが国でも双脚輪状文埴輪や蓮華形の鍔付帽を着用する人物埴輪に
よって証明されるところであり，中国南朝から百済へ，そして日本へと伝播
した習俗であることが容易に推測できる。また，王妃の木枕（図Ⅱ-53）は亀甲
繋ぎ文で埋め尽くされ，その中に天の蓮華，変化生，天人が描かれている。
吉村氏は，龍門北魏窟にみられた中国的な天人誕生の過程が描かれていると
指摘する。浄土願生思想の片鱗を示すものであり，遺骸を支える木枕や足座
などに仏教的な図像を描くことは，おそらく南朝の習俗と考えられるという。
　北魏とまったく交渉を持たなかった百済に，このような図像が見られるの
は，その起源が北朝ではなく，南朝にあることを物語っている。梁の普通二
年（521）には武寧王が寧東大将軍に任ぜられ，その子，聖王の時代（在位
522〜554）にも，百済と梁との友好関係維持に努めているが，この聖王に
よって伝えられた日本最初の仏教が南朝系のものであったことはいうまでも
ない。南朝式天人誕生図は，北朝の全域に蔓延したが，さらに海を越えて高
句麗や百済や新羅に渡り，ついに百済を介して日本にまで広がったという。
　さて，武寧王陵に見られた蓮華の中から半身を現わしている聖なる者の姿
を描いた図像を，蓮華化生像あるいは化生像と呼ぶのは，『法華経』や『無
量壽経』などの経典に「もし人天の中に生まるれば勝妙の楽を受く，もし仏
前に在らば蓮華化生せん」とあることによっている。吉村氏は，雲崗石窟を
荘厳している化生像（図Ⅱ-54）の観察を進め，天蓮華から化生して仏へ，天
蓮華から化生して菩薩へ，天蓮華から化生して天人へという発生論的な装飾
法のあることを明らかにしている。これらは，水辺に群生する蓮華開花の劇
的なあり方に，古代のインド人が生命の持つ神秘性を見出したことに端を発
する。そして天上世界ともいうべき浄土と，そこに常住する仏，菩薩，天人
たちの実在を信じていた仏教徒が，仏前に生じてくる蓮華や天空に浮生する
蓮華を想像し，その華の中に忽然と誕生してくる花の精のような聖なるもの
の姿を空想したのであった。

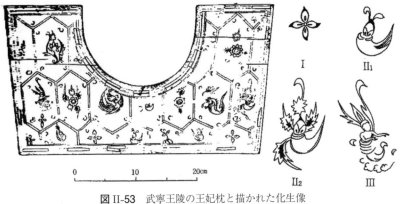

図 II-53　武寧王陵の王妃枕と描かれた化生像

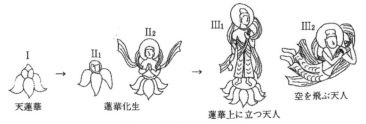

図 II-54　雲崗石窟の化生像

図 II-55　龍門賓陽洞の皇后礼仏図　　　図 II-56　閭侯県墓

　ここで，井辺八幡山古墳に認められた蓮の花托を供える儀礼の意味を探る
ために，龍門北魏窟の賓陽洞皇后礼仏図中の侍女が手にしている花束の表現
（図II-55）を取り上げることにしよう。それは蓮華・葉を伴う蕾・花托の三
様であるが，これらを非現実的な花と見て，浄土におけるものとする意見が

　あるいっぽうで，吉村氏は，主題の礼仏が現生における行為であって，侍女の持つ花束を実在のものと見ようとする。その場合，仏教儀礼として，蓮の供華が行われていた事実を示すものとなろう。同様に蓮の花托を供華とする図像と思われるのは，中国南方の沿海地域，福建省閩侯県墓の画像磚である。その中に僧侶の像があり，吉村氏は香炉を手に読経する姿とするが，筆者には蓮の花托を持つ姿と見える（図Ⅱ-56）。これらの例から，夏季には蓮華を用いるが，それ以外の時期には枯れた花托を供花としたのであろう。このことを前提とすると，花托は造花ではないということになろう。

　これらの研究成果を論拠とすると，井辺八幡山古墳に人物埴輪で再現された蓮の花托の供華行為は，死者の浄土への化生を願うものであった可能性が考えられる。現在のところ，わが国唯一の確認事例であり，紀伊の首長の宗教的先進性を反映したものと思われる。しかしながら，埴輪で再現された殯儀礼の中には，僧侶の姿はない。葬儀は死者の後継者と未亡人が喪主となり，巫女達に奉仕させながら執行されているのであるから，仏式の葬儀が行われたということにはならず，従来のシャーマニックな伝統的葬送儀礼の中に，仏教的な新儀礼が加わっただけのことである。けれども，その新たな儀礼には，浄土に生まれ変わるという具体的な来世観が伴っていたことは確かであり，仏教受容の第一段階としての評価は可能であろう。

謝　辞
　本稿は，昭和57年（1982年）4月に，同志社大学大学院に聴講生として私を迎えてくださった森浩一教授が井辺八幡山古墳の報告書を下さり，形象埴輪の意味を探求することが自分の研究の最終目標であることを御示唆頂くことがなかったら存在していませんでした。また，平成17年（2005年）10月4日に開催された同志社大学公開講座『今問う，同志社考古学の成果』に辰巳和弘教授から，八幡山古墳の埴輪について講演するよう依頼されなかったなら，筆を起こすことはなかったかもしれません。さらに佐藤純一氏をはじめとする同志社大学OB各氏の研究の賜物である『同志社大学歴史資料館報』第10号所載報告に出会わなければ，これほど踏み込んだ検討は不可能でありました。このように数多くの同志社考古学の学恩によって，本稿を発表することができたことを衷心より感謝申し上げる次第です。

8 総 括 — 埴輪と木製品からみた葬送儀礼 —

1. 緒 言

　勝田市（現なかみなと市）馬渡埴輪窯跡群が大塚初重教授をはじめとする明治大学の考古学研究室を中心としたスタッフによって発掘調査され，その成果が刊行され[330]てから早いもので4分の1世紀が経過している。埴輪窯は地下に埋没しているため，発見が難しいのに，その後，埼玉県鴻巣市生出塚，茨城県北茨城町幡山，大阪府高槻市新池，大阪府堺市日置庄などの大規模な埴輪生産遺跡の調査が多数行われ，古墳時代の埴輪生産規模の大きさと供給のあり方などが具体的に解明されつつある。

　いっぽう，埴輪が立てられた方の古墳では和歌山市井辺八幡山古墳，埼玉県行田市の埼玉古墳群の瓦塚古墳，群馬県太田市塚廻り古墳群，千葉県成田市龍角寺101号墳などで各種の人物・動物・家・器財ほかの埴輪配列の全体像を知りうる発掘調査とその成果の刊行があった。まさに，この4分の1世紀は埴輪研究の基礎資料が考古学や文化財行政に携わるひとびとの努力によって公のものとされた時期であった。

　これらの基礎資料を用いた研究は，大きくわければ，埴輪の生産や供給・技術伝播の解明から古墳時代の政治・経済を復原しようとするものと古墳に立てられた埴輪群の意味付けを行ってこの時代の政治・宗教さらには民俗に迫ろうとするものがあろう。

　本章は，このうち後者の視点で5世紀中ころに出現し，6世紀いっぱいまで存続した人物埴輪を中心とし，動物埴輪や家形埴輪，器財埴輪を交えた埴輪群像全体を対象として，それらの本質的な意味に迫ろうとするものである。

　また，近年，資料的に急速な蓄積を見た木製の葬祭具も埴輪と有機的な関係を示すものであるという観点から，本章で扱い，その用途についても検討を加えることとしたい。

2. 埴輪の配置と内容

　ここでは人物埴輪が出現してから消滅するまでの各段階の，埴輪配列の実例を挙げ，その内容に時間差や地域差，古墳の規模や墳形と対応した格差が

著しいのか，それとも少ないのかを知るための基礎材料にしたい。つまり，埴輪に普遍性があるのか否かを確認して見たい。

　ところで埴輪が千数百年の間，原位置に留まり，破損も免れるのは奇跡に近い。ここで例示する古墳では墳丘，造出しまたは内外堤などの形象埴輪が集中的に樹立された区域が全面的に調査されているが，埴輪は堀の中などへ移動しているものが少なくない。しかし，考古学の方法を用いて原位置を復原することが可能なものを研究の基礎資料とせざるをえない。

（1）天王壇古墳

　天王壇 [331] 古墳は福島県の中通り，安達郡本宮町に所在する直径 38m の円墳である。出土須恵器は ON46 型式相当で 5 世紀の後半でも中葉に近い時期の築造と推定される。形象埴輪は北西側にある造り出しに集中して配置されていたと見られる。

　その内訳は，腕を表現しない女子人物埴輪 1 体，甲冑形 1 基，蓋形 1 基のほか，動物埴輪として犬 1 頭，猪 2 頭，鶏 3 羽，それに中実製作の小型馬 2 点，壺・樽形を模したもの各 1 点，盾破片である。

　内容を整理し，若干の補足をすると以下のようである。

　A．人物埴輪はいわゆる意須比を付けた女子 1 体のみである。腕を造らないが，樽形甕をそばにおいて捧げ持っていることを意図的に再現していた。

　B．動物埴輪は犬と猪があり，その組合せは狩を意味するのであろう。

　C．馬は製作が困難なためか土製品で間に合わせている。

（2）蕃上山古墳

　蕃上山古墳 [332] は誉田御廟山古墳（応神陵）の西側に所在した帆立貝式古墳である。墳丘全長は 53m で，馬蹄形の一重堀を持っている。出土須恵器は TK208 型式で 5 世紀後半の築造とみられる。形象埴輪は後円部東側から南側にかけた堀の中からまとまって出土した。出土状況から見て直上のテラス部に集中配置されていたものと推定できる。その内訳は家形埴輪 2 棟，甲冑形埴輪 2 領，盾形埴輪 1 基，人物埴輪 6 体で，人物は巫女 4 体，襷をかけた男 1 体，弓を携えた武人 1 体に類別される。この組成からは入母屋造りと寄棟造りの 2 棟の家の前に，4 体の巫女と 1 体の襷をかけた男子が配

置され，祭儀の様子を表現した可能性が考えられる。巫女は意須比の上に襷をかけ，腕を前方に伸ばす姿勢からみて，酒壺を捧げ持った姿であった可能性が高い。男子は下げ美豆良を結い帽子をかぶっており，着衣の裾の形状から座像と見ることもできるから祭儀の中心となる人物で，喪主となる可能性も考えられよう。

内容を整理し，若干の補足をすると以下のようである。

A. 家形埴輪と人物埴輪が組み合わされて置かれている。

B. 巫女は酒壺を捧げ持つ姿であったと思われる。

C. 甲冑形のほかに軽装の武人埴輪がある。

(3) 井辺八幡山古墳 (図 II-57)

井辺八幡山古墳 [333] は和歌山市の丘陵地帯に群在する岩橋千塚古墳群中の大型前方後円墳（主軸長 88m）である。出土須恵器は MT15 型式相当で 6 世紀初頭の築造と推定される。人物埴輪は，くびれ部の両側に取り付く造り出しの方形区画内にそれぞれ配置されていた。これに加えて，造り出し奥の中段テラス部にも飾り馬と馬子，武人の埴輪が置かれていた。

東造り出しでは，中央に須恵器の大甕・台付壺・器台が多数，据え置かれていた。その北側には 2 棟の家形埴輪の前面に 9 体以上からなる武人集団が 3 列縦隊で配置されていた。須恵器の南側には 1 列に並んだ 3 体の力士集団があり，隣接して鷹飼人・馬 1 頭・猪 3 頭・鹿 1 頭からなる集団が置かれていた。一番奥まった所には 3 体の女子が配置され，その中には坏を捧げ持つものが 2 体あったことが確認できる。

西造り出しでは，方形区画の内側と外側に分かれて須恵器の大甕・器台・壺などが多数据え置かれていた。人物埴輪は東造り出しと異なって配列に規則性が弱いが，武人と力士の一部は墳丘外側に向いて置かれていた。最も奥まった所に 1 棟の家が置かれ，その前方に 3 体の女子が間隔をおいて配置されていた。

配置の内容を整理すると以下のようである。

A. 家形埴輪の前面に人物埴輪が置かれている。

B. 構成要素は坏を捧げ持つものを含む女子像群，力士群，武人群，狩猟と動物からなる群，馬子と飾馬群である。

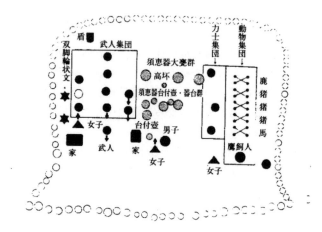

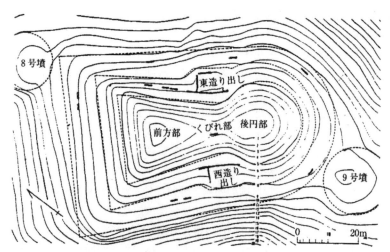

図Ⅱ-57 井辺八幡山古墳人物埴輪配置復原図（文献[333]の挿図を利用して作成）

C. 須恵器が埴輪とともに並べられていて，その位置が截然と分かれ
ているので同時に据え置かれた可能性が高い。壺や甕は底部が穿
孔されており，葬送に使用された後に，ここに運ばれ，据え付け
られた可能性が考えられる。

(4) 塚廻り3号墳（図 II-58）

　塚廻り3号墳 [334] は群馬県太田市竜舞に所在する塚廻り古墳群中の帆立貝式古墳である。墳丘の推定全長は 23m である。火山灰や出土土器から6世紀中葉の築造と考えられている。形象埴輪は前方部に立て並べられていたものが古墳築造後，比較的早い時期に堀の中へ投棄されたと推測されている。人物埴輪は椅座の坏を持つ巫女と，3体の男子像（1体は椅座像）を中心にして，5〜6体の女子半身像がこれを取り巻いていたと推定される。前方部の前端には3枚の盾と4本の大刀が彼らを守るかのうように配置されていた。

　内容を整理し，若干の補足をすると以下のようである。

　A. 巫女は酒杯を捧げ持つ姿で椅子に腰掛けている。

　B. 男子椅座像は双脚輪状文形の特徴的な帽子を付けているが，ほぼ同形の頭部がもう1点出土しており，椅座像であった可能性が高い。

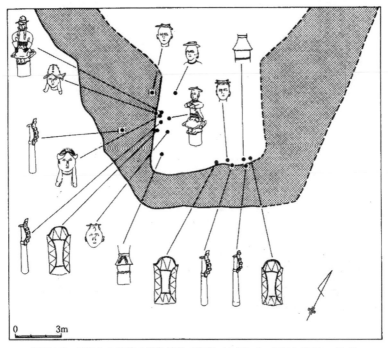

図 II-58　塚廻り3号墳の形象埴輪の配置（文献[87]の挿図を利用して作成）

(5) 埼玉瓦塚古墳 (図 II-59)

　瓦塚古墳 [335] は埼玉県行田市にある埼玉古墳群内の前方後円墳で墳丘全長は 74m を測る。造出しから出土した須恵器群から 6 世紀中葉でも早い時期の築造が推定されている。形象埴輪は西側の中堤上に集中して配置されていた。その内訳は，家形埴輪 4 棟，人物埴輪 26 体，馬形埴輪 6 体，水鳥形埴輪 2 体，犬形埴輪 2 体，鹿形埴輪 1 体，大刀形埴輪 3 個，盾形埴輪 5 個からなる極めて大規模なものであった。配置はいくつかの群から構成されており，儀式を司るグループ＝A群，3 棟の家形埴輪と弾琴を中心とした音楽グループ＝B群，1 棟の寄棟造りの家を武人が厳重に警護するグループ＝C群，そして狩の場と馬列からなるグループ＝D群に分けることができる [336]。

　より細かい内容について記すと，A群は鈴鏡を下げた巫女，拍手を打つ巫女，棒状の呪具と推定されるものを持つ巫女からなる祭祀集団である。B群は寄棟と入母屋の 2 棟の家形埴輪の前に吹き放ちの高床建物が据えられ，その右脇に接するように女子坐像と 2 体の弾琴，及び 6 体からなる男女の踊る人物の配置が復元できた。これは歌舞音曲の集団であり，筆者は高床建物との位置関係から，本来は高床の舞台上で挙行されていたものを，外へ引き出して表現したものと考えた。また，寄棟の家は喪屋と推定した。以上のA・B群は家形埴輪を挟んだ配置であるので，一体をなすものであり，特定の祭祀の場を表現したものと捉えることができよう。

　これに対して，C群は前記の 2 群から少し離れて配置されており，1 棟の寄棟造りの家の前面を武人と盾が厳重に守るもので，筆者は死者の留守宅と解釈した。C群とD群の間は 6m ほどの空間地があり，意識的に隔てられた

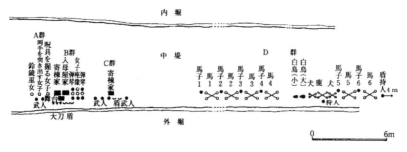

図 II-59　瓦塚古墳形象埴輪配置復原図

ものとみられる。D群は馬子が鼻取る飾り馬6組の配置が復原され，馬列というにふさわしい。この馬列の中間部には白鳥と犬，鹿が割り込んだ形で配置されていた。

内容を整理し，若干の補足をすると以下のようである。

A. 巫女集団と歌舞音曲集団が家形埴輪群に接して配置されており，中心主題を示していると推測される。

B. 動物埴輪に犬と鹿があり，その組み合わせは狩を意味するものであろう。

(6) 綿貫観音山古墳

（図II-60・61）

観音山古墳[337]は群馬県高崎市綿貫町にある前方後円墳で，墳丘長は97mを測る。主体部は巨大な横穴式石室で鈴付大帯，西アジア起源の王子形瓶をはじめ豪華な副葬品が出土している。副葬された須恵器はTK43型式相当で6世紀後葉の築造と見られる。形象埴輪は墳頂部に家が据えられ，鶏と盾が伴っていた。これに対して人物埴輪は墳丘中段のテラス部の特定の位置に配置されていた。

とりわけ横穴式石室開口部付近には埴輪群像の中でも中心をなすと見られるものがまとまって立てられていた。双脚輪状文形の帽子を付けて胡坐する男子は両手を合わせている。彼に対向して正座する女子像が据えら

図II-60　祭儀を執り行う人物群（平野進一作図）

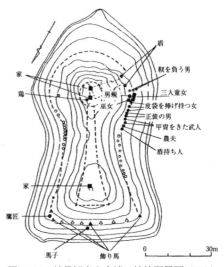

図II-61　綿貫観音山古墳の埴輪配置図（同上）

れ，その脇には皮袋を持つ女子を始めとする合計3体の女子半身像が配置されていた。これはお互いの位置関係から，侍女の持つ皮袋から酒が正座の女子より男子に進められようとしているところであることがわかる。この2人を見守る位置には三人童女と通称されている3体の巫女を一つの台の上に造形した特異な巫女像が据えられている。注意深く観察すると着衣の腋の下に留めた弦を肘で緊張させてそれを指先で弾いている姿であることが理解できる。さらに3人の背面には鏡を首から下げた状態が表現されている。三人童女の脇には靫負が3体立てられていた。

　このほか，観音山古墳では前方部の東側面に貴人と甲冑を付けた武人の全身像，農夫半身像，盾持ち人が配置され，前方部前面には鷹飼い，馬，農夫が据え置かれていた。

　内容を整理し，若干の補足をすると以下のようである。

　A．正座し酒を進める女子像とこれを受けようとする男子像が埴輪で表現された中心主題である。

　　B．2人は巫女と武人によって護られているようである。

　　C．他の構成要素として農夫，鷹飼い，馬がある。

(7) 勢野茶臼山古墳（図 Ⅱ-62）

　勢野茶臼山古墳[338]は奈良県生駒郡三郷町の平群谷と呼ばれる地域に築造された全長40mの前方後円墳であった。形象埴輪は横穴式石室の前庭部閉塞石上にまとまって出土した。その配列は寄棟造りの家形埴輪を中心にして前方に巫女，右脇に蓋を配し，背後に大型の盾と大刀を並べるものであった。茶臼山古墳の次の首長墓と推定される烏土塚古墳では石室内から女子像がやはり1体だけ出土している。近畿地方最後の人物埴輪であり，茶臼山古墳は6世紀中葉，

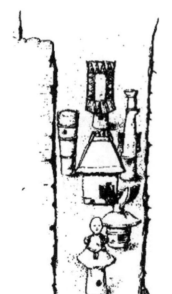

図 Ⅱ-62　勢野茶臼山古墳の埴輪配置復原図（伊達宗泰作図）

烏土塚古墳は6世紀後半に入る。

　A. 立てられていたのは女子像1体のみであり，巫女である。

　B. 家形埴輪と組み合わされた配置である。

（8）小結

　人物埴輪は出現期においては，1基の古墳に巫女像1体のみが配置される例があり，その後，各種の男女像が加わり，関東地方では極大化の状態で終焉を迎えるが，近畿地方では，1体の巫女像に再び戻るのが最後の姿であった。その巫女像は家形埴輪と組み合わせて配置される場合が多く，かつ酒杯を捧げ持つ姿態を表現していた。

　酒を進める巫女または女子像に向かい合って，これを受ける男子の胡坐像や椅座像が存在するが，近畿地方に確かな例はなく，群馬県を中心とする関東地方の地域色とも考えうる。こうした例は，関東地方でも片手で数えるほどの希少例である。

　巫女以外の構成要素として，力士像，武人像，盾持人像，弾琴像と踊る群像，鹿・猪・犬などの動物埴輪と鷹飼人像，馬と馬子像，農夫がある。また，実例では挙がらなかったものとして，跪座像がある。

　これらのうち，力士像，歌舞音曲集団像，狩猟の表現はどの古墳にもあるわけではなく，大規模な古墳か前方後円墳に伴う場合が多い。ただし，例示以外の資料も加味して検討すると，少なくとも近畿地方と関東地方の両者に存在しており，地域的な存在ではないことがわかる。

　ところで，埴輪と共に大甕を始めとする各種の大量の須恵器を墳丘に配置する場合があり，井辺八幡山古墳では造出しが両者によって埋め尽くされている状態であった。造出しが墳丘に棺を引き上げ，埋葬部に導くための機能を持っていたことからすれば，これらは埋葬の完了時点で配置されたものと考えざるをえないだろう。

3. 人物埴輪の本質

　前節で検討した結果，人物埴輪の種類は巫女を必須条件としてこれに力士，狩猟の表現，歌舞音曲の表現，武人，馬列などが加わる場合が，地域性を超える形で確認できた。本節では人物埴輪の種類ごとに，その表現するところを抽出し，解釈を試みたい。

(1) 巫女のふるまいから（図Ⅱ-63）

　研究者の中には巫女埴輪という用語をさけて，女子埴輪という即物的な用語を用いる向きもあるが，筆者は一定の基準を設けて検討を行えば，女子埴輪のうちに，巫女と認定可能なものが相当数あると確信しており，このことを抜きにしては，本質に迫りえないと考えている。ただし，一部に遊部のうち余比に類するような専業者を含むとしながらも，筆者はすべてを職業巫女とみているわけではなく，親族や共同体内の祭祀集団から選任されたシャーマン的性格の強い女性（夫人を含む）のことを巫女と呼ぶこととを申し添えておく。

　さて，巫女埴輪の認定は高橋健自や後藤守一の研究以来，伝統的に服飾の特異性をもって行われる場合が多かった。それは布地を輪状にして，肩からサリーのようにまとう，いわゆる意須比と，これに付属する襷や帯からなるものであり，万葉集歌に祭服として登場することや，『皇太神宮儀式帳』にも祭料として記されていることから，巫女が神事に用いる特別なものと認識され，その起源が古墳時代まで遡る，との大方の理解を得ている。人物埴輪の具体的な観察では，近畿地方においては，蕃上山古墳などの実例をもって，巫女像の出

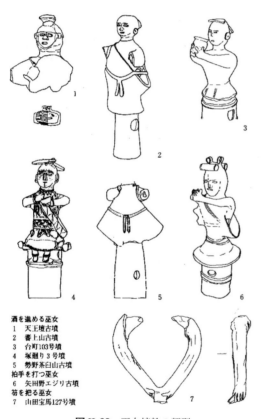

酒を進める巫女
1　天王壇古墳
2　蕃上山古墳
3　台町103号墳
4　塚廻り3号墳
5　勢野茶臼山古墳
拍手を打つ巫女
6　矢田野エジリ古墳
笏を把る巫女
7　山田宝馬127号墳

図Ⅱ-63　巫女埴輪の類型

現，すなわち人物埴輪の発生時から，このような表現が厳格に行われており，勢野茶臼山古墳の実例等をして，終焉時期まで守られてきたことを知りうる。しかし，関東地方では，近畿地方とは異なって，女子像の中での意須比の出現率はきわめて低い。このことから，ただちに関東地方に，巫女が少なかったとすることには，疑問が生じる。そこで，筆者は巫女埴輪の認定は，服装よりも実際にどのような行為を表現しているのかを見極めることの方が，本質的な解決法ではないかと考えた。それはいくつかの類型にまとめうる，との見込を持っているので，提示したいと思う。

類型1　酒を進める巫女　(図 II-63-1 ～ 5)

坏，小型壺，甑などを両手で捧げ持つ姿に製作されている巫女像は東北地方から九州まで広く分布し，その製作は出現から消滅に到るまで存続している。また，資料数も多く，凡日本的かつ基本的な巫女の類型と位置付けることができる。多くは酒器とみられるが，食事を奉仕するものが含まれているかも知れない。

なお，この類型の巫女には観音山古墳の例のように皮袋を持つなど，巫女の下位に属するだろう御食人などとよばれる女子像を伴う場合がある。

類型2　拍手を打つ巫女　(図 II-63-6)

石川県小松市矢田野エジリ古墳[339]出土の2体の巫女像は両手を胸前で合わせた姿態を表現するが，このうちの1体は，意図的に両手をわずかに離して製作されている。これは今日でも，神道の礼法として存続している拍手を打つ様を表したものである。拍手は両手を十分開いてから，それを打合せ，数回反復するものであるから，埴輪として製作される場合，どの段階を示すのかという選択がある。埼玉県行田市瓦塚古墳の女子は両手を開いて，これからまさに打ち合わそうとする刹那を表現したものであり，千葉県木戸前1号墳の男女の群像も同様な姿態をとっている。したがって拍手は，巫女に限られるものではない。群馬県綿貫観音山古墳出土の胡坐の男子像は，酒を飲む前に拍手を打っていることがわかり，礼手にあたると理解される。

類型3　笏を把る巫女　(図 II-63-7)

埼玉県東松山市三千塚古墳群出土の巫女[340]は，両手で板状のものを持っている。先端が欠けているが，千葉県山武町山田宝馬127号墳の例[341]を参

考にすると，笏であった可能性がある。いまのところ類例は少なく，関東に
しか見出せないが，出土埴輪の復原作業時に，持ち物などの破片を丹念に接
合していけば，類例が増えるかもしれない。笏としてよいなら，実際には，
内側に祭文や呪文などをしたためて用いた可能性があろう。

　ちなみに，日本では奈良時代に入ってから，官人及び神官への把笏の制が
定められたが，わが国への移入の時期はそれより古く，どこまで遡るのかは
明らかになっていない。

類例4　呪術を行う巫女（図Ⅱ-60 左から 2 番目）

　前節で扱った群馬県綿貫観音山古墳出土の，三人童女とも通称されている
巫女像は，指先で弦を弾き鳴らす「鳴弦」を行っている。弓の弦を打つ鳴弦
は，宮廷では，天皇の入浴時，皇后の出産時，夜間の衛士の警備などのときに，
行われてきたが，この埴輪からは，既に古墳時代に鳴弦が行われていたこと
がわかる。目的は悪霊を払う辟邪である。なお，埴輪の背中に鏡を下げる表
現があることについては，4世紀に書かれた中国の道教の教義書である『抱
朴子』に，道士が入山の折，魑魅に魅入られないように，背中に鏡をかけて
これを避けることが記されており，道教の影響を受けた呪術が，古墳時代の
関東で用いられていたことを指摘したことがある。

　滋賀県狐塚古墳出土の弓を持つ巫女像 [342] も鳴弦に関係するものかも知れ
ない。このほかにも，蘇生に効能のある呪具を持つ巫女像などがありそうだ
が，現在のところ細かな検討に到っていない。

　以上の4類型を提示し，巫女埴輪は酒食を供献することが代表的な役割で，
このほかに，拍手を行う実例や笏を把る状態と推定されるものもあることか
ら，祭祀行為の実修に関わることがわかり，さらに鳴弦，懸鏡などの辟邪の
呪術を執り行うものもあることがわかった。酒食の供献は前節でみたように，
家形埴輪と一体的に配置される場合が多い。このことは何を物語っているの
だろうか。

　巫女が酒を進める相手を示す場合は少なく，勢野茶臼山古墳のように巫女
像が1体のみの配置例では相手が示されていないことは確実である。これは
相手を死者と見るのが正しいことを示していよう。この場合，巫女が家形埴
輪の内部で死者に酒食の奉仕を行う様子を，便宜的に家形埴輪の外部に置く

ことによって表現している可能性が大きいであろう。

　筆者は既に明らかにしているように，人物埴輪の表現する主題はモガリであり，死者を生けるものと同様に扱って，酒食の奉仕を相当長い期間にわたって執り行うのが，巫女のもっとも重要な責務と考えている [343]。『魏書』東夷伝倭人条から，3世紀の日本にモガリの習俗の存在したことがわかり，『令集解』にも，遊部が喪屋の中で死者へ酒食の奉仕を行う氏族であることが示されているように，モガリは日本の葬送儀礼における基層文化であったことは確実であり，巫女埴輪の多くが左衽表現であることは，凶事への奉仕を証明するものである [344]。

　ところで，神事に共通するプロセスとしてまず，神への酒食の供献，ついで，忌篭もりながらの神人共食，そして最後に直礼があることを前提にすると，酒食がモガリの参加者へも供されたことが理解できる。綿貫観音山古墳の胡坐の男子は，喪屋の中で神人共食する人物を表したと考えるのが合理的であろう。古代中国では死者に代わって奉仕を受ける人物を尸と呼んでいたが，わが国ではそれをモノマサと称していたことが『令義解』に記されている。喪屋の中に入るのは，特定の人物であり，観音山古墳の場合，夫人と死者の後継者であった可能性を考えてよいだろう。

　いっぽう，喪屋の中に入れない人々には，多くの血縁者や地縁者，そして首長の場合には，支配下に置かれた原始的官僚たちがあったと思われるが，彼らの中には，夜通し喪屋の警固に当たるものや，後述する歌舞音曲集団のように，魂振りの舞を舞続ける人たちの姿もあった。『魏書』東夷伝倭人条が記すように，喪主は肉を食さなかったかもしれないが，他の人々は飲食し歌舞音曲したはずであろう。酒を進める巫女像が3体配置された井辺八幡山古墳の場合や，複数の男が坏を捧げ持つ巫女坐像に向かい合って配置され，酒の供応が示された群馬県保渡田八幡塚古墳などの場合は，直礼の段階での，参加者への酒食のふるまいの状況が示されたと考えると理解しやすいだろう。

(2) 力士像の存在から （図 II-64）

　力士埴輪は，前節において例示した井辺八幡山古墳では，腰を落として両手を突き出す姿態を示す資料が出土している。これに対して，福島県原山1号墳や埼玉県酒巻14号墳出土品は片手を挙げ，四股を踏む姿を表現したも

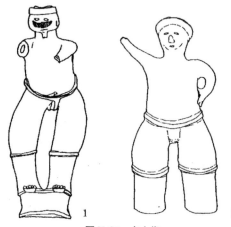

図Ⅱ-64　力士像
（1: 井辺八幡山古墳／ 2: 原山 1 号墳）

のであろう。このほか力士埴輪は群馬県富岡市芝宮 79 号墳や茨城県東海村，静岡県豊川市太夫塚古墳，和歌山県大谷山 22 号墳などから出土しており，装飾付須恵器にも岡山県牛窓町鹿忍や兵庫県竜野市西宮古墳出土例があるので，古墳時代後期には，相撲が相当普及していたことが伺われる。

　古墳に力士像が立てられた意味は，森浩一が説くように，皇極紀元年七月九日条の百済王翹岐の子が滞在中に病死したが，父親は死を忌んで，これを放置しておいた。しかるに，天皇は健児を集めて翹岐の前で，相撲をとらせたという記事は，相撲をとらせることによって，死者の鎮魂を行ったと理解でき，相撲の鎮魂呪術性を示すものだとする見解に注目してみる必要がある。

　聖武天皇の天平 6 年（734 年）をもって起源とする相撲節会が，7 月 7 日の七夕に挙行されたのも，祖霊の帰るこの日を選んで，鎮魂を行ったことにほかならず，近いところでは，箱館戦争の終了した明治 2 年（1869 年）5 月に，東京九段坂上の招魂社（現靖国神社）において，相撲が勧進されたのも，戦死者の鎮魂を願ってのものであった。天皇家の喪葬を司った土師の祖である野見宿禰が，当麻蹴速と対戦して勝ったという伝承も，喪葬の職掌に相撲が含まれていたことを反映したものであろう。

　したがって，力士埴輪はモガリの庭で実際に催された，死者の鎮魂のための相撲を表現したものと考えてよいだろう。なお，この相撲には取組だけでなく，四股踏みや隼人舞などの所作も含まれていたと理解される (*26)。

図Ⅱ-65　猪と犬の土製品（蛭子山 1 号墳）

(3) 狩猟の表示から

（図II-65〜72）

鹿や猪，犬などの動物埴輪が製作され始めるのは，人物埴輪と同じく5世紀中葉から後半のことであるが，小型の土製品の猪と犬を古墳の埋葬部付近に置くことは，かなり古くから行われていた。京都府蛭子山1号墳例は4世紀後半に遡り[345]，中期に入っても京都府綾部市野崎3号墳や香川県神前八幡山古墳などの例があるので，埴輪の先駆形態と見てよいだろう。犬と猪の組合せは，犬を用いた狩を表現したものと考えてよい。埴輪の場合でも，近畿地方では，奈良県荒蒔古墳や四条古墳，大阪府梶2号墳，東北・関東地方では，福島県天王壇古墳（図II-68）や千葉県殿塚古墳

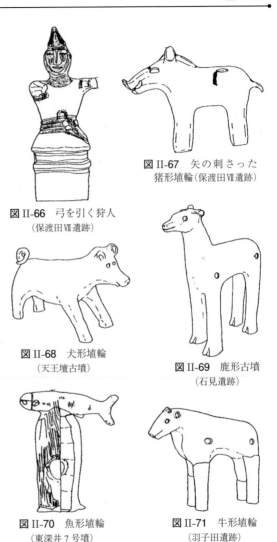

図II-66 弓を引く狩人
（保渡田Ⅶ遺跡）

図II-67 矢の刺さった
猪形埴輪（保渡田Ⅶ遺跡）

図II-68 犬形埴輪
（天王壇古墳）

図II-69 鹿形古墳
（石見遺跡）

図II-70 魚形埴輪
（東深井7号墳）

図II-71 牛形埴輪
（羽子田遺跡）

などの例が示すように，多くは，狩人は示さず，猪と犬を配置して狩の表現としている。群馬県保渡田Ⅶ遺跡の弓を射る狩人（図II-66）と矢が当たり血を流す猪（図II-67）の組合せは希有の例である。狩人の腰には獲物の猪を下

（＊26）相撲については，第⑥章に述べるように，取組だけでなく鎮魂のための相舞を重視する考え方に至っている。

げた表現がなされている。また，大阪府昼神車塚古墳では，角笛を吹く勢子が伴っている。彼らの像容は半身像で，簡略なものであるから，首長を表現したものではない。このことから，狩猟表現を王権儀礼や被葬者の生前の生彩ある狩の場面と解することは難しい[346]。

　猪に比べて鹿は数がやや少ないが，島根県平所埴輪窯跡や奈良県四条古墳出土品のように，後を振り向く姿態のものがあり，四条古墳と瓦塚古墳及び茨城県富士見塚古墳では，犬を伴っているので，やはり狩の場面を表現したものと考えられよう。

　このほか，鷹を手に留めた人物埴輪（図Ⅱ-72）も鷹狩の狩人であり，狩の表示に含めて評価しうるだろう。鷹狩は仁徳天皇の時代に，半島から伝来したとされる新しい狩猟法である。人物埴輪としての表現法は，双脚の全身像として表され，短衣・大袴を付け，帽子や冠様の被りものを付ける例が多いので，階層的に上位の人物と見るべきである。ただし，これを被葬者の姿とするのは誤りであろう。

　さて，古墳上に埴輪で狩の模様が表現された理由は何であろうか。それはモガリにおいて死者に供える供犠と考えるのが，最も体系的な理解といえるだろう。仏教伝来以降，肉食や狩は日陰の存在となったが，『魏書』東夷伝倭人条の記述からは，モガリに肉が供されていたと理解できるし，『日本書紀』の語るアメノワカヒコの葬儀には，喪屋が造られ，一書では鳥が宍人として奉仕している。宍人はこの場合，死者に肉を供え，さらにはモガリの参加者へふるまうための，肉の解体及び調理担当者である。古代中国では，犠牲は基本的には牛や羊などの家畜であったが，古墳時代の日本においては，いまだ牧畜は未発達で，犠牲の調達の多くは，狩によらねばならなかった。

　なお，旧暦12月の異称を臘月というのは，中国の習慣に由来し，『荊楚歳時記』[347]によれば，祖霊の帰るこの時候に，狩を行って供犠することが，最

図Ⅱ-72　鷹を手に留めた人物（オクマン山古墳）

大の心づくしと考えられている。死者の鎮魂のために供犠することは，かならずしも中国からの影響と考える必要はなく，東アジアから東南アジアに及ぶ基層文化であった。考古学の方法によってモガリの跡が綿密に調査されるようになれば，供犠の実態を明らかにしうるはずである。すくなくとも，石室内部への骨付き肉の供献などは，死者への供犠が確実に存在したことを物語っていよう。

牛形埴輪は，数少ない牧畜先進地域で，供犠の対象とされたものであろう。現在の所，奈良県唐古町羽子田（図II-71），大阪府守山市梶2号墳，千葉県印西町小林1号墳，同県横芝町殿塚古墳などの少数例に留まっているが，近畿地方だけではなく，関東地方にも牛の供犠が及んでいたことが推測できる。安閑記二年九月十三日条には，難波の大隅嶋と媛嶋の松原に放牛した記事がみえるほか，神奈川県横須賀市蓼原古墳から牛骨2体分が出土している。

なお，魚も死者への供犠に広く用いられたであろうことは，千葉県横芝町白桝遺跡，同県流山市東深井7号墳など，利根川沿岸地域から出土する魚形埴輪から知られる[348]。これらの先行形態として，奈良県ウワナベ古墳，瓦塚1号墳，大阪府誉田御廟山古墳などの魚形土製品を位置付けることが可能であり，人物埴輪登場以前から，死者への魚の供犠があったことを知ることができる。

以上のことから，埴輪による猪と鹿を対象とする狩の表示は，モガリの場で用いるための犠牲を得るための，狩の模様を再現したもので，牛や魚なども，供犠の動物を表現したものとみられよう。

（4）歌舞音曲の表示から（図II-73）

埼玉県埼玉瓦塚古墳では琴弾きと歌女を中心とした6人の男女の舞手が，吹き放ち構造の高床建物の脇に配置された状態が復原され，筆者はモガリの場で実修された魂振りの遊びを再現したものと考えた。その際，高床建物は歌舞音曲が行われた建物であり，その脇にある家形埴輪は喪屋であろうと推定した。瓦塚古墳のように，歌舞音曲集団を古墳上に配置する例は意外に少なく，特定の前方後円墳の場合が多い。実例を挙げれば群馬県剛志天神山古墳では太鼓打ち，鼓打ち，琴弾きが，千葉県殿部田古墳[349]では琴弾きと共に，甲冑を付けた男子を含む男女の舞手が配置されていた。踊る人物は関東地方

図 II-73　殿部田 1 号墳の弾琴像と踊る女

では散見するが，西日本では例が少ないようである。琴弾きについては，南は福岡県岩戸山古墳，北は福島県原山 1 号墳まで，広い分布を知ることができる。

モガリにおいての歌舞音曲は，『魏書』東夷伝倭人条の記すように，喪主以外の人々は 10 日あまりの期間，歌舞飲食するのであって，古墳時代以前からの基層文化であったと見られる。また，『古事記』には，天若比子の殯に際して，喪屋を造り，岐佐理持，掃持，御食人，臼女，哭女が 8 日間を徹して遊んだとある。さらに，『令集解』喪葬令には，遊部の名負いの由来が示され，殯宮に武器や酒食を持って供奉する氏であることが明記されている。遊びとはいうまでもなく，神事の歌舞のことであり，ここでは死者のための魂振りの歌舞のことである。

したがって，古墳に立てられた歌舞音曲の表示は，死者の蘇生を祈って執行された魂振りの舞の状況を再現したものであると考えておきたい。

(5) 駒曳きの馬列から

古墳上に配置された形象埴輪のうち，最も目に付くものに馬形埴輪がある。関東地方では小さな円墳でも，複数個体が配置されている場合が多い。前方後円墳では，馬列というのがふさわしい配置状況で，これには鼻取りの馬子が付く場合も多い。群馬県太田市の二ツ山古墳（全長 74m）では，墳丘中段のテラス部に，前後 2 列の配置で合計 12 頭の配置があったことが判っている。これらの馬は飾り馬が多く，まれに裸馬が混じる場合がある。

筆者はかつて，これらをモガリに集まった人々の乗り物である馬を，モガリの場の傍らに留めた様を表現したものであろうかと考えたことがあった。しかし，桃崎祐輔[350] や松井章と神谷正弘[351] がまとめたように，北アジア起源の馬の殉葬が，朝鮮半島を経由してわが国に波及していることを重視してみる必要がある。これらは主に古墳の堀や堀の外側に沿って，馬の遺体

を収める土壙を伴うもので，千葉県大作31号墳に伴う2基の土壙のうち，1号土壙の場合，鞍と鐙を付けた飾り馬が，首を切断した状態で埋葬されていた。このことは馬の墓が，追葬のような形ではなく，死者への殉死，または供犠の結果として営まれたことを示すものである。現在のところ馬の殉葬墓は，国内では10数例が知られるに過ぎないが，九州から山陰，山陽，中部高地，関東地方などの広範囲に分布しており，近年では埼玉県東松山市古凍14号墳のように，3基の土壙からそれぞれ馬具が出土するような例も発見されている [352] ので，死者のための馬の殉殺儀礼は相当普及していたと見なければならないだろう。

したがって，古墳に立てられた馬形埴輪は死者の愛馬たちを表現したものであって，死者の霊魂を運ぶために曳き出されたものと考えるのがよいだろう。これらがすべて殉殺されたわけではないだろうが，実際に殉殺された例のあることを，遺跡が証明していることになる。

(6) 人物埴輪に共通する特異な習俗から

人物埴輪の顔面に，赤色彩色が施されるのは，関東地方にあってはきわめて通常のことである。これを入れ墨と考える向きもあるが，やはり化粧と考えるべきであろう。この化粧は，日常のものとは考えにくく，特に目を中心に施される場合が多いので，葬祭に伴うメイキャップであり，辟邪を目的としたものと理解したい。市毛勲の説くように，赤の呪力によって，悪霊を避けること [353] と，目を強調することに，よっていわゆる辟邪視を作ることが狙いだったのではないだろうか。近畿地方の人物埴輪にも，蕃上山古墳の巫女像など，赤色彩色が施された例が報告されている。

4. 人物埴輪の解釈について

人物埴輪の本質がモガリであることを，筆者は論証してきたつもりである。人物埴輪を中心とし，家や器財，動物埴輪が一体となって表現したものは，古墳の被葬者のために，モガリの場において実際に行われたことのうち，とくに重要な部分だったと考えている。それは死者への酒食の供献の表示を必須条件とし，これに，狩を行っての供犠，愛馬の参列，歌舞音曲集団による魂振りの遊，相撲による鎮魂などが付加条件として加わったものと理解して

いる。

　ところで，モガリの習俗は，古くは日本の基層文化であったにもかかわらず，古墳時代の幕引きと共に，大化の薄葬令などの禁令が示すように，国家による規制が加えられていった。そして，仏教文化の受容とともに，変質させられていった。このため，史書には多くを留めず，具体的なモガリの内容を復原することは困難であり，逆に，埴輪を古墳時代のモガリの実態を知るための，手掛かりとしなければならないような状況である。そこで，周辺諸国に遺存している古い喪葬の実態に注目して見ると，中国雲南省元陽県新寨のハニ族の事例が，よくモガリの本質を伝えていると思われるので，曽紅の報告と研究成果 [354] を簡単に紹介しておこう。

　ハニ族は死後，魂は遠い故郷へ戻ってそこで祖先神となり，子孫を見守ると信じているという。実際の葬儀は次のような過程が報じられている。

　死期を予感した老人から意思表示があると，長男が胸に抱いて老人の口へ自分の口を当てて気を吸い取る。次に老人を寝所から，しかるべき場所へはこび，そこで生涯を終える。それから湯灌を施し，手足をまっすぐに伸ばして縛る。そうしなければ，死者の魂は村に戻って，悪いことをする恐れがあるという。次に口に銀の粒，茶，米を入れ，口鼻耳の穴を綿でふさぐ。ついで鶏1羽を死者に供える。つぎに納棺の儀を行うが，この時，鶏を棺の中に納める。夜，玄関の両脇に招魂幡を掲げ，牛の頭を傍らに供える。

　何頭かの牛を死者に捧げないと，正式なモツォツォ（莫搓搓）とならないため，通常7，8頭の牛が殺されるが，「牛の頭を死者に捧げないと，年長者や身分の高い人であっても，死後，祖先神として再生することができないのだ」という。屋根は竹で下から上に差し抜いて，死者の魂が出入りできるようにする。家の中ではモピと呼ばれる祭司が，祭具を土の床に搗き当てて拍子を取りながら，死者の名前を祖先神に告げ，生前の事跡を歌い，祖先の所へ行く方法と道筋を死者に教える。それから，矢を射て，死者の魂を天に送る。この夜，娘や嫁たちは葬式用の帽子を被って，棺のまわりを右回りに廻って，踊ったり歌ったりする。大昔には，頭に鳥の羽根を飾って踊ったという。翌日は弔問の日で，多くの人々が祭品を持って集まる。

　3日目は出棺の日で，別火で飯を炊き，村人全員に御馳走する。料理は牛肉，豚肉，羊肉，魚，つけものなどである。親戚たちは死者へ牛頭などの供

え物をして，死者の最後の食事とする。午後4時ころ，出棺が行われる。葬列には竹筒を持ったモピが先導し，刀，弓を持っていく。次は幡を掲げる人，獅子舞をする人，棺を担ぐ人の順である。棺を埋めると，野辺送りの人々は，石を投げたり，木刀を振るったり，生姜や竹の葉で自分の足跡を消して，素早く走って帰る。

曽紅はこのハニ族の葬俗と日本神話に登場する葬俗が，多くの点で共通するとし，比較を試みている。筆者がとくに重視したいのは，モガリでは歌舞音曲や鶏を用いた蘇生の呪術が行われる一方で，死霊を恐れている点である。このことは形式的に蘇生の呪術を行うが，皆の願いは死霊が十分な葬儀を営んでもらって，それに満足した上で，迷いなく昇天し，祖霊となってもらうことだったとみうる。

筆者は埴輪の立てられた理由について，反正天皇の殯に主祭者の怠慢があったために，地震が起こったという伝承を示して，殯を怠ると何らかの「たたり」があると信ぜられていたことを重視する必要を説いたことがある。おそらく，埴輪は十分なモガリを挙行したことを，死者の霊魂に見せることに，第一の目的があり，そうすることによって，霊魂は悪霊と化することなく，他界に到り，祖霊として共同体を見守る神になる，そして，共同体の成員に見せることによって安堵させることは埴輪の第二の目的であったと考えられるのである。

5. 木製葬祭具の性格について（図II-74・75）

古墳から木製の立物と見られる遺物が出土する場合のあることは戦前の段階から判っていたが，近年，奈良県橿原市四条古墳や同県天理市荒蒔古墳などから大量に出土するに及んで，墳丘に埴輪とは別に木製品が立てられていたことが再認識させられた。それは円柱の上に半球形の木製品をはめこんで蓋を表したものと，やはり円柱の上に鳥形の木製品を取り付けたもの，それに石見型盾とよばれるものである。

このうち，鳥形については大阪府池上遺跡などの弥生時代の方形周溝墓から出土した例もあり起源の古いことが知られる。これらを朝鮮半島に最近まで現存した鳥杆と共通のものと捉え，さらに『三国志』魏書韓伝に記す古代朝鮮の蘇塗と関連するものと見る意見がある。また，岩田慶治は死者の霊魂

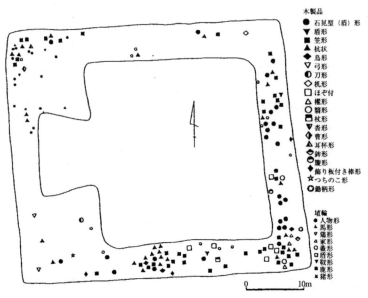

木製品
● 石見型〔盾〕形
▼ 盾形
◧ 笠形
▲ 杭状
◆ 鳥形
▽ 弓形
◐ 刀形
◇ 机形
□ ほぞ付
△ 櫂形
▲ 翳形
▣ 杖形
▽ 杏形
◆ 曹形
◣ 耳杯形
⬡ 鉾形
◓ 籠形
◆ 飾り板付き棒形
☆ つちのこ形
◨ 鶴柄形

埴輪
● 人物形
◣ 馬形
▽ 鶏形
▼ 家蓋形
▣ 盾形
▧ 靫形
▲ 鹿形
◧ 猪形

0　　　　　　10m

図 Ⅱ-74　四条古墳の濠内出土遺物図
（「四条古墳現地説明会資料」による）

を他界に運ぶために墓前に鳥杆を立てる南ラオスのカー族など東南アジアの鳥霊信仰に関わる儀礼の報告を行っている。平林章仁は古代日本の鳥霊信仰は二つの型に類別され，一つは農耕儀礼と習合したもので白鳥を穀霊の運搬者とするものであり，もう一つは鳥を人の霊魂の運搬者ないしは人の霊魂の化現や象徴と見るものだという[355]。後者は日本書紀の日本武尊が死して白鳥となって天に上がったという伝承にも語られているとおりであろう。

　ところで，高橋美久二[356]と勝部明生[357]との間に，木製の蓋や鳥が木の埴輪か否かという論争がある。高橋は今里車塚古墳で墳丘の基底部の裾廻りに打ち込まれた木杭が並んで出土し，付近から蓋形木製品が出土したことを根拠にここに蓋が立てられたと推定し，さらに木製葬祭具には器財埴輪と共通するものが多いことから埴輪と同列に扱われたとして木の埴輪と意識的に呼称している。これに対して，勝部は木製葬祭具は写実製に乏しく仮器的性格が強いことと，埴輪の永遠性に対して腐朽を免れえないものである点を

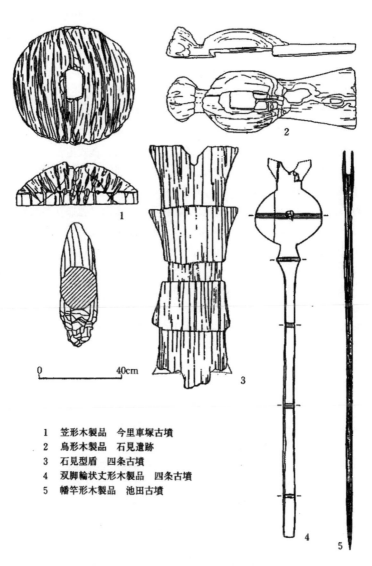

0   40cm

1　笠形木製品　今里車塚古墳
2　鳥形木製品　石見遺跡
3　石見型盾　四条古墳
4　双脚輪状丈形木製品　四条古墳
5　幡竿形木製品　池田古墳

図 II-75　各種の木製葬祭具（西藤論文より）

重視し，木の埴輪ではなく，葬送の祭儀に使用された葬具と考えた。

　この2人に対して西藤清秀[358] は古墳に伴う木製品を埴輪的使用・立柱・儀礼具・構造物使用に分類し，用途の違うことを示した。また，石見型盾形木製品は鹿角の形から発展した玉杖の頭飾りと推測した。

　筆者は滋賀県服部遺跡と四条古墳から出土した木製品のうち立物以外の携帯可能なものに（西藤の言う儀礼具）に刀，弓，鉾，盾などの武器武具，机，槽，耳坏，曲物などの供膳具，琴，発火具，幡竿がある点から，これらがモガリの場で実際に使用されたものであった可能性を考えてみたい。これらは実用品を儀式用として転用したのではなく，明らかに儀式用として形代化され，使用されているという西藤の指摘は重要で，常（ケ）の道具ではない。

　武器類は辟邪の呪具として用いられたもので，供膳具は死者に食物を供えるために使ったものであったろう。琴は魂呼び，または魂振りの歌舞音曲に用いたもので，発火具は別火を切るのに使用したものであったろう。幡竿は招魂を目的に依代としたものであった。モガリの終了後にはこれらの品々を携えた人々が棺に従って野辺送りに就き，埋葬が完了した段階で廃棄したのであろう。それは喪葬に使用された器物をケガレたものとして捨てさる慣習によるもので，これらは最初から喪葬用として製作されたものでもあったようである。祭祀具中に故意にキズを付けて割ったものが確認できることはこの推測を助けるものであろう。

　これらに対して，蓋・鳥形・石見型盾はどのような扱いを受けたことが考えられるのだろうか。かなり大型品ではあっても野辺送りの列に加わった可能性もすてがたい。古墳に立っていたことが確かなものと，廃棄された可能性があるものとがあるとすれば，形象埴輪が立てられる前に立っていた可能性があり，それは上記の祭祀具と共に野辺送りに従い，埋葬後に盾は死者を守護する目的で，鳥形は霊魂の他界への旅立ちの無事を祈って古墳に立てられ，より恒久的な形象埴輪が樹立される段階で廃棄されたのではないだろうか。ただし，埴輪を立てる位置と異なって木製立物が配置されていた場合は残し置かれる場合があったのだろう。

　なお，『令集解』喪葬令の葬送具条には葬送具の種類と数量の規定があり，鼓，幡などのほかに楯がふくまれており，たとえば，親王一品の場合，楯は7枚である。注目されるのは楯の割注に「葬より所以の者也」と明記されて

いる点である。葬儀専用の楯が用いられていたのである。石見型盾型木製品は葬儀専用盾であった可能性を考えて見たい。

　木製葬祭具については，ひとつの新しい仮設を提示してみたが，これらの資料の緻密な報告に大いに期待したい。葬祭具の解明によって，古墳時代の喪葬の内容が一層，具体的に解明され，同時に人物埴輪の表現する世界も鮮明になることを望んでいる。

6. 総 括

　人物埴輪を中心に据えた形象埴輪群について，その配列の実例を挙げ，内容がいくつかの要素から構成されること，それが普遍性の高いものであることを示した。そして，その全体がしめすものは死者のために執り行ったモガリであるとの結論を得た。

　先行する人物埴輪についての諸説の批判はすでに行っている[359]ので，本稿では割愛したが，私の考えるモガリ説に対して，いくつかの反論があるので，簡単に感想を述べておきたい。

　杉山晋作は「東国の人物埴輪群像と死者儀礼」と題する論文[360]で，人物埴輪群は死者が生前に活躍した情景を表現したものであり，埋葬に先立つ古墳での最後の儀式として死者の功績を讃える場面で埴輪群像が視覚的効果を生み，その後も顕彰碑的な効用を持ち続けたと説く。埴輪の使用効果を前提とした新しい解釈である。しかし，群像中に必ず主人公の生前の姿があるとしなければならないこの解釈においては，千葉県竜角寺101号墳の場合，盾持人がそれにあたるというのは納得ができないし，本稿でも示したように初期と終焉期の巫女像が1体しか立てられていない場合に，被葬者は巫女となる。しかし巫女は酒壺を捧げ持っているのであって奉仕される側ではない。また，埴輪が埋葬以前に立てられていることを前提とした立論であるが，造出しや中堤，墳丘のテラス部などは棺を搬入するための唯一の通路である場合が多く，埋葬以前の埴輪樹立は困難ではないかと思われるのである。

　私に対するいくつかの批判点のうち，看過できないのは「死者の蘇生を願う魂振りの情景は，埋葬後は死者の鎮魂を願うしかないのであるから，古墳に立てられ後世まで残るのは好ましくないだろう」と批判される点である。高橋克壽も『埴輪の世紀』の中で，ほぼ同様な批判を行っている[361]ので，

二人に回答しておきたい。

　魂振りの表現はモガリの最初の段階での蘇生の呪術である。この次の段階では死者を生者のごとく遇して酒食を供え，供犠を行い，相撲で鎮魂を図り，究極は他界への霊魂の旅立ちの無事を祈るのである。埴輪群像はこのようなモガリの主要祭儀を表現したものである。したがって，古墳に立てられたのは第一儀的には本稿にも記したように，死者の霊魂に見せ，満足して他界に赴かせるための表示としての意味があったと考えている。人々が最も恐れていたことは霊魂が迷いを生じて，留まり続けることであった。そのような折には，埴輪群像を霊魂に見せて，彼の世へ赴くべきことを悟らせる必要があったのであろう。余人に見せるのは共同体の安堵を図るための第二義的な目的であったろう。

　少なくとも，埴輪を具体的に検討するとハレの祝宴や日常生活ではなく，呪術性に富んだ内容であり，生前の輝かしい活躍の一こまや，死後のための不自由ない生活を表現したものとは考えがたいのである。

　森田悌も『風俗』誌中でモガリを非とし，神事に伴う祝宴の様を再現したものという意見を表明している[362]。しかし，古墳が寿陵であろうから生前に埴輪を立てたとするのは誤解である。私は3人の論は神事の表現は祝儀と不祝儀の差が判りにくいことに起因していると捉え，本稿においては喪葬に伴う表現であることを明らかにすることに努めたつもりである。

　なお，力士埴輪については，後に相撲人埴輪がふさわしいと考えるに至ったが，執筆当時のまま直さないことにした。

謝　辞

　大きなテーマを戴いて大塚先生のために献呈論文を書く光栄を与えられながら，わずかのことにしか力が及びませんでしたことをお詫び申し上げます。

　大塚先生，本当にお疲れ様でした。私は先生の門下生ではありませんが，先生からは御著書を通じて考古学を学び，また職務である古墳の整備事業では種々，より良いものができるように御指導，御助力いただきました。先生のお人柄を敬慕するものの一人として，ますます元気で御活躍の上，今後もわれわれを導いてくださるよう心からお願い申し上げます。

追 記

　脱稿後，約 6 年の間に，史跡整備に伴う群馬県群馬町の保渡田八幡塚古墳の埴輪配置区の再調査と報告書の刊行（平成 12 年（2000 年）），及び大阪府高槻市の今城塚古墳の中堤埴輪配置区の調査成果の公表（平成 14 年（2002 年）3 月）があった。

　前者は昭和 4 年（1929 年）の発掘調査を補完するもので，特に A 区では 50 余体の形象埴輪の多くが原位置で確認され，報告者の若狭徹氏によって，I 群からⅦ群におよぶ配置復原案（図Ⅱ-76）が提示された。これによると，中核部となる I 群は椅坐人物による飲食儀礼場面となり，その外側に，半身像による立姿の儀礼場面と武人像などの双脚像群が置かれ，さらに馬列に器財と人物埴輪の加わる長い配置と狩猟場面を再現する配置となる。関東地方では，最も充実した人物埴輪群像の実例である。

　2 点だけ，筆者の注目する点を特記すると，第一に，中核となる第 I 群には椅坐の坏を捧げる女子像（1）に対置して，4 人の男子坐像があり，うち 1 体は弾琴像となるという。このことは，酒坏を受ける人物が 3 体であることを示しており，彼らを被葬者または特定の首長権継承者と考えるべきでないことを私たちに教えてくれる。第二に，狩猟表現に，①犬と狩人を伴う猪鹿狩（第Ⅲ群の全部と第Ⅴ群 36），②鷹を使う男と水鳥群からなる鷹狩（第Ⅱ群 14～17），③半身人物像と魚をくわえる飼われた鵜からなる鵜猟（第Ⅶ群）の合計 3 類型の狩猟，すなわち魚，鳥，獣を対象とするすべての狩猟を含んでいることが注目される。このうち，鵜猟を示す埴輪の確実な例は初見であ

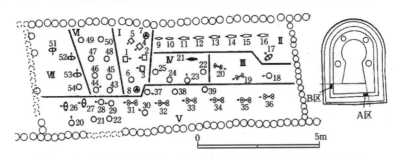

図Ⅱ-76　保渡田八幡塚古墳 A 区の形象埴輪配置復原図（文献［320］より）

る。保渡田八幡塚古墳は，狩猟表現が，日本でも，最も充実した例といえるが，狩猟表現をかくも詳細に再現した意味は何であったのであろうか。筆者は前記したとおり，死者への供犠を目的とする狩猟場面と解するが，今後，本例なども加えたうえで，より研究を深化させたいと希望する。

今城塚古墳の調査成果は，近々に正式報告されるものと思うが，初めて，大王墓における人物埴輪群像の詳細が明らかにされるわけであり，従来知られていなかったような特殊なものを含むのか，それとも普遍性を有しているのか，埴輪文化の伝播や身分制との関係で，大いに注目されるところである。

人物埴輪の分析法と解釈においては，塚田良道が「人物埴輪の型式分類」（『考古学雑誌』第81巻第3号，1996）と「女子埴輪と采女」（『古代文化』第50巻第1・2号，1998）を発表した。前者では「踊る埴輪と馬を曳く人物は，形態からみれば同じ形式に分類されるのであり，それを別の形式に分ける根拠は全くない」という意見を述べているが，これは型式分類至上主義の陥井にはまっている。形象埴輪は原位置を十分に踏まえ，グルーピングを経てから，性格付けを行うべきものである。馬の前方に立つ男子半身像が左手を高く掲げているのは馬子でよいが，弾琴像や太鼓を打つ人物と組み合わされて右手や左手を上げる男女は，馬子でよいのですかということになる。

また，後者では女子埴輪の裂裟状衣を采女の用いた肩巾であるとし，大和王家と同様の采女の制度が地方豪族間にも行われていて，そこで食膳奉仕する女性であると理解している。しかし，筆者が本書第Ⅱ部第④章で記したように，着衣は平安時代にはチキリと呼ばれていた神衣であり，采女ではない。しかも左衽である。おくればせながら，服飾研究の面からも批判を行っておいた[363]。

〔註と引用文献〕
1: 後藤守一『日本古代文化研究』大岡山書店, 1942
2: 後藤守一『上野國佐波郡赤堀村今井茶臼山古墳』東京帝室博物館, 1933
3: 滝口宏・久地岡榛雄『はにわ』日本経済新聞社, 1963
4: 市毛勲「人物埴輪における隊と列の形成」『古代探叢』Ⅱ, 早稲田大学出版部, 1985
5: 橋本博文「埴輪祭式論」『塚廻り古墳群』群馬県教育委員会, 1980
6: 水野正好「埴輪の世界」『日本原始美術大系』講談社, 1977
7: 水野正好「埴輪芸能論」『古代の日本』2, 角川書店, 1971
8: 杉山晋作「東国の人物埴輪群像と死者儀礼」『国立歴史民俗博物館研究報告』第68号, 1996

9: 折口信夫「大嘗祭の本義」『折口信夫全集』中央公論社, 1995 ※発表は 1928

10: 岡田精司『古代王権の祭祀と神話』塙書房, 1970

11: 5 に同じ。(橋本 1980)

12: 梅澤重昭ほか『群馬のはにわ』群馬県立歴史博物館, 1979

13: 8 に同じ。(杉山 1996)

14: 増田精一『埴輪の古代史』新潮社, 1976

15: 山内紀嗣「復元される儀礼」『古墳時代の研究』9 巻, 1992

16: 和歌森太郎『和歌森太郎著作集』弘文堂, 1980

17: 若松良一「再生の祀りと人物埴輪」『東アジアの古代文化』第 72 号, 大和書房, 1992

18: 8 に同じ。(杉山 1996)

19: 17 に同じ。(若松 1992)

20: 高橋克壽『埴輪の世紀』歴史発掘第 9 巻, 講談社, 1996

21: 辰巳和弘『「黄泉の国」の考古学』講談社現代新書, 1996

22: 塚田良道「女子埴輪と采女」『古代文化』第 50 巻第 1・2 号, 古代学協会, 1998

23: 小林行雄『埴輪』陶磁大系 3, 平凡社, 1974

24: 若松良一「職能の衣服 —埴輪表現におけるその非日常性—」『古墳時代の考古学』6, 同
    成社, 2013 ※本書第Ⅱ部第[4]章として再録。

25: 日高慎「大阪府守口市梶 2 号墳出土の狩猟場面を表現した埴輪群」『駆け抜けた人生 笠
    原勝彦君追悼文集』1999

26: 若狭徹「人物埴輪再考 —保渡田八幡塚古墳の実態とその意義を通じて」『保渡田八幡塚
    古墳』群馬町教育委員会, 2000

27: 森田克行「今城塚と埴輪祭祀」『東アジアの古代文化』117 号, 大和書房, 2003

28: 若松良一「埴輪と木製品からみた埋葬儀礼」『古墳時代の日本列島』青木書店, 2003a

29: 若松良一「形象埴輪の配置と復原される儀礼」『瓦塚古墳』埼玉古墳群発掘調査報告書
    第 4 集, 埼玉県教育委員会, 1986

30: 若松良一「双脚輪状文と貴人の帽子—古墳時代における蓮華文の受容をめぐって—」『埼
    玉考古学論集』埼玉県埋蔵文化財調査事業団, 1991

31: 若松良一「武蔵埼玉古墳群と朝鮮半島系遺物 —逆輸入された特異な埴輪をめぐって—」
    『古代史研究』18 号, 2001

32: 井上裕一ほか「咸平金山里方臺形墳出土埴輪について」『日韓埴輪の比較・検討と倭系
    古墳出現の歴史的背景』慶北大學校ほか, 2018 ※鶏形・馬形の埴輪が出土している。

33: 1 に同じ。(後藤 1942)

34: 若松良一「埴輪と冠帽」『考古学ジャーナル』№357, 特集 埴輪に見る装飾と服装, 1993

35: 若松良一「巫女埴輪 笏を把り拍手を打つ埴輪」『紀要』22 号, 埼玉県立博物館, 1997

36: 14 に同じ。(増田 1976)

37: 亀井正道「浜松市坂上遺跡の土製模造品」『国立歴史民俗博物館研究報告』第 7 号, 1985

38: 近藤義郎ほか『倉敷市楯築弥生墳丘墓発掘調査概要報告』, 1987

39: 野上丈助『大阪府の埴輪』大阪府立泉北考古資料館, 1982

40: 上野利明・中西克宏「大賀世 2・3 号墳の出土埴輪について」『紀要Ⅰ』東大阪市文化財
    協会, 1985

41: 田中清美・積山洋ほか『長原・瓜破遺跡発掘調査報告Ⅰ』大阪市文化財協会, 1989

42: 森田克行ほか『発掘された埴輪群と今城塚古墳』高槻市教育委員会, 2004

43: 浜田青陵『東亜考古学研究』岡書院, 1930

44: 川西宏幸「円筒埴輪総論」『考古学雑誌』第 64 巻第 4 号, 1978

45: 一瀬和夫『応神陵古墳外堤Ⅰ・小室遺跡』大阪府教育委員会, 1988
46: 大阪市文化財協会『発掘された大阪』1984
47: 古市古墳群研究会編『古市古墳とその周辺』1985
48: 福岡市教育委員会『入部』1993
49: 佐田茂『筑後の埴輪展』大牟田市歴史資料館, 1984
50: 川述昭人『瑞王寺古墳』筑後市教育委員会, 1984a
51: 石野博信ほか『形象埴輪の出土位置』埋蔵文化財研究会, 1985
52: 馬田弘稔・金子文夫・石山勲『塚堂遺跡Ⅰ』福岡県教育委員会, 1983
53: 山崎義夫『天王壇古墳』福島県本宮町立歴史民俗資料館, 1984
54: 矢口忠良ほか『長礼山古墳群』長野市教育委員会, 1981
55: 神戸市教育委員会『地下に眠る神戸の歴史展Ⅵ』1988
56: 伊野通富「塩谷古墳群平成元年度発掘調査概要」『京都府遺跡調査概報』第38冊, 京都府埋蔵文化財調査研究センター, 1990
57: 松阪市教育委員会『常光坊谷古墳群発掘調査概要Ⅱ』1988
58: 藤原妃敏ほか『原山1号墳』福島県教育委員会, 1982
59: 石関伸一『古海松塚古墳群』群馬県大泉町教育委員会, 1990
60: 柳田敏司ほか『埼玉稲荷山古墳』埼玉県教育委員会, 1980
61: 岡崎晋明・中村潤子『大和の埴輪』橿原考古学研究所附属博物館, 1984
62: 佐藤好司「児玉地方における埴輪の様相」『埴輪の変遷 —普遍性と地域性』第6回三県シンポジウム, 1985
63: 東京国立博物館『東京国立博物館図版目録古墳時代編』関東Ⅲ, 1986
64: 若松良一ほか『諏訪山33号墳の研究』北武蔵古墳文化研究会, 1987
65: 後藤守一「上野国愛宕塚」『考古学雑誌』第39巻第1号, 1953
66: 末永雅雄「磯城郡三宅村石見出土埴輪報告」『奈良県史蹟名勝天然記念物調査報告』第13冊, 1935
67: 森浩一ほか『井辺八幡山古墳』同志社大学文学部考古学調査報告第5集 1972
68: 東京国立博物館『東京国立博物館図版目録古墳時代編』関東Ⅱ, 1983
69: 福島武雄・岩澤正作・相川龍雄『群馬県史蹟名勝天然記念物調査報告』第2輯 1932
70: 丸山修『寺浦1号・2号古墳』上里町教育委員会, 2020
71: 藤瀬禎博『岡寺前方後円墳』鳥栖市教育委員会, 1984
72: 61に同じ。(岡崎・中村 1984)
73: 若狭徹『保渡田Ⅶ遺跡』群馬県群馬町教育委員会, 1990
74: 寺社下博『めづか』熊谷市教育委員会, 1983
75: 江原昌俊ほか『おくま山古墳 第1次・2次』東松山市教育委員会, 2008
76: 40に同じ。(上野・中西 1985)
77: 66に同じ。(末永 1935)
78: 千賀久『大和考古学資料目録第15集石見遺跡資料』橿原考古学研究所附属博物館, 1988
79: 松本岩雄ほか『重要文化財平所遺跡埴輪窯跡出土品復元修理報告書』島根県教育委員会, 1981
80: 山城考古学研究会『丹波の古墳Ⅰ』1983
81: 61に同じ。(岡崎・中村 1984)
82: 74に同じ。(寺社下 1983)
83: 相川龍雄「上野国佐波郡の前方後円墳」『考古学雑誌』25-7, 1935
84: 末永雅雄ほか『岩橋千塚』関西大学, 1967

85: 市原市文化財センター『御蓙目浅間神社古墳』1987

86: 今津節生『東国のはにわ』福島県立博物館, 1988

87: 石塚久則・橋本博文『塚廻り古墳群』群馬県教育委員会, 1980

88: 茨城県『茨城県史料』考古資料編・古墳時代, 1974

89: 安藤鴻基「房総の埴輪について」『竜角寺古墳群第 101 号古墳発掘調査報告書』千葉県文化財保存協会, 1988

90: 若松良一・日高慎「形象埴輪の配置と復原される葬送儀礼（上）」『調査研究報告』5 号, 埼玉県立さきたま資料館, 1992　※寄贈資料のため実測図は報告書でなくここに収録した。

91: 伊達宗泰『勢野茶臼山古墳』『奈良県史蹟名勝天然記念物調査報告』23 冊, 1966

92: 浜名徳永・椙山林継ほか『下総小川台古墳群』芝山はにわ博物館, 1975

93: 樫田誠『矢田野エジリ古墳発掘調査報告書』小松市教育委員会, 1992

94: 滝瀬芳之『小前田古墳群』埼玉県埋蔵文化財調査事業団, 1986

95: 杉原清一『常楽寺古墳』島根県仁多町教育委員会, 1985

96: 向坂鋼二「東海のはにわ」『はにわの世界』長野市立博物館, 1982

97: 伊崎俊秋・佐田茂ほか『立山山古墳群』八女市教育委員会, 1983

98: 川述昭人『立山山 13 号墳』八女市教育委員会, 1984b

99: 浜名徳永・神山崇『上総殿部田古墳・宝馬古墳』芝山はにわ博物館, 1980

100: 直木孝次郎「奉翳美人」『創立 35 周年記念橿原考古学研究所論集』吉川弘文館, 1975

101: 東京国立博物館『東京国立博物館図版目録古墳時代編』関東Ⅰ, 1980

102: 豊中市「野畑落ヶ谷発見の埴輪巫女土偶」『豊中市史』史料編 1, 1960

103: 51 に同じ。（石野ほか 1985）

104: 赤星直忠『厚木市登山古墳調査概報』厚木市教育委員会, 1967　のちに右手首の鷹は別個体と判明した。

105: 大塚初重・小林三郎「茨城県・舟塚古墳Ⅱ」『考古学集刊』4-4, 1971

106: 92 に同じ。（浜名・椙山ほか 1975）

107: 若松良一『はにわ人の世界』特別展解説図録, 埼玉県立さきたま資料館, 1988

108: 杉崎茂樹・若松良一『瓦塚古墳』埼玉古墳群発掘調査報告書第 4 集, 1986

109: 30 に同じ。（若松 1991）

110: 大塚真弘・鈴木与志子・一柳隆芳『蓼原』横須賀市教育委員会, 1987

111: 88 に同じ。（茨城県 1974）

112: 12 に同じ。（梅澤ほか 1979）

113: 93 に同じ。（樫田 1992）

114: 山崎武・若松良一ほか『生出塚遺跡』鴻巣市遺跡調査会, 1981

115: 平岡和夫『山田宝馬第 127 号墳』山武考古学研究所, 1982

116: 滝口宏・久地岡榛雄『はにわ』日本経済新聞社, 1963

117: 12 に同じ。（梅澤ほか 1979）

118: 100 に同じ。（直木 1975）

119: 梅沢重昭ほか『綿貫観音山古墳』墳丘・埴輪編　群馬県教育委員会, 1998

120: 伊達宗泰「鳥土塚古墳」『奈良県史跡名勝天然記念物調査報告』第 27 冊, 1972

121: 中山和之ほか『向山古墳群』鳥取県淀江町立歴史民俗資料館, 1990

122: 小田和利『鬼の枕古墳』甘木市教育委員会, 1987

123: 中島洋一・塚田良道『酒巻古墳群』行田市教育委員会, 1988

124: 市原市文化財センター『市原市山倉古墳群』2004

125: 梅澤重昭ほか『群馬のはにわ』群馬県立歴史博物館, 1979

126: 杉崎茂樹「県指定「農夫はにわ」について」『調査研究報告』1 号, 埼玉県立さきたま資料館, 1988

127a: 山田昌久「日本における古墳時代牛馬耕開始再論」『歴史人類』17 号, 筑波大学, 1989

127b: 若松良一「魚型埴輪の出現背景」『埴輪の風景　構造と機能構造と機能』東北・関東前方後円墳研究会編, 六一書店, 2008

128: 尾崎喜左雄・今井新次・松島栄治『石田川』1968

129: 加悦町教育委員会『加悦町文化財調査概要 4：蛭子山古墳』加悦町教育委員会, 1985

130: 12 に同じ。（梅澤ほか 1979）

131: 小郡市教育委員会『小郡市文化財調査報告書 40：津古生掛遺跡 I』小郡市教育委員会, 1987

132: 近藤喬一ほか『京都府平尾城山古墳』古代学研究所研究報告第 1 輯, 1990

133: 千賀久『はにわの動物園 Ⅱ』奈良県立橿原考古学研究所付属博物館, 1991

134: 39 に同じ。（野上 1982）

135: 2 に同じ。（後藤 1933）

136: 後藤守一・相川龍雄『群馬県史跡名勝天然紀念物調査報告書　第 3 輯　多野郡平井村白石稲荷山古墳』1936

137: 世田谷区教育委員会ほか『野毛大塚古墳』世田谷区教育委員会, 1999

138: 磐田市埋蔵文化財センター『堂山古墳』磐田市教育委員会, 1987

139: 石井隆博『史跡三ッ城古墳保存整備事業第 1 年次調査概報』東広島市教育委員会, 1990

140: 西谷真治『金蔵山古墳』倉敷考古館研究報告, 1959

141: 50 に同じ。（川述 1984a）

142: 133 に同じ。（千賀 1991）

143: 57 に同じ。（松坂市教育委員会 1988）

144: 101 に同じ。（東京国立博物館 1980）

145: 滝口宏・久地岡榛雄『はにわ』日本経済新聞社の図版 36, 1963

146: 坂野和信『下道添遺跡』埼玉県埋蔵文化財調査事業団, 1987

147: 埼玉県遺跡調査会『青柳古墳群発掘調査報告書』, 1973

148: 133 に同じ。（千賀 1991）

149: 47 に同じ。（古市古墳群研究会編 1985）

150: 奈良国立文化財研究所『平城宮発掘調査報告 6』1975

151: 太田市『太田市史』通史編, 自然・原始古代, 1996

152: 若松良一『二子山古墳・瓦塚古墳』埼玉県教育委員会, 1992

153: 志村哲「十二天塚古墳の築造年代について」『群馬県史研究』第 29 号, 1989

154: 日本窯業史研究所『茨城県内原町　杉崎コロニー古墳群』1980

155: 129 に同じ。（加悦町教育委員会 1985）

156: 藤井寺市教育委員会『藤井寺市発掘調査概報 35：野中宮山古墳』2017

157: 四條畷市教育委員会『忍ヶ丘駅前遺跡発掘調査概要』四條畷市埋蔵文化財調査報告, 1997

158: 大坂文財センター『大阪の埴輪窯』1989

159: 奈良県立橿原考古学研究所『奈良県立橿原考古学研究所調査報告 105：四条遺跡 I』奈良県立橿原考古学研究所, 2009

160: 47 に同じ。（古市古墳群研究会編 1985）

161: 高槻市立埋蔵文化財調査センター開設 40 周年記念特別展図録『たかつきの発掘史をた

どる』附編・高槻市天神町所在『昼神車塚古墳』2015
162: 25 に同じ。（日高 1999）
163: 133 に同じ。（千賀 1991）
164: 73 に同じ。（若狭 1990）
165: 12 に同じ。（梅澤ほか 1979）
166: 60 に同じ。（柳田ほか 1980）
167: 浅利孝一・大村直『御蓙目浅間神社古墳』市原市文化財センター, 1987
168: 3 に同じ。（滝口・久地岡 1963）
169: 89 に同じ。（安藤 1988）
170: 鎌木義昌「人埴輪を出土する備前円光寺遺跡」『考古学雑誌』第 41 巻第 4 号, 1953
171: 121 に同じ。（中山ほか 1990）
172: 51 に同じ。（石野ほか 1985）
173: 97 に同じ。（伊崎・佐田ほか 1983）
174: 133 に同じ。（千賀 1991）
175: 40 に同じ。（上野・中西 1985）
176: 78 に同じ。（千賀 1988）
177: 79 に同じ。（松本ほか 1981）
178: 167 に同じ。（浅利・大村 1987）
179: 黒澤彰哉ほか『茨城の形象埴輪』茨城県立歴史館, 2004, p77 及び原色図版 6
180: 89 に同じ。（安藤 1988）
181: 92 に同じ。（浜名・椙山ほか 1975）
182: 文献 179（黒澤ほか 2004）p101
183: 127 に同じ。（若松 2008）
184: 133 に同じ。（千賀 1991）
185: 25 に同じ。（日高 1999）
186: 渋谷興平編著『小林古墳群』小林古墳群発掘調査団, 1975
187: 145 に同じ。（滝口・久地岡 1963）
188: 101 に同じ。（東京国立博物館 1980）
189: 39 に同じ。（野上 1982）
190: 62 に同じ。（佐藤 1985）
191: 井上裕一「馬形埴輪の研究 ―製作技法を中心として―」『古代探叢 Ⅱ』1985
192: 稲村繁「群馬県における馬形埴輪の変遷 ―上芝古墳出土品を中心として―」『MUSEUM』
　　No. 425, 1986
193: 133 に同じ。（千賀 1991）
194: 133 に同じ。（千賀 1991）
195: 森杉夫『高石市史』第 2 巻, 1986
196: 133 に同じ。（千賀 1991）
197: 133 に同じ。（千賀 1991）
198: 78 に同じ。（千賀 1988）
199: 79 に同じ。（松本ほか 1981）
200: 133 に同じ。（千賀 1991）
201: 139 に同じ。（石井 1990）
202: 横尾義明・萩原裕房『木塚遺跡』久留米市教育委員会, 1977
203: 50 に同じ。（川述 1984a）

204: 52 に同じ。（馬田・金子・石山 1983）

205: 71 に同じ。（藤瀬 1984）

206: 宮崎県総合博物館埋蔵文化財センター『下北方古墳遺物編』1990

207: 熊本県教育委員会『清原古墳群及び岩原古墳群の周溝確認調査 1』1982

208: 53 に同じ。（山崎 1984）

209: 80 に同じ。（山城 1983）

210: 萩原恭一ほか『研究紀要』15 号, 千葉県文化財センター, 1994

211: 60 に同じ。（柳田ほか 1980）

212: 59 に同じ。（石関 1990）

213: 73 に同じ。（若狭 1990）

214: 87 に同じ。（石塚・橋本 1980）

215: 25 に同じ。（日高 1999）

216: 3 に同じ。（滝口・久地岡 1963）

217: 浅見貴子「行田歴史系譜」322『市報ぎょうだ』895 号, 2021

218: 後藤守一「所謂袈裟状衣着用埴輪について」『考古学論叢』第 3 輯, 1936

219: 増田美子『日本喪服史 古代編 ―葬送儀礼と装い―』源流社, 2002

220: 102 に同じ。（豊中市 1960）

221: 66 に同じ。（末永 1935）

222: 塚田良道『人物埴輪の文化史的研究』雄山閣, 2007

223: 22 に同じ。（塚田 1996）

224: 増田美子『古代服飾の研究 ―縄文から奈良時代』源流社, 1995

225: 93 に同じ。（樫田 1992）

226: 宮崎幹也『狐塚遺跡発掘調査報告書』近江町教育委員会, 1996

227: 有馬義人「豊穣なる南九州の埴輪造形 ―宮崎県 百足塚古墳―」『考古学ジャーナル』No.617, 2011

228: 60 に同じ。（柳田ほか 1980）

229: 柳田國男「妹の力」『柳田國男全集』第 11 巻, 筑摩書房, 1969

230: 河野信子『女と男の時空 日本女性史再考』①・②ヒメとヒコの時代―原始古代, 藤原書店, 2000

231: 川西宏幸・辻村純代「古墳時代の巫女」『博古研究』第 2 号, 博古研究会, 1991

232: 67 に同じ。（森ほか 1972）

233: 87 に同じ。（石塚・橋本 1980）

234: 若松良一・日高慎「形象埴輪の配置と復原される葬送儀礼（中）―埼玉瓦塚古墳の場合を中心に―」『調査研究報告』第 6 号, 埼玉県立さきたま資料館, 1993

235: 千賀久『はにわ人と動物たち ―大和の埴輪大集合』奈良県立橿原考古学研究所附属博物館, 2008

236: 67 に同じ。（森ほか 1972）

237: 増田美子『日本衣服史』吉川弘文館, 2010

238: 124 に同じ。（市原市文化財センター 2004）

239: 34 に同じ。（若松 1993）

240: 読売テレビ放送『好太王碑と集安の壁画古墳』木耳社, 1988

241: 李如星著・金井塚良一訳『朝鮮服飾考』三一書房, 1998

242: 金美子「付編 李如星論」『朝鮮服飾考』1998

243: 川本芳昭「北魏高祖の漢化政策の理解について」『東洋史論集』9 号, 九州大学, 1981

244: 237 に同じ。(増田 2010)

245: 死装束を死者以外が着用する例は, 野辺送りの時に位牌を持つ人や棺の後棒をかつぐ近親者に, その習慣が残っている地域がある。

246: 沖縄県『沖縄県史』各論編 9 民俗, 2020

247: 関根真隆『天平美術への招待 —正倉院宝物考』吉川弘文館関根真隆, 1989

248: 関根真隆「正倉院宝物」『国史大辞典』吉川弘文館, 1986

249: 17 に同じ。(若松 1992)

250: 桃崎佑輔「古墳に伴う牛馬供犠の検討」『古文化談叢』第 31 集, 九州古文化研究会, 1993

251: 松井章・神谷正弘「古代の朝鮮半島および日本列島における馬の殉殺について」『考古学雑誌』第 80 巻第 1 号, 1994

252: 若松良一「形象埴輪の配置と復原される儀礼」『瓦塚古墳』埼玉古墳群発掘調査報告書第 4 集, 埼玉県教育委員会, 1986

253: 若松良一「東日本の動物埴輪 —南関東—」『はにわの動物園』—関東の動物埴輪の世界—, 橿原考古学研究所附属博物館, 1990

254: 17 に同じ。(若松 1992)

255: 若松良一「動物埴輪の起源」『動物埴輪コレクション』—関東の動物埴輪—, 栃木県教育委員会, 1997

256: 若松良一「狩猟を表現した埴輪」『さきみたま・増田逸郎追悼論集』北武蔵古代文化研究会, 2003b

257: 若松良一「人物・動物埴輪」『古墳時代の研究』9 巻, 雄山閣, 1992

258: 松阪市教育委員会「草山遺跡発掘調査月報」No. 6, 1983

259: 井本英一「狩猟考」『深井晋司博士追悼シルクロード美術論集』吉川弘文館, 1987

260: 田辺勝美「ガンダーラ仏教彫刻騎馬狩猟図考」『古代オリエント博物館紀要』1980

261: 岡村秀典「殷代における畜産の変革」『東方学報』第 72 冊, 創立 70 執念記念論集, 京都大学人文科学研究所, 2000

262: 林巳奈夫「殷周代における死者の祭祀」『東洋史研究』第 55 巻第 3 号, 東洋史研究会, 1996

263: 小南一郎「石鼓文製作の時代背景」『東洋史研究』第 56 巻第 1 号, 東洋史研究会, 1997

264: 信立祥『中国漢代画像石の研究』同成社, 1996

265: 守屋美都雄訳注・布目潮渢・中村裕一補訂『荊楚歳時記』東洋文庫 324, 平凡社, 1978

266: 姜在彦訳注『朝鮮歳時記』東洋文庫 193, 平凡社, 1971

267: 文献 266 (姜(訳注) 1971) 所収。

268: 杉山二郎「薬獵考」『朝鮮学報』第 60 輯, 朝鮮学会, 1971

269: 平林章仁『鹿と鳥の文化史 —古代日本の儀礼と呪術』白水社, 1992

270: 平林章仁『三輪山の古代史』白水社, 2000

271: 桜井秀雄「牛と馬と猪と鹿と —日本古代の動物犠牲をめぐって」『長野県の考古学』研究論集Ⅰ, 長野県埋蔵文化財センター, 1996

272: 中村生雄『祭祀と供犠』法蔵館, 2001

273: 三原康之「山猪考 —崇峻殺害の背景としての初尾ニヒナヘ—」『専修史学』第 32 号, 専修大学歴史学会, 2001

274: 67 に同じ。(森ほか 1972)

275: 千葉徳爾『狩猟伝承研究』風間書房, 1969

276: 西本豊弘「狩猟」『古墳時代の研究』4 巻, 1991

277: 須藤宏「人物埴輪のもつ意味 ―群馬県井出二子山古墳別区出土の形象埴輪からの検討―」『古代学研究』第 126 号, 1991

278: 須藤宏「古墳出土の土製品と土製小像」『後二子古墳・小二子古墳』前橋市教育委員会, 1994

279: 若松良一「動物埴輪の起源」『動物埴輪コレクション ―関東の動物埴輪―』栃木県教育委員会, 1997

280: 8 に同じ。(杉山 1996)

281: 千賀久『はにわの動物園』保育社, 1994

282: 17 に同じ。(若松 1992)

283: 25 に同じ。(日高 1999)

284: 26 に同じ。(若狭 2000)

285: 福島武雄・岩沢正作・相川龍雄「八幡塚古墳」『群馬縣史蹟名勝天然記念物調査報告』第 2 輯, 1932

286: 7 に同じ。(水野 1971)

287: 若狭徹「古墳時代における鵜飼の造形 ―その歴史的意味―」『動物考古学』第 19 号, 2002

288: 白石太一郎『装飾古墳の世界』国立歴史民俗博物館, 1993

289: 21 に同じ。(辰巳 1996)

290: 小田富士雄「彩色壁画考」『国史跡 五郎山古墳』筑紫野市教育委員会, 1998

291: 田中智夫『ブタの動物学』アニマルサイエンス④東京大学出版会, 2001

292: 浜田泰子「南島の動物供犠」『供犠の深層へ』叢書・史層を掘るⅣ, 1992

293: 曽紅「ハニ族の葬俗と日本の葬俗との比較」『東アジアの古代文化』71 号, 1992

294: 67 に同じ。(森ほか 1972)

295: 84 に同じ。(末永ほか 1967)

296: 58 に同じ。(藤原ほか 1982)

297: 辰巳和弘『埴輪と絵画の考古学』白水社, 1992

298: 今津節生ほか『登山一号墳遺物調査報告書』厚木市教育委員会, 1992

299: 杉崎茂樹・若松良一ほか『瓦塚古墳』埼玉県教育委員会, 1981

300: 298 に同じ。(今津ほか 1992)

301: 123 に同じ。(中島・塚田 1988)

302: 84 に同じ。(末永ほか 1967)

303: 73 に同じ。(若狭 1990)

304: 42 に同じ。(森田ほか 2004)

305: 大林太良「哀悼傷身の風俗について」『現代のエスプリ』第 111 号, 1976

306: 長谷川勇『御手長山古墳発掘調査報告書』本庄市教育委員会, 1978

307: 60 に同じ。(柳田ほか 1980)

308: 若松良一「武蔵埼玉稲荷山古墳出土の埴輪Ⅱ」『調査研究報告』第 17 号, 2004

309: 関東では赤色彩色が胴体や手足にも及んでいる。

310: 167 に同じ。(浅利・大村 1987)

311: 林屋辰三郎『中世藝能史の研究』岩波書店, 1960

312: 藝能史研究会『日本芸能史』1, 法政大学出版会, 1981

313: 井辺八幡山古墳の甲類埴輪は 6 世紀初頭のものであり, この時期で露髪なのは, 例外的である。隼人舞ではなく, 取組の型を表している可能性もありうる。

314: 67 に同じ。(森ほか 1972)

315: 和歌森太郎「相撲の起こり」『講座日本風俗史』第一巻, 雄山閣, 1958

316: 285 に同じ。(福島・岩沢・相川 1932)

317: 67 に同じ。(森ほか 1972)

318a: 30 に同じ。(若松 1991)

318b: 若松良一「埴輪の種類と編年—人物・動物埴輪—」『古墳時代の研究』第 9 巻, 古墳Ⅲ 埴輪, 雄山閣出版, 1992

318c: 256 に同じ。(若松 2003b)

318d: 若松良一「猪鹿埴輪論」『法政考古学』第 30 集, 2003c　※第Ⅱ部第⑤章に収録。

318e: 若松良一「鎮魂の芸能者—相撲人—」『力士の考古学』かみつけの里博物館, 2008

319: 佐藤純一・清水邦彦・関真一・辻川哲郎・松田度「井辺八幡山古墳の再検討—造り出し埴輪群の配置復原を中心に—」『同志社大学歴史資料館報』第 2 号, 2007

320: 若狭徹『保渡田八幡塚古墳保存整備報告書』群馬町教育委員会, 2000

321: 73 に同じ。(若狭 1990)

322: 松山光秀「徳之島の葬制」(土井卓治・佐藤米司編『葬送墓制研究集成』第 1 巻, 名著出版所収, 1979) によれば, 西阿木名では, 棺の前に加わる引き馬に鞍をかけ, その上に死者の霊魂の依代であるマブイゴメを載せる。また, 滝瀬では, 馬の上に藁人形を載せ, その上に故人の着物や袴を着せて墓まで引いて行ったという。

323: 増田精一「埴輪馬樹立の意味」『日中考古学研究』6 号, 勉誠社, 1994

324: 20 に同じ。(高橋 1996)

325: 20 に同じ。(高橋 1996)

326: 杉山晋作『東国の埴輪と古墳時代後期の社会』六一書房, 2006

327: 222 に同じ。(塚田 2007)

328: 30 に同じ。(若松 1991)

329: 吉村怜『天人誕生図の研究 - 東アジアの仏教美術史論集』東方書店, 1999

330: 大塚初重・小林三郎『茨城県馬渡における埴輪製作址』明治大学文学部研究報告, 考古学, 第 6 冊, 1976

331: 53 に同じ。(山崎 1984)

332: 39 に同じ。(野上 1982)

333: 67 に同じ。(森ほか 1972)

334: 87 に同じ。(石塚・橋本 1980)

335: 299 に同じ。(杉崎・若松ほか 1981)

336: 若松良一・日高慎「形象埴輪の配置と復原される葬送儀礼」『調査研究報告』5〜7 号, 埼玉県立さきたま資料館, 1992〜1994

337: 119 に同じ。(梅沢ほか 1998)

338: 91 に同じ。(伊達 1966)

339: 93 に同じ。(樫田 1992)

340: 35 に同じ。(若松 1997)

341: 115 に同じ。(平岡 1982)

342: 226 に同じ。(宮崎 1996)

343: 若松良一「再生の祀りと人物埴輪 —埴輪群像は殯を再現している—」『東アジアの古代文化』72 号, 1992　※のちに『古代日本人の信仰と祭祀』大和書房, 1997 に収録。

344: 24 に同じ。(若松 2013)

345: 318d に同じ。(若松 2003c)　※第Ⅱ部第⑤章に収録。

346: 28 に同じ。(若松 2003a)

347: 265 に同じ。（守屋（訳注）・布目・中村（補訂）1978）

348: 127 に同じ。（若松 2008）

349: 99 に同じ。（浜名・神山 1980）

350: 250 に同じ。（桃崎 1993）

351: 251 に同じ。（松井・神谷 1994）

352: 江原昌俊『古凍 14 号墳（第 1・2 次）』東松山市教育委員会, 1999

353: 市毛勲『朱の考古学』雄山閣出版, 1998

354: 曽紅「ハニ族の葬俗と日本の葬俗との比較」『古代日本人の信仰と祭祀』大和書房, 1997

355: 269 に同じ。（平林 1992）

356: 高橋美久二「長岡京市今里車塚古墳の笠形木製品」『山城郷土資料館報』1985

357: 勝部明生「木製葬具は"木の埴輪"か」『古代日本人の信仰と祭祀』大和書房, 1997

358: 西藤清秀「木製樹物」『古墳時代の研究』第 9 巻古墳Ⅲ埴輪, 雄山閣出版, 1992

359: 28 に同じ。（若松 2003a）　※第Ⅱ部第①章に収録。

360: 8 に同じ。（杉山 1996）

361: 20 に同じ。（高橋 1996）

362: 森田悌「埴輪の祭り」『風俗』34-1 号, 1993

363: 24 に同じ。（若松 2013）

跋

　本書をお読みくださった方々に改めて御礼申し上げる。本書においては，円筒埴輪は埼玉県だけを取り上げ，形象埴輪も器財埴輪や家形埴輪について触れることができなかった。その点でオールマイティーというわけにはいかなかったが，埴輪研究の歴史と調査や編年の方法，形象埴輪の解釈法については，多少は御参考になったのではないかと自負している。

　さて，筆者が埴輪研究を志した昭和50年代には，埴輪を専一に研究するような人は少なく，個人で研究を進めていかなくてはならなかったので，多くの古墳を訪ねて埴輪の表面採集を試みたり，埴輪の図録や報告書・論文を集めたり，埴輪を展示している博物館を回ってみることから始めて，埴輪を収蔵している教育委員会や埋蔵文化財調査機関と連絡を取って，熟覧させていただくというのが自分の研究方法であった。もちろん，その過程で，多くの研究者の御世話になり，新しい知見を吸収しながらのことであった。

　しかし，その後，埴輪の研究仲間が増え，一緒に見学会や勉強会を開く機会も増えていった。埴輪研究者が増えた原因は，主に行政内研究者（教育委員会等で発掘調査を行っている職員）が埴輪を伴う古墳を掘る機会が増え，報告書を刊行するために，埴輪を学ぶ必要性が増えていったためであろう。

　現在までに，関東地方では埴輪研究会，関西地方では埴輪検討会などの研究組織が結成されて，合同見学会，検討会などを日常的に行って，機関誌（『埴輪研究会誌』『埴輪論叢』）も発行している。また，各県の古墳時代研究会のような組織で，埴輪を含めた古墳時代の資料研究が行われているケースもある。筆者が知らない研究会は，おそらく全国的に存在していることであろう。埴輪の調査件数が飛躍的に増大している現在，その情報を早期に共有化するためにも，共同研究は必須条件となっている。当然自己の研究が「井の中の蛙」とならないために，研究仲間との討論などの切磋琢磨も必要であろう。入会には，一定の条件があろうが，資格を満たしたうえで，入会してみるのも一つの方法である。

　また，これらの研究会や博物館または大学では主に地域単位で，埴輪の集

成図録やシンポジウムの記録を刊行している場合がある。例えば，群馬県古墳時代研究会では『群馬県内の馬具・馬形埴輪』(1996)・『群馬県内の人物埴輪』(2006)・『群馬県内の器材埴輪』(2007)，茨城県歴史館では『茨城の形象埴輪』(2004)，茨城大学では『常陸の円筒埴輪』(2002)，九州前方後円墳研究会では『九州の埴輪』(2000)，東北・関東前方後円墳研究会では『埴輪の構造と機能』(2007，のちに論考を加えて単行本化) などである。このような，資料共有化の方向性は，埴輪研究者の益々の増加を約束するものであろう。

　本書では，多くの先学・学友の著した報告書・論文・単行本を参照させていただいた。一々ここに掲げないが，参考文献の中から見つけ出して研究の導きとしていただきたい。

　ただし，埴輪研究の基本は実物をじっくり見ることであることをお忘れなく。

　さいごに，お世話になった諸先生・諸学友に御礼申し上げる。

　令和 3 年 11 月

若松　良一

初出一覧

Ⅰ．円筒埴輪の研究
  １ → 円筒埴輪の研究史（新稿）
  ２ → 若松良一ほか『諏訪山 33 号の研究』北武蔵古墳文化研究会, 1987（抜粋）
  ３ → 若松良一ほか『武蔵埼玉稲荷山古墳』埼玉県教育委員会, 2007（抜粋）
  ４ → 若松良一「武蔵埼玉古墳群と朝鮮半島系遺物 ─逆輸入された特異な
      埴輪をめぐって」18 号, 古代史研究会, 2011（再録）

Ⅱ．形象埴輪の研究
  １ → 研究法と解釈法（新稿）
  ２ → 若松良一「埴輪の種類と編年 ─人物・動物埴輪」『古墳時代の研究』9 巻,
      雄山閣出版, 1992（一部訂正して収録）
  ３ → 同上
  ４ → 若松良一「職能の衣装─埴輪表現におけるその非日常性─」『古墳時
      代の考古学』6, 同成社, 2013（一部割愛のうえ改題して収録）
  ５ → 若松良一「猪鹿埴輪論」『法政考古学』30 集, 法政考古学会, 2003（一
      部割愛して収録）
  ６ → 若松良一「鎮魂の芸能者 ─相撲人─」『力士の考古学』かみつけの里
      博物館, 2008（一部割愛して収録）
  ７ → 若松良一「井辺八幡山古墳の形象埴輪体系とその解釈」『古代学研究』
      195 号, 2012（一部割愛して収録）
  ８ → 若松良一「埴輪と木製品からみた埋葬儀礼」『古墳時代の日本列島』
      青木書店, 2003（一部訂正して収録）

      ※いずれも明らかな間違いは訂正し, 必要に応じて註と文献を加えました。

〔著者略歴〕

若 松 良 一 (わかまつ　りょういち)

1955 年埼玉県生まれ

法政大学大学院日本史学（考古学）修士課程修了後，同志社大学で森
浩一教授の指導を受ける。埼玉県教育委員会学芸員として，さきたま
資料館で，埼玉古墳群の調査・研究と保存修理事業に従事。一貫して
埴輪を研究テーマとする。現在は退職して研究と講演を続けている。

考古調査ハンドブック㉒

埴　輪

－研究法と解釈法－

令和 3 年 12 月 20 日　初 版 発 行

〈図版の転載を禁ず〉

著　者　　若　松　良　一

発行者　　福　田　久　子

発行所　　株式会社 ニューサイエンス社

〒153-0051　東京都目黒区上目黒3-17-8
電話03(5720)1163　振替00160-9-21977
http://www.hokuryukan-ns.co.jp/
e-mail : hk-ns2@hokuryukan-ns.co.jp

印刷・製本　大盛印刷株式会社

© 2021 New Science Co.
ISBN978-4-8216-0534-7 C3021